In diesem engagierten Essay skizziert die Autorin die Herausbildung der geschlechtlichen Arbeitsteilung seit dem Beginn der Industrialisierung. Männer wie Frauen arbeiteten in den neu entstehenden Fabriken und stellten sich den veränderten Arbeitsbedingungen und Anforderungen. Doch Frauen arbeiteten zu niedrigeren Löhnen als Männer, ihre Tätigkeiten wurden als weniger qualifiziert angesehen. Den jeweils unterschiedlichen Maschinen, an denen Männer und Frauen arbeiteten, wurde ein Geschlecht zugeschrieben – die Nähmaschine etwa wurde weiblich, die Arbeit der Näherinnen entsprechend abgewertet.

Die Definitionen männlicher und weiblicher Tätigkeiten waren – so das Ergebnis dieses Essays – ständig umkämpft und Veränderungen unterworfen. Frauen wurden als Arbeitskräfte konstruiert, die sich von männlichen Arbeitern unterschieden und für die besondere Regelungen gelten mußten. Gleichzeitig wurde den Frauen als ihre wichtigste und eigentliche Rolle die Tätigkeit als Hausfrau und Mutter zugewiesen. So wurde ein Bild hergestellt, das bis heute Frauen in gering entlohnte Berufe drängt und dazu beiträgt, daß Frauen häufig weder eine lebenslange Erwerbsbiographie noch eine Vollzeittätigkeit anstreben.

Die vielbeschworene »Doppelbelastung« der »modernen Frau« hat ihre Wurzeln in der geschlechtlichen Arbeitsteilung, die sich in den vergangenen 200 Jahren in Verbindung mit Deutungen und Definitionen von »Männlichkeit« und »Weiblichkeit« vollzogen hat. Indem die Autorin die Geschichte dieser Entwicklung beschreibt, schärft sie den Blick auf Gegenwart und Zukunft weiblicher Erwerbstätigkeit.

Ulla Wikander, geboren 1940, studierte Geschichte, Wirtschaftsgeschichte und Sozialanthropologie in Uppsala/Schweden. Sie war Dozentin an den Universitäten Göteborg und Uppsala. Seit 1996 ist sie Professorin für Wirtschaftsgeschichte an der Universität Stockholm.

Europäische Geschichte

Herausgegeben von Wolfgang Benz

Konzeption: Wolfgang Benz,
Rebekka Habermas und Walter H. Pehle

Europäische Geschichte

Ulla Wikander

Von der Magd zur Angestellten

Macht, Geschlecht und Arbeitsteilung 1789–1950

Aus dem Schwedischen von
Christine Frühauf

Fischer
Taschenbuch
Verlag

Der Verlag dankt der Schwedischen Botschaft in Bonn
für die freundliche Finanzierung der Übersetzung

Originalausgabe
Veröffentlicht im Fischer Taschenbuch Verlag GmbH,
Frankfurt am Main, November 1998

Redaktion: Tanja Hommen
Gesamtherstellung: Clausen & Bosse, Leck
Printed in Germany
ISBN 3-596-60153-3

Gedruckt auf Munken Print Extra der Papierfabrik Munkedal AB, Schweden

Inhalt

Einleitung 9

Politisches Denken und geschlechtsspezifische Arbeitsteilung im Wandel 1789–1869 22
Das Gleichheitsideal und die Französische Revolution . . . 22
Voraussetzungen des Wandels 26
Arbeit und Leben auf dem Land 28
Der Verlust der weiblichen Kompetenzbereiche 36
Arbeiten in der Stadt 37
Bildung 41
Romantik, Sozialismus und Feminismus 43

Aufbruch und Ungewißheit – Weibliche Unterordnung zwischen Wandel und Rekonstruktion 1870–1914 52
Sexuelle Rechte – Körper, Religion und Wissenschaft . . . 55
Wirtschaft und Arbeitsteilung 77
Staat und Politik 118

Weltkriege, Faschismus und Rationalisierungen – Stabilisierung der geschlechtsspezifischen Arbeitsteilung 1914–1950 137
Kriegs- und Nachkriegszeiten 145
»Doppelverdienerinnen« und »Reservearmee« – Verheiratete Frauen auf dem Arbeitsmarkt 161
Faschismus 165
Rationalisierungen 172

Epilog: Gegenwart und Zukunft weiblicher Erwerbstätigkeit 182

Anmerkungen 195
Auswahlbibliographie 197
Personenregister 202
Sachregister 204

Einleitung

Die meisten Frauen haben immer gearbeitet, ob bezahlt oder unbezahlt. Die Grenzen zwischen entlohnter und privat verrichteter Frauenarbeit sind jedoch nicht starr, sie haben sich in den vergangenen 200 Jahren mehrfach verschoben. Ein gutes Beispiel hierfür ist das Wäschewaschen. So fand früher die große Wäsche im Haus statt – wegen des großen Aufwands wurde sie nur wenige Male im Jahr und oft gemeinsam von allen Frauen des Dorfes erledigt. In den Städten des späten 19. Jahrhunderts waren industrielle Wäschereien üblich geworden, die diese Dienstleistung für diejenigen anboten, die sie bezahlen konnten. Heute ist die häusliche Wäsche durch den Gebrauch von Waschmaschinen wieder in den Privathaushalt zurückgekehrt. Doch während all dieser Veränderungen ist das Waschen eine Arbeit von Frauen geblieben. Andere Berufe hingegen wurden zeitweilig als »männlich« definiert und von Männern ausgeübt, um später »weiblich« zu werden – und umgekehrt. So wurden Kühe früher von Frauen per Hand gemolken, heute erledigen Männer diese Arbeit mit Melkmaschinen. Männer arbeiteten im Kontor, heute sind Bürotätigkeiten vielfach typische Frauenberufe. Wenn sich im Laufe der Zeit der Inhalt einer Tätigkeit verändert, kann auch dies zu einer Überprüfung führen, ob diese Arbeit zukünftig als »männlich« oder »weiblich« aufgefaßt wird. Zu allen Zeiten und in allen Gesellschaften wurde Arbeit zwischen den Geschlechtern aufgeteilt – doch gab es Epochen, in denen diese Trennung stärker und solche, in denen sie schwächer war.

Es gibt keine »natürliche« Arbeitsteilung zwischen Männern und Frauen. Wohl aber gibt es eine fortdauernde »soziale Konstruktion« von »Weiblichkeit« und »Männlichkeit« in der Arbeitswelt. Die geschlechtsspezifische Arbeitsteilung ist zunächst nichts anderes als die Art und Weise, nach der in einem gegebenen Zeitraum Frauen und Männern bestimmte Tätigkeiten zugewiesen werden. Diese Zuweisung aber ist immer auch mit dem Wert einer

Arbeit verknüpft. Arbeit wird mit Rücksicht auf das biologische Geschlecht verteilt – und bewertet. Es ist daher unmöglich, die Stellung von Frauen im Arbeitsleben oder in der Gesellschaft zu betrachten, ohne sie in ein Verhältnis zu der von Männern zu setzen. Zwar haben sich die materiellen Bedingungen in den vergangenen 200 Jahren für die meisten Männer und Frauen verbessert. Dennoch bleiben große Unterschiede zwischen den männlichen und weiblichen Lebens- und Arbeitsbedingungen bestehen. Es fragt sich, wie es gelang, diese Unterschiede trotz der allgemeinen Erhöhung des Lebensstandards aufrechtzuerhalten, und wie sie sich dennoch verschoben und veränderten.

Die Frauen haben sich wichtige Rechte erkämpft, vor allem politische. Aber die Arbeitsbedingungen von Frauen haben sich denen der Männer nur teilweise angeglichen. Viel wurde im Lauf des 20. Jahrhunderts erreicht, doch von einer Gleichstellung der Geschlechter sind wir noch weit entfernt. Die heutige Ungleichheit zeigt sich vor allem auf dem Arbeitsmarkt, in der Aufteilung in »weibliche« und »männliche« Arbeiten. Hier manifestiert sich die Dominanz von Männern in unserer Gesellschaft. Nirgendwo auf dem Arbeitsmarkt haben Frauen denselben Status wie Männer. Ihr Wert und ihr Platz auf dem Arbeitsmarkt werden von einer Norm über das »Wesen« der erwerbstätigen Frau geprägt. Diese Norm funktioniert auch, wenn Frauen in ehemals männlich dominierte Berufe vordringen. Frauen sollen »weibliche« Minister, Chefs, Diplomingenieure oder Tischler sein. Weiblichkeit ist eine gesellschaftlich konstruierte Norm, die veränderbar ist, aber dabei immer eine Norm bleibt. Von ihr abzuweichen und die eigene Individualität zu behaupten, kann im Privatleben einfacher sein als in der Arbeitswelt. Doch die Normen der Arbeitswelt setzen dem Privatleben ebenso starre Grenzen wie umgekehrt. Oft verzichten Frauen auf eine eigene Familie, um größere persönliche Freiheit zu erlangen.

Erwerbsarbeit und geschlechtsspezifische Arbeitsteilung

Es ist außerordentlich wichtig, zwischen Frauenerwerbsarbeit und geschlechtsspezifischer Arbeitsteilung zu unterscheiden. In Europa und weltweit steigt der Anteil derjenigen Frauen, die Einkünfte aus Erwerbsarbeit beziehen. Männer dagegen arbeiten heute in vielen europäischen Ländern weniger als noch vor 20 Jahren. Ihre individuelle Arbeitszeit nimmt ebenso ab wie ihr Anteil an der insgesamt verrichteten Arbeit. Betrachtet man die Beteiligung von Männern und Frauen an der Erwerbsarbeit, scheinen die Unterschiede also zu schwinden. Durch die Ausweitung der Lohnarbeit im 20. Jahrhundert verfügen Frauen über mehr ökonomische Unabhängigkeit als noch ein Jahrhundert zuvor.

Heute werden Frauen für Arbeiten bezahlt, die sie früher unbezahlt im Haushalt verrichteten. Gleichzeitig wurden neue Berufsbereiche als »weiblich« definiert. In der geschlechtsspezifischen Arbeitsteilung hat sich das Verhältnis zwischen Männern und Frauen keineswegs einfach angeglichen. Daß Frauen bis heute meist die schlechter bezahlten und weniger nachgefragten Berufe ausüben, hängt eng mit der fortdauernden sozialen Konstruktion von »Männlichkeit« und »Weiblichkeit« auf dem Arbeitsmarkt zusammen. Doch die geschlechtsspezifische Arbeitsteilung funktioniert nicht gesetzmäßig und vorhersehbar. Es gab Überschneidungen, veränderte Grenzziehungen, und die Aufteilung der Tätigkeiten galt immer nur »bis auf weiteres«. Immer wieder haben einzelne die Grenzen der biologisch begründeten Zuweisung von Arbeit durchbrochen.

Die geschlechtsspezifische Arbeitsteilung wirkte sich für Frauen zu allen Zeiten nachteilig aus. Allerdings galt dies je nach Epoche, Berufsbereich und Schichtzugehörigkeit in unterschiedlichem Ausmaß. Die Arbeitsteilung ist in jeder Gesellschaft mit kulturellen und ideologischen Vorstellungen des »Weiblichen« und »Männlichen« verknüpft. Männlichen Tätigkeiten wird ein höherer Status zugeschrieben als weiblichen; daher verlieren Männer an Status und Ansehen, wenn sie weibliche Tätigkeiten ausüben. Heute gilt das vor allem für Migranten. Sie nehmen auf dem Arbeitsmarkt oft eine ähnlich geringe Stellung ein wie eine einheimische Arbeiterin. Migrantinnen finden sich auf dem Arbeitsmarkt an unterster Position wieder – doppelt benachteiligt durch Geschlecht und ethnische Zugehörigkeit.

Die geschlechtsspezifische Arbeitsteilung ist zugleich Ausdruck der Unterordnung von Frauen unter Männer und Mittel, diese Unterordnung aufrechtzuerhalten. Die Industriegesellschaft konnte auf eine bereits bestehende Hierarchie zwischen Männern und Frauen zurückgreifen. Nicht die geschlechtsspezifische Arbeitsteilung ist der Ursprung dieser Hierarchie – sie hat ältere historische Wurzeln. Aber sie trug dazu bei, daß diese Hierarchie noch immer fortwirkt, obwohl Frauen und Männer heute politisch gleichberechtigt sind.

Ideologie, Religion und Wissenschaften wurden herangezogen, um die Unterschiede zwischen Männern und Frauen zu begründen. Die Realität des Arbeitsmarktes wurde dadurch nachhaltig beeinflußt; teils längerfristig, teils direkt über die Gesetzgebung. Der normative Diskurs darüber, was als üblich und »natürlich« gilt, prägt so die Lebenswirklichkeiten von Männern und Frauen. Die Auswirkungen dieser Ideologie waren nicht immer beabsichtigt. Ein konservatives Frauenbild, das die nicht-erwerbstätige Hausfrau und Mutter propagierte, konnte im 19. Jahrhundert die Ausweitung weiblicher Erwerbsarbeit nicht verhindern. Statt dessen beeinflußte dieses Frauenbild den Arbeitsmarkt, der nach zwei Typen von Arbeitskräften strukturiert wurde – weiblichen und männlichen.

Aus dem Zusammenspiel von Ideologie, Gesetz und gesellschaftlicher Wirklichkeit ergeben sich nicht selten Widersprüche. Ein Beispiel ist das vierwöchige Arbeitsverbot für alle Mütter nach der Entbindung. Ein solches Gesetz wurde um die Jahrhundertwende in vielen Ländern Europas eingeführt, ohne eine entsprechende ökonomische Absicherung der Arbeiterinnen zu schaffen. Aufgrund der niedrigen Löhne konnten werdende Mütter keine Rücklagen für die Zeit des Mutterschutzes ansparen. Die paradoxe Botschaft des Staates war: »Bleib' zu Hause und sorge für dein Kind, aber es ist uns gleichgültig, wie du dein Essen und deine Miete bezahlst.« Ein weiterer Widerspruch ergab sich aus der allgemein geteilten Auffassung, Mutterschaft sei die höchste Aufgabe der Frau – ein Hohn für die Frauen, die von der Arbeit fernbleiben mußten und nicht wußten, wie sie sich und ihr Neugeborenes ernähren sollten.

Im 19. Jahrhundert wurde die Frage der Frauenerwerbsarbeit zu einem öffentlich diskutierten Thema. Sie wurde als Abweichung vom weiblichen Lebensmuster aufgefaßt, zumindest galt dies für die außerhäusliche Erwerbsarbeit. Einerseits verlagerte sich sowohl Männer- als auch Frauenarbeit mehr und mehr in die »öffentliche« Welt der Fabriken und Manufakturen. Andererseits verschwanden die unbezahlten weiblichen Tätigkeiten im Haus zusehends aus dem Blickfeld und wurden als »weiblich-natürlich« verklärt. Sie schienen weder Ausbildung noch besondere Fähigkeiten zu erfordern. Hausarbeit wurde so gleichzeitig aufgewertet und unsichtbar gemacht. Die bezahlte Frauenarbeit außer Haus und die heimindustriellen Tätigkeiten im Haus galten demgegenüber als unwürdig. Viele Frauen waren aus Not gezwungen, zum Familieneinkommen beizutragen, sollten sich aber für ihre Erwerbsarbeit schämen. Auf der anderen Seite wurden die Tätigkeiten, die sie im Haus verrichteten, nicht länger als Arbeit anerkannt und wertgeschätzt. Die Historikerin Karin Hausen beschrieb 1980 diese Entwicklung mit den folgenden Worten: »Schon im 19. Jahrhundert war es üblich, die immer ausschließlicher den Frauen zugewiesenen Zuständigkeiten für Familie und Haushalt nicht als Frauenarbeit anzusprechen. Und daß Frauen in Familienhaushalten häufig genug auch Erwerbsarbeit leisteten, wird bis heute nur zögernd zur Kenntnis genommen.«[1]

Männer verrichteten ebenfalls immer häufiger Lohnarbeit außerhalb des Hauses, ohne sich jedoch dafür schämen zu müssen. Während Frauen im 19. Jahrhundert als »Hausfrauen« verklärt wurden, galten Männer nun als »Familienernährer«. Für Männer gestaltete sich das Verhältnis zur Lohnarbeit also einfacher. Wenn sie jedoch die Aufgabe des Versorgers nicht angemessen erfüllten, war ihre Männlichkeit in Frage gestellt. Das Ideal, wonach der Mann im Haus seine Familie allein zu ernähren habe, stellte Frauen und Männer der Unterschichten vor die gemeinsame Aufgabe, die Erwerbsarbeit der Frauen zu beschönigen. Ein Mann gab ungern zu, daß das Einkommen seiner Frau für die Versorgung der Familie erforderlich war. Wenn sie schon arbeitete, dann in einem »weiblichen« Beruf, der nicht mit dem seinen konkurrierte und schlechter bezahlt wurde. Die geschlechtsspezifische Arbeitsteilung war ein Ausweg aus dem Dilemma von notwendiger Frauenerwerbsarbeit und männlichem Versorgerideal. Die ablehnende Haltung gegenüber weiblicher Erwerbsarbeit trug dazu bei, einen

Arbeitsmarkt für Frauen zu schaffen, der sich von dem der Männer unterschied. Für bestimmte Berufe, so hieß es, seien Frauen besser geeignet. In diesen Bereichen schien die Erwerbsarbeit von Arbeiterfrauen akzeptabel.

Im 19. Jahrhundert arbeiteten immer mehr Menschen als Dienstboten. Frauen, die in ihrer Ehe oder Herkunftsfamilie unversorgt waren, mußten sich bei anderen als Dienstmädchen verdingen. Dienstboten waren nichts Neues, aber ihre Zahl schwoll in den rasch wachsenden Städten des 19. Jahrhunderts an. Großbritannien war in dieser Hinsicht führend. Das übrige Europa bildete erst im späten 19. Jahrhundert eine geschlechtsspezifische und soziale Arbeitsteilung heraus, die den Widerspruch in sich barg, daß bürgerliche Frauen einerseits von ihren Männern »versorgt« wurden und gleichzeitig Frauen aus den ländlichen und städtischen Unterschichten als Dienstmädchen beschäftigten. Am Rand Europas, in den nordischen Ländern, Spanien und Griechenland, setzte sich dieses Ideal nur allmählich durch. Dort arbeiteten die städtischen Handwerkerfrauen und die wohlhabenden Bäuerinnen Seite an Seite mit ihren Männern – wenn auch nicht mit denselben Zuständigkeiten – bis weit in die heutige Zeit.

Die vergangenen zwei Jahrhunderte bargen für Frauen mehr Widersprüche als frühere Epochen. Diese Paradoxien kamen in den Jahrzehnten vor der letzten Jahrhundertwende am stärksten zum Ausdruck, begleitet vom Durchbruch der parlamentarischen Demokratie und der Stabilisierung der Industriegesellschaft. Die »Lösungen« dieser Widersprüche entpuppten sich meist als Kompromisse. Sie haben das Verhältnis von Männern und Frauen im 20. Jahrhundert geprägt.

Der Geschlechtervertrag

In der wissenschaftlichen Literatur ist oft von einem Geschlechtervertrag oder einer Geschlechterordnung die Rede, die unsere Gesellschaft kennzeichne. Ein solcher Vertrag und ein solches System existieren nicht tatsächlich, die Begriffe sind als Metaphern zu verstehen. Doch selbst in diesem Sinne gilt, daß die scheinbare Ordnung der Geschlechter sich in einem ständigen Wandlungsprozeß befindet. Der Geschlechtervertrag wird immer wieder neu verhandelt und überarbeitet. Die Beziehungen der Geschlechter wandeln sich von Ort zu Ort, von Zeit zu Zeit; mal ist die Trennung schärfer, mal schwächer ausgeprägt. Es scheint mir daher wichtiger zu verstehen, wie das Geschlechtermodell sich stetig neu formt und verändert, als zu ergründen, wie es ist.

Für ledige Frauen und verheiratete Frauen galten unterschiedliche »Geschlechterverträge«; die Rechte und Bedingungen, die sie vorfanden, waren nicht dieselben. Noch um die Jahrhundertwende wurde eine mündige ledige Frau unmündig, wenn sie sich verheiratete. So erlebte sie eine zweifache Veränderung ihrer Stellung: im Verhältnis zum Mann und zur Gesellschaft. Männer besaßen das Recht, ihre Ehefrauen zu züchtigen, Vergewaltigung in der Ehe galt nicht als strafwürdig. Eine verheiratete Frau konnte bis weit in das 20. Jahrhundert ohne Erlaubnis ihres Mannes keiner Erwerbsarbeit nachgehen. Aber durch ihren Status genoß sie einen gewissen Schutz vor anderen Männern.

Die Aufteilung von Frauen in zwei Kategorien – verheiratet oder unverheiratet – hatte und hat Auswirkungen auf ihr Verhalten auf dem Arbeitsmarkt. Frauen sind häufig mit beiden Lebenssituationen vertraut und verfügen daher auch über beide Verhaltensmuster. Unverheiratet waren und sind sie gezwungen, eine lebenslange Erwerbsarbeit ebenso einzuplanen wie den plötzlichen Abbruch der Tätigkeit oder die Anpassung der Berufswahl an eine etwaige Mutterschaft. Die berufliche Tätigkeit einer verheirateten Frau war häufig eine Notwendigkeit, durfte aber keinerlei Anstoß erregen oder ihre häusliche Pflichterfüllung in Frage stellen. Die Wahrscheinlichkeit, den Lebensabend allein, geschieden oder verwitwet zu verbringen, war groß. Frauen mußten bereit sein, ihre Erwerbsarbeit aufzugeben, unter veränderten Bedingungen zu arbeiten oder eine neue Tätigkeit anzunehmen – je nach privater Lebenssituation und ihren Beziehungen zum anderen Geschlecht.

In jeder Gesellschaft bestehen Machtverhältnisse, die nicht zwangsläufig offen zutage treten; sie gelten als »normal«. Die Bedingungen des Geschlechtervertrages werden überwiegend von denjenigen definiert, die über die gesellschaftliche Macht verfügen.

Sie bieten Schutz und ökonomische Absicherung für diejenigen, die sich diesen Bedingungen unterordnen, und werden daher auch von diesen Personen getragen und akzeptiert. Jede Veränderung bedeutet einen Verlust von Sicherheit. Sich aufzulehnen birgt größere Risiken als die Anpassung an das Bestehende. Es bedarf zweier Voraussetzungen, um die Bedingungen des Geschlechtervertrages wirksam zu verändern. Ein Wandel ist dann möglich, wenn in einer Phase wirtschaftlichen Wachstums oder ökonomischer Krise gleichzeitig ein Bewußtsein über die Ungerechtigkeit der bisherigen Verhältnisse entsteht. Erst wenn (größere oder kleinere) gesellschaftliche Gruppen einen neuen Diskurs prägen, der den Geschlechtervertrag als ungerecht entlarvt, können sich wirkliche Veränderungen der Macht- und Geschlechterverhältnisse vollziehen. Der Prozeß der Industrialisierung war eine Epoche mehr oder minder kontinuierlichen Wandels. Materieller Überschuß wurde erwirtschaftet und eröffnete die Möglichkeit, den gesellschaftlichen Reichtum neu zu verteilen. Frauen profitierten davon ebenso wie die lohnarbeitenden Menschen insgesamt.

Der weibliche Arbeitsmarkt

Es ist schwieriger, den weiblichen Arbeitsmarkt zu erforschen als den männlichen. In vergangenen Epochen haben Frauen gemeinsam mit ihren Männern im eigenen Handwerksbetrieb gearbeitet und direkt zum Familieneinkommen beigetragen, ohne daß dies in Statistiken sichtbar geworden wäre. Frauen übten Nebentätigkeiten aus, die weniger beachtet wurden als die Arbeit der Männer. Als Hökerinnen verkauften sie Mahlzeiten und selbstgemachte Süßigkeiten, als Saisonarbeiterinnen fuhren sie zur Heuernte aus. Teils wurden sie mit Geld entlohnt, teils in anderer Form. Frauen prostituierten sich oder bezahlten mit ihrem Körper, um eine Fabrikarbeit zu erhalten, wenn der Vorarbeiter sexuelle Handlungen für seine »Gefälligkeit« verlangte. Eine typische Frauenarbeit war auch die heimindustrielle Fertigung. Frauen arbeiteten abends oder nachts und in Bereichen, die für Männer nicht attraktiv waren. Um Erwerbsmöglichkeiten zu erschließen, entwickelten Frauen einen außerordentlichen Erfindungsreichtum. Zusätzlich nahm und nimmt die Arbeit zu Hause für die Versorgung und das Wohlergehen ihrer Familien einen Großteil ihrer Zeit in Anspruch.

Diese wenig beachtete, arbeitsreiche Existenzweise ist schwer zu erforschen und zu beschreiben. Es ist aber wichig zu sehen, daß die unbeachteten und unbezahlten Tätigkeiten im Haus auch die Bedingungen weiblicher Lohnarbeit prägten.

Über dieses Buch

Das Buch handelt von den Voraussetzungen und Bedingungen weiblicher Erwerbsarbeit und ihren Veränderungen von 1800 bis heute. Das Verhältnis der Geschlechter bildet dabei den Rahmen, der den Blick auf die bezahlte Arbeit von Frauen prägt und strukturiert.

Im Mittelpunkt steht die Zeit um die letzte Jahrhundertwende. In den Jahrzehnten um 1900 bewirkten Demokratisierung, Industrialisierung und ein mehr naturwissenschaftlich als religiös orientiertes Weltbild enorme gesellschaftliche und technologische Veränderungen. Dies wirkte sich auch auf die Bedingungen weiblicher Erwerbsarbeit aus. Das Buch versucht, die Brüche und Abweichungen zu unterschiedlichen Zeiten und Orten und in den verschiedenen Berufen nachzuzeichnen, um die Konstruktion von Arbeit und »Weiblichkeit« zu illustrieren.

Eine umfassende Übersicht aller Frauen-Arbeiten werde ich nicht geben. Deshalb enthält das Buch nur wenige Zahlen und keine Statistik. 20 Jahre Forschung zu Frauenerwerbsarbeit und geschlechtsspezifischer Arbeitsteilung sind in dieses Buch eingeflossen. Deutschland, Frankreich und England bilden den Schwerpunkt der Darstellung, da diese Länder beispielhaft für die europäische industrielle Entwicklung sind und häufig miteinander verglichen werden. Weitere Beispiele stammen aus den skandinavischen Ländern, Österreich, Belgien, den Niederlanden, Spanien und Italien. Da ich Schwedin bin, finden sich auch viele schwedische Beispiele, zum Teil aus eigenen Forschungsarbeiten. Das Buch umfaßt also im wesentlichen das Europa, das in den letzten Jahrzehnten durch die ökonomische und politische Zusammenarbeit der Europäischen Union stärker zusammengewachsen ist. Für die Auswahl der Länder gibt es überdies weitere Gründe. Zum einen hat Westeuropa eine andere politische Geschichte als die übrigen Teile des Kontinents. Trotz nationaler Besonderheiten finden sich größere Gemeinsamkeiten als mit den zentral- und osteuropäischen Ländern, die zum Teil durch andere politische Systeme geprägt wurden. Zum anderen hat die Frauen- und Geschlechterforschung in den genannten Ländern eine längere Tradition und mehr historisches Material hervorgebracht.

Mein Ausgangspunkt ist weniger ein konsequenter Vergleich zwischen den verschiedenen europäischen Staaten, sondern vielmehr die wesentlichen Ähnlichkeiten zwischen den untersuchten Ländern. Ich möchte verdeutlichen, daß die industrielle und demokratische Entwicklung weder eine klare Tendenz zur Gleichstellung von Männern und Frauen im Erwerbsleben hervorbrachte noch deren genaues Gegenteil. Vielmehr war die Entwicklung von Ungleichheiten und Widersprüchen gekennzeichnet. Der Anstieg der außerhäuslichen Erwerbsarbeit ging einher mit einer deutlichen Geschlechtertrennung auf dem Arbeitsmarkt. So trug die geschlechtsspezifische Arbeitsteilung zur Fortschreibung weiblicher Unterordnung bei, während zugleich durch den Zuwachs an Lohnarbeit die Gleichstellung und die ökonomische Unabhängigkeit von Frauen gestärkt wurden. Die fortdauernde Konstruktion von Weiblichkeit und Männlichkeit hat dabei allerdings die Unterschiede zwischen den Geschlechtern betont und sich auf die Gleichstellungsbestrebungen negativ ausgewirkt.

Was die ureigenste Aufgabe der Frau sei, wurde in ganz Europa sehr ähnlich beurteilt. Die Konstruktion von »Weiblichkeit« zeitigte überall ähnliche Konsequenzen, denn die Modelle unterschieden sich kaum, wenngleich einige Länder, Epochen oder Berufsbereiche das Geschlechtermodell stärker verinnerlichten als andere. Die »Bewahrung des Weiblichen« und die »natürliche« Bedeutung von Mutterschaft waren die Dogmen, nach denen Frauenarbeit beurteilt wurde. Die Weiblichkeitsbilder von Frauen selbst waren sehr unterschiedlich und trafen in scharfen Debatten aufeinander, in Lebensmustern, Weltanschauungen und Aktivitäten. Vielleicht haben Frauen mehr als Männer ihre individuelle Unterschiedlichkeit betont und gelebt. Mehr als Männer haben sie gemeinsame Interessen aller Frauen in Frage gestellt.

Die westeuropäische Geschichte des 20. Jahrhunderts unterscheidet sich von der anderer Länder, da hier die Idee staatlicher Wohlfahrt und Verantwortlichkeit für den einzelnen Bürger eine größere Bedeutung erhielt. Auch die Bedingungen weiblicher Erwerbsarbeit wurden stärker gesetzlich reglementiert. Die staatliche Regulierung forcierte die geschlechtsspezifische Arbeitsteilung, schuf aber gleichzeitig bessere Bedingungen, Mutterschaft und Beruf zu vereinbaren, als dies in anderen Ländern der Fall war.

Das Buch umfaßt drei größere thematische Abschnitte. Das erste Kapitel beginnt mit der Französischen Revolution von 1789, deren Gleichheitsideal nach Auffassung einiger Zeitgenossen sich auch auf die Frauen erstrecken sollte. Das Gedankengut der Revolution wurde später von den Frühsozialisten übernommen. Dieser Abschnitt beschreibt die strikte Arbeitsteilung zwischen Männern und Frauen auf dem Land, die aber nicht die Hierarchie der Geschlechter verursachte. Das Gesetz, nicht die alltägliche Arbeitsteilung begründete die Unterordnung der Frau unter den Mann. Vermittelt über ihre Arbeit konnten Frauen vielmehr die gesetzliche Unterordnung ausgleichen und eine gewisse Macht erlangen. In dieser Epoche wurde die Forderung nach Gleichstellung unterprivilegierter Gruppen lauter, und unter den Protagonisten fanden sich auch solche, die sich für eine Verbesserung weiblicher Lebensbedingungen einsetzten. Die bürgerliche Romantik begriff die Frau als das vom Mann abweichende, ihn ergänzende Prinzip. Die Auffassung von der »versorgten« Frau und dem männlichen »Ernährer« setzte sich mehr und mehr durch und schloß Frauen von den in dieser Zeit neu entstehenden Berufen aus. In der Industrie und auf dem Land verrichteten Frauen gleichwohl harte Arbeit, wenn auch erste Sonderregelungen zum weiblichen Arbeitsschutz geschaffen wurden.

Der zweite und ausführlichste Teil geht auf die Jahrzehnte um 1900 ein, etwa von 1870 bis 1914. Hier wurde der Grundstein für die demokratische Staatsentwicklung gelegt mit ihrem ambivalenten Verhältnis zur weiblichen Erwerbsarbeit. Diese Epoche war bestimmend für das Geschlechtermodell bis weit in das 20. Jahrhundert hinein. Ein scharfer Konflikt zwischen Männern und Frauen über Lohnarbeit und ihre Formen entstand. Die Forderungen der radikalen Frauenbewegung mußten einer Mehrheit weichen, die die Geschlechtertrennung befürwortete. Eine schlagkräftige Waffe in der Gleichheitsdebatte war die These, daß die Biologie der Frau Grenzen auferlege. Die geschlechtsspezifische Arbeitsteilung, die um die Jahrhundertwende an Bedeutung zu verlieren schien, erlebte eine neue Renaissance.

Der dritte Teil versucht nachzuzeichnen, wie Krieg, Faschismus und Rationalisierung der Arbeitswelt die Neuetablierung der männlich-weiblichen Arbeitsteilung förderten. Es heißt, die alte Welt sei in den Ruinen des Ersten Weltkrieges untergegangen – und doch gibt es eine widersprüchliche Kontinuität des Frauenbildes und der Bedingungen weiblicher Erwerbsarbeit von der »guten alten Zeit« bis weit in das 20. Jahrhundert. Die Fesseln weiblicher Sexualität lockerten sich, als Ehegesetze geändert, Scheidung erlaubt und die Reglementierung der Prostitution aufgehoben wurde. Im Gegenzug aber wurden die Verbote von Verhütungsmitteln und Abtreibung verschärft.

Obwohl außerdem in vielen europäischen Ländern die Frauen das Stimmrecht erkämpften, blieb die tatsächliche Beteiligung von Frauen an der politischen Gestaltung gering. Gleichstellung in Politik, Arbeitswelt oder Privatleben war die Ausnahme.

Der vierte Teil gibt einen Rück- und Ausblick auf die Veränderungen von Frauenarbeit seit 1950. Trotz des Anstiegs weiblicher Erwerbsarbeit hat die geschlechtsspezifische Arbeitsteilung nach wie vor Bestand, wenn sie auch durch den Aufschwung der Nachkriegsjahre gemildert ist. Noch ist offen, wie sich Wirtschaftskrise und Massenarbeitslosigkeit der 1990er Jahre auf die Stellung von Frauen auf dem Arbeitsmarkt auswirken werden.

Dieses Buch ist dem Andenken von vier europäischen Frauen des 19. Jahrhunderts gewidmet: Mary Wollstonecraft (England), Hedwig Dohm (Deutschland), Fredrika Bremer (Schweden) und Flora Tristan (Frankreich). Sie hinterfragten die weiblichen Lebensbedingungen und bezogen Position gegen die Erwartungen, die ihre Zeit an das Dasein und Handeln von Frauen stellte. Als Schriftstellerinnen forderten sie ihre Zeitgenossen heraus, die Fähigkeiten von

Frauen ernst zu nehmen. Für die nachfolgenden Generationen war ihr Wirken bedeutsamer als für ihre eigene Zeit.

Durch ihre Arbeit und ihr Dasein verrückten diese vier Frauen die Grenzen weiblicher Existenz. Sie stellten nicht nur das männliche Vorrecht in Frage, den weiblichen Lebenszusammenhang zu definieren und zu beschreiben. Sie machten auch das Recht von Frauen geltend, am politischen und wirtschaftlichen Leben teilzunehmen und die Gesellschaft aus ihrer Sicht zu deuten und zu gestalten.

Politisches Denken und geschlechtsspezifische Arbeitsteilung im Wandel 1789–1869

Das Gleichheitsideal und die Französische Revolution

Die Geschichte des Gleichheitsprinzips, seiner Verwirklichungen und Verhinderungen ist untrennbar verknüpft mit der Französischen Revolution. Sie stellte das feudale Machtmonopol gewaltsam in Frage. Ihr Motto »Freiheit, Gleichheit, Brüderlichkeit« hat politisches Handeln und Denken, Aktionen und politische Differenzen inspiriert. Die Forderung nach rechtlicher und ökonomischer Gleichstellung und Unabhängigkeit von Frauen – wie auch anderen Gruppen – hat ihre Wurzeln in den Ereignissen der Französischen Revolution.

Der Sturm auf die Bastille im Juli 1789 symbolisierte den Willen des Volkes, an der politischen Macht teilzuhaben. Der tatsächliche Effekt war unbedeutend, da nur wenige Gefangene in der Bastille einsaßen und beim Sturm befreit werden konnten. Von ähnlichem Symbolwert ist ein anderes Ereignis desselben Jahres. Eine große Schar Frauen zog im Oktober nach Versailles, um die königliche Familie nach Paris zu holen. Im Louvre, dem Pariser Königsschloß, unterzeichnete der König die neue Verfassung und bestätigte damit offiziell, daß die Macht in Frankreich nicht länger in der Hand nur eines Herrschers lag. Die Frauen, die den langen Weg nach Versailles gemacht hatten, waren Marktfrauen aus den Hallen von Paris. Sie versorgten die Pariser Bevölkerung mit Agrarprodukten und Lebensmitteln. Diese Arbeiterinnen fühlten sich vom König im Stich gelassen, der im entfernten Versailles Hof hielt, wo er – so ihre Überzeugung – von schlechten Ratgebern umgeben war. Angemessene Brotpreise und eine neue Verfassung waren ihre Forderungen, als sie die königliche Familie nach Paris holten.

In Paris wie in ganz Europa arbeiteten Frauen aus dem gleichen Grund wie Männer – um sich und ihre Familien zu kleiden und zu ernähren. Ebenso wie Männer waren sie nicht länger gewillt, politische Machtlosigkeit und miserable Lebensbedingungen zu akzeptieren. Gleiche Rechte für alle Menschen, diese Idee, die seit geraumer Zeit von Philosophen und Schriftstellern diskutiert wurde, manifestierte sich nun in politischer Handlung und gewaltsamer Aktion. Alle Menschen beanspruchten ein Recht auf politische Partizipation und Mitsprache. Durch Kleidung und besondere Abzeichen dokumentierten viele auch nach außen, daß sie sich der neuen Zeit zugehörig fühlten.

Der König wurde in den Anfängen der Revolution als ein irregeleiteter, aber guter Vater angesehen. Seine königliche Autorität wurde nicht in Frage gestellt. Er müsse nur gewisse Zugeständnisse machen und seinen Landeskindern mehr Mitspracherechte einräumen, um seiner landesväterlichen Aufgabe besser gerecht zu werden. Auch die Königin galt als weise, gütige Landesmutter. An sie appellierte Olympe de Gouges, Schauspielerin und Theaterschriftstellerin, als sie im September 1791 die »Erklärung der Rechte der Frau und Bürgerin« verfaßte. In der Tyrannei des Mannes über die Frau, so de Gouges, liege die Ursache aller Unterdrückung begründet. Sie widmete die Schrift der Königin, von der sie sich mütterliche Unterstützung für ihr Anliegen erhoffte. Als »gute Mutter« sollte die Königin ihre Forderung nach politischer Gleichberechtigung von Frauen fördern und unterstützen. Doch König und Königin versuchten, außer Landes zu fliehen, wurden gefangengenommen und hingerichtet.

Die Revolution ging weiter. Freilich zeigte sich bald, daß das Motto von »Freiheit, Gleichheit und Brüderlichkeit« vor allem für die Männer gelten sollte. Zwar hatten Frauen in den Straßen und auf Demonstrationen die modernen Formen politischer Öffentlichkeit mitgeprägt. Sie bildeten bewaffnete Gruppen, diskutierten in revolutionären Klubs, verfaßten Zeitungsartikel und Flugschriften – doch »Schwesterlichkeit« wurde nicht zum politischen Ideal erhoben.

Die anfänglichen Freiheiten, die Frauen sich in der Revolution erobert hatten, wurden bald zurückgenommen. Die männlichen Revolutionäre waren nicht bereit, Frauen als Gleichberechtigte, als Schwestern zu akzeptierten. Aus der Gemeinschaft freier und gleicher »Brüder« waren Frauen durch ihr Geschlecht ausgeschlossen. Bereits einige Jahre nach Ausbruch der Revolution war es ihnen verboten, sich in revolutionären Frauenklubs zu versammeln, Mitglied der Nationalgarde zu werden oder Waffen zu tragen. Soldat zu sein und die Revolution zu verteidigen galt als männliche Aufgabe. Auf dem Höhepunkt der Jakobinerherrschaft war es Frauen nicht einmal mehr gestattet, sich in kleinen Gruppen zu versammeln. Auch ältere Frauenorganisationen, wie die traditionellen weiblichen Zunftverbände, wurden verboten. Öffentliche Aktivitäten von Frauen würden die natürliche Ordnung auf den Kopf stellen, hieß es. Die Gesellschaft drohe in Chaos und Unordnung zu versinken, wenn Frauen den ihnen angestammten Platz in der Hierarchie der Geschlechter verließen. Zerrbilder und Klischees über eine von Frauen beherrschte Gesellschaft zirkulierten in Broschüren und Gesprächen. Sie spiegelten weniger eine reale »Gefahr« als vielmehr die damit verbundenen Ängste der Männer. Die reagierten mit Repression – obwohl viele Frauen nach wie vor ihre uneingeschränkte Loyalität mit der Revolution bekundeten.

Die revolutionäre Forderung nach der Gleichheit der Geschlechter scheiterte. In der Geschichte männlich-weiblicher Gleichberechtigung markiert die Französische Revolution dennoch keinen Mißerfolg. Sie leitete eine bis heute währende Diskussion über mögliche gesellschaftliche Formen des Geschlechterverhältnisses ein. »Geschlecht« als gesellschaftliche Kategorie wurde sichtbar gemacht und diskutiert. Frauen hatten sich als politische Kraft gezeigt, wenn auch als Kraft, die bald wieder gezügelt wurde. Während der Revolution hatten sowohl Frauengruppen als auch einzelne Frauen ihrer Forderung nach mehr Rechten Ausdruck verliehen. Sie wagten es, sich mit Männern auf eine Stufe zu stellen, und verglichen ihre Situation mit der von Sklaven oder anderen gesellschaftlich Unterdrückten.

Auch die Forderung nach einem politischen Stimmrecht von Frauen wurde im Zuge der Revolution aufgeworfen und diskutiert. In Frankreich wurde diese Forderung von Olympe de Gouges erhoben. Die bekannteste zeitgenössische Streitschrift für die politischen Rechte der Frauen stammt jedoch nicht aus Frankreich, sondern von einer Engländerin. In London verfolgte die radikale

Publizistin Mary Wollstonecraft zunächst begeistert die revolutionären Ereignisse im Nachbarland. Sie horchte auf, als den französischen Frauen das Stimmrecht verwehrt wurde. Vor diesem Hintergrund verfaßte sie 1792 ihre berühmte Schrift »Die Verteidigung der Rechte der Frau«. In ihrer Analyse unterstrich sie, daß Frauen die gleichen Bildungsmöglichkeiten wie Männer erhalten müßten, um als gleichberechtigte Mitbürgerinnen in der Gesellschaft auftreten zu können. Sie betonte, daß erst Erziehung Frauen zu unmündigen und oberflächlichen Wesen mache. Wollstonecrafts Entschluß, nach Paris zu fahren, um bei der Gestaltung der neuen demokratischen Ordnung in Europa dabei zu sein, spiegelt die Hoffnungen, die Demokraten in ganz Europa mit der Französischen Revolution verbanden. Im selben Jahr 1792 hielt auch der Deutsche Theodor von Hippel in Königsberg mit seiner Schrift »Über die bürgerliche Verbesserung der Weiber« ein Plädoyer für die Rechte von Frauen. Überall auf dem Kontinent wurden Forderungen nach der Gleichstellung der Geschlechter laut – wenn auch nur verstreut und vereinzelt.

Die Französische Revolution ging bereits 1793 in ein Terrorregime über, das auch die Erfolge weiblicher Emanzipationsbestrebungen zurückschraubte. Frauen wurden wieder zurück ins Haus verwiesen. Mary Wollstonecraft verließ Frankreich, Olympe de Gouges wurde hingerichtet. Dennoch inspirierten die Erfahrungen der Revolution die Frauen kommender Generationen. Die Revolution hatte die Rechte unehelicher Kinder gestärkt und die kirchliche Autorität geschwächt. In den Jahren von 1792 bis 1803 waren Scheidungen erlaubt. Frauen hatten im Zuge der revolutionären Ereignisse einen sichtbaren Platz im politischen Leben eingenommen – die Arbeiterinnen aus den Markthallen ebenso wie die radikalen Berufsschriftstellerinnen. Als auf den Straßen von Paris neue Formen politischer Einflußnahme gewaltsam ausgehandelt wurden, waren Frauen dabei. Sie gestalteten die neuen Politikformen mit, die eine breitere demokratische Beteiligung und republikanische Regierungsformen ermöglichten.

Eine neue Gesellschaftsordnung in Europa kündigte sich an; doch der überfällige Demokratisierungsprozeß verzögerte sich. Schwung und Innovationen der Revolutionszeit verliefen sich, die

Errungenschaften der Revolution für eine demokratischere Gesellschaft gingen wieder verloren.

Obwohl es in der Französischen Revolution nicht gelang, die Gleichberechtigung von Männern und Frauen durchzusetzen, lebte die Idee von der Gleichheit der Geschlechter fort. Die Gleichstellung von Frauen fand keine politische Heimat – weder in der Linken noch in der Rechten, den politischen Spektren, die die Revolution hervorgebracht hatte. Aber das Gleichheitsprinzip war formuliert und demonstriert worden. Es konnte in der politischen Theorie und Praxis des modernen Europa nicht mehr zum Verschwinden gebracht werden.

Voraussetzungen des Wandels

Das Gleichheitsideal der Französischen Revolution war für die politische Gleichstellung der Geschlechter folgenlos geblieben. Doch wie gestaltete sich das Verhältnis von Männern und Frauen außerhalb der Politik, in der Arbeit? In der vorindustriellen Gesellschaft waren Ehemann und Ehefrau ökonomisch und als Arbeitskräfte aufeinander angewiesen. Die Existenz einer Familie war nur durch gemeinsame Arbeit zu gewährleisten. Diese gegenseitige Abhängigkeit wurde durch die tradierte Arbeitsteilung verstärkt: Mann und Frau arbeiteten zwar gemeinsam, aber mit unterschiedlichen Aufgaben für die familiäre Subsistenz.

Vor Recht und Gesetz – und damit auch in ganz konkreten Lebenssituationen – war die Frau ihrem Ehemann formal untergeordnet. Die Arbeitsteilung der Geschlechter und der familiäre Arbeitsalltag waren von dieser Hierarchie jedoch nicht gekennzeichnet. Hier arbeiteten Frauen Seite an Seite mit ihren Männern und waren für ihren eigenen Verantwortungsbereich zuständig. Innerhalb der Hausgemeinschaft hatten Frauen in diesen Bereichen die Entscheidungsgewalt; Männer besaßen keine Kenntnisse in den »weiblichen« Kompetenzbereichen. Das ausbalancierte Abhängigkeitsverhältnis in der männlich-weiblichen Arbeitsteilung machte es nahezu unmöglich, einen Hof als Witwer oder Witwe allein zu bewirtschaften. Es war üblich und notwendig, daß ein verwitweter Bauer sich rasch wiederverheiratete oder eine Witwe einen oder mehrere Knechte anstellte, um die Bewirtschaftung des Hofes zu gewährleisten. Der Bauer war in größerem Ausmaß abhängig vom Arbeitseinsatz seiner Frau als umgekehrt. Frauen leisteten Männerarbeit, wenn dies beispielsweise in Kriegszeiten erforderlich war – nicht selten über mehrere Jahre hinweg. Es war üblich und akzeptiert, daß Frauen Männerarbeit verrichteten, wenn die Abwesenheit des Mannes dies erforderte. Der umgekehrte Fall bedeutete dagegen immer einen Statusverlust: Männer minderten ihr gesellschaftliches Ansehen, wenn sie Frauenarbeit leisteten. Dennoch waren die Grenzen zwischen männlichen und weiblichen Zuständigkeiten nicht klar umrissen und konnten überschritten werden, wenn die Umstände dies erforderten. Bei manchen Aufgaben half man sich ganz selbstverständlich aus.

Die männlich-weibliche Arbeitsteilung wandelte sich in Europa von Region zu Region. In den Schweizer Alpen besorgten Männer das Melken der Kühe, während in den nordischen Ländern Frauen für die Meierei zuständig waren. Ein anderes Beispiel ist das Stricken, das in manchen Ländern Männer-, in anderen Frauenarbeit war; und es gab andere Regionen, in denen sowohl Männer als auch Frauen strickten. Die Arbeit mit Pferden war fast überall Aufgabe der Männer, aber es war undenkbar, die Ernte ohne die Mitarbeit der Frauen einzuholen.

Gesetzgebung, ökonomische Institutionen und Arbeitsfelder wandelten sich im 19. Jahrhundert. Diese Entwicklung stand im Kontext veränderter Produktionsweisen und einer vermehrten Nachfrage nach neuen und hochwertigeren Produkten. Eine am Markt orientierte Wirtschaftsweise entstand, und viele Gebrauchsgüter, die bisher in der häuslichen Subsistenz hergestellt worden waren, wurden nun rascher und billiger in Fabriken produziert. Das vermehrte Angebot ließ den Verbrauch an Konsumgütern ansteigen und erzeugte damit auch eine erhöhte Nachfrage. Sowohl in den alten, traditionellen Berufsfeldern als auch den neu entstehenden Tätigkeitsbereichen wurde neu ausgehandelt, ob eine Arbeit »weiblich« oder »männlich« sei.

Die meisten Menschen lebten noch von den Erträgen der Landwirtschaft. Neu war, daß diese immer häufiger Überschüsse abwarf. In jeder größeren Stadt gab es einen Markt, auf dem die Produkte der Umgebung verkauft wurden. Im Wachstum der alten und neuen Marktplätze spiegelte sich die Entwicklung der neuen Marktwirtschaft.

Arbeit und Leben auf dem Land

Die bürgerliche Stadtbevölkerung beschrieb das bäuerliche Leben gerne als zuverlässig und stabil im Gegensatz zu den unberechenbaren Verhältnissen in der Stadt. Die Landbevölkerung war jedoch keineswegs so homogen wie die idealisierenden Vorstellungen der Städter glauben machten. Im Laufe des 19. Jahrhunderts veränderten sich die Lebens- und Arbeitsbedingungen auf dem Lande durch die Kommerzialisierung des Bodens und seiner Erzeugnisse beträchtlich. Die Allmende, früher der gemeinsame Dorfbesitz an Weideland und Wald, wurde aufgeteilt. Land war nun Privateigentum und somit selbst eine Handelsware. England, das sich auf dem Höhepunkt der Industrialisierung befand, war Vorreiter dieser Entwicklung. Umschichtungen in der Bevölkerungsstruktur waren die Folge: Gerade auf dem Land nahm die Zahl verarmter Menschen zu.

Unter besitzenden Bauern, Kätnern und Häuslern gab es eine Vielzahl möglicher Formen ländlicher Arbeitsteilung. Die Aufgaben innerhalb eines Haushaltes waren vielfältig, und ihre Bewältigung erforderte je nach Größe des Hofes zusätzliche Arbeitskraft. Die Arbeit wurde von den Hofbesitzern, einwohnenden Verwandten und Dienstleuten, von Erwachsenen, Kindern, Frauen und Männern geleistet.

Existierte in Europa auf dem Land überhaupt eine weitgehend einheitliche geschlechtsspezifische Arbeitsteilung? Im europäischen Vergleich sind manche Parallelen zu finden: So waren Frauen meist für die Pflege und Erziehung der Kinder zuständig. Die Erziehung der Söhne wurde allerdings häufig vom Vater übernommen, wenn sie sieben oder acht Jahre alt waren. Frauen bereiteten die Mahlzeiten zu, wuschen und putzten. Zur Zubereitung des Essens gehörte auch die Kunst, Nahrungsmittel längerfristig haltbar zu machen. Frauen verfügten über tradiertes Wissen und langjährige Erfahrung, wie Essen vorbereitet und verwahrt werden mußte, um nicht durch Schimmel oder Ungeziefer zu verderben. Diese Fertigkeiten wurden in den Familien über Generationen vererbt. Die Verantwortung für den Vorrat an Nahrung war groß: Er war Überlebensgrundlage und konnte kaum durch Kauf gedeckt werden. Ein Großteil dieser Arbeit bestand aus der Herstellung von Butter, Käse und anderen Milchprodukten. Die Versorgung der Kühe fiel daher oft in den Zuständigkeitsbereich der Frauen. Auch für Hühner, Gänse und Schweine waren meist Frauen verantwortlich. Das Schlachten besorgten die Männer, aber die Mithilfe von Frauen war dabei meist unentbehrlich. Sie verarbeiteten das frische Fleisch und machten es haltbar. Frauen brauten Bier und zogen Kerzen, sie webten Stoffe und stellten Bettzeug und Kleidung her. Leinen, das Hauptmaterial für Kleidungsstücke, wurde von Frauen veredelt: In seiner rohen Form war es sehr hart; es mußte gewässert, geschächtet, geschlagen und gespannt werden. Frauen zogen die Schafe auf und spannen Wolle, sie strickten und klöppelten Spitze. Daneben halfen sie auf dem Feld bei Aussaat und Ernte. Durch ihre Arbeit nahmen Frauen eine Schlüsselrolle für bestimmte Erzeugnisse des Hofes ein. Sie verfügten über eigene, abgegrenzte Zuständigkeits- und Kompetenzbereiche, in denen Männer keinerlei Kenntnisse besaßen.

Der Vorbereitung auf diese Tätigkeiten diente zu Beginn des 19. Jahrhunderts der Gesindedienst. Die meisten jungen Frauen verdingten sich im Alter von 13 bis 14 Jahren als Dienstmägde, bis sie heirateten. Der Gesindedienst war nicht einfach ein Anstellungsverhältnis, sondern eine spezifische Lebens- und Ausbildungsphase vor der Heirat, die erst den Eintritt in Status, Rechte und Pflichten der Erwachsenen markierte. In Bayern waren gegen Ende des 19. Jahrhunderts 90 % der Mägde und Knechte unter 40 Jahre alt und unverheiratet. Das Durchschnittsalter einer Magd lag bei 25 Jahren. Auch die Töchter besitzender Bauern traten den Dienst auf fremden Höfen an; für viele war der Gesindedienst aber eine rein ökonomische Nowendigkeit. Die meisten Dienstmägde kamen aus der ländlichen Unterschicht, aus Häusler- und Inwohnerfamilien. Mägde konnten während der Dienstzeit ihren zukünftigen Ehepartner – zumeist selber Knechte – finden. Die spätere Heirat erfolgte jeweils innerhalb der ländlichen Schicht, aus der die Dienstmägde stammten.

Der Gesindedienst wurde im Verlauf des 19. Jahrhunderts zur häufigsten Form bezahlter Frauenarbeit. Die wachsende Zahl von Dienstmägden war die Kehrseite des steigenden Wohlstands: Sie war Folge der Proletarisierung der Landbevölkerung und der zunehmenden Differenzierung der Bevölkerung nach Besitz und Einkommen. Auf dem Land waren Mägde mit völlig anderen Aufgaben befaßt als in der Stadt. Der Begriff »Dienstmagd« sagt wenig über die Arbeit der Mägde aus, denn hinter der Bezeichnung verbarg sich eine Vielzahl unterschiedlichster Tätigkeiten in Haus und Hof. Auf kleineren Höfen leistete die Magd dieselbe Arbeit wie die Hausfrau, von der sie angeleitet und angewiesen wurde. Sie hatte keine festen Arbeitszeiten, sondern stand der Bauersfamilie Tag und Nacht zur Verfügung. Sie gehörte zum Haushalt und durfte ebenso wie die leiblichen Kinder des Bauern gezüchtigt werden, wenn sie ungehorsam war. Manchmal wurden Mägde für bestimmte Aufgaben eingestellt, zum Beispiel als Gänse- oder Milchmagd, aber in der Regel übten sie die vielen unterschiedlichen Tätigkeiten aus, die im Haushalt, im Stall und auf dem Feld anfielen. Auf größeren Höfen existierte unter den Mägden eine Hierarchie, die auf Alter und Erfahrung gründete. Die jüngeren Mägde waren den älteren zu Gehorsam verpflichtet. So war eine gewisse Karriere auf dem Hof möglich. Eine der höchsten Positionen, die eine Magd erreichen konnte, war die der Hofmeierin.

Noch zu Beginn des 19. Jahrhunderts erfüllte der Gesindedienst die Funktion einer Lehrzeit vor der Heirat, bevor Magd oder Knecht eine eigene Familie gründeten. Im Verlauf des Jahrhunderts wurde diese »Übergangsphase« mehr und mehr zu einem lebenslangen Beruf.

Im Europa des 19. Jahrhunderts existierte eine geschlechtsspezifische Arbeitsteilung, die von Ort zu Ort, von Zeit zu Zeit variierte.

Oftmals war es Frauen möglich, Arbeiten zu verrichten, die als »männlich« galten, aber fast nie leisteten Männer Arbeit, die als »weiblich« angesehen wurde. Allmählich vollzog sich ein Wandel der Arbeitsteilung zwischen den Geschlechtern. Es war kein Wandel, der überall in Europa gleichzeitig stattfand, sondern er vollzog sich in Schüben und in unterschiedlichen Regionen. Er war verknüpft mit alternativen Möglichkeiten der Beschäftigung und der Ausweitung heimindustrieller Arbeit. Männer webten und strickten, wenn diese Waren für den Verkauf produziert wurden. Der Wandel beruhte auch auf dem Einfluß städtischer Werte und Normen auf die Landbevölkerung und auf einem allmählich ansteigenden Lebensstandard. Die ländliche Bevölkerung stellte einen immer geringeren Anteil an der Gesamtbevölkerung der europäischen Länder, während die absolute Bevölkerungszahl von 187 Millionen (um 1800) auf 265 Millionen (1850) und schließlich 468 Millionen (um 1914) anstieg. Gleichzeitig wanderten 26 Millionen Menschen aus Europa aus, vorwiegend nach Nordamerika.

Im Verlauf dieser Entwicklung wandelten sich die Bilder von »Weiblichkeit« und »Männlichkeit«. Auf dem Land schrumpfte der Wirkungskreis von Frauen, sie wurden enger ans Haus und dessen Umgebung gebunden. Die Arbeitsteilung zwischen den Geschlechtern verschärfte sich. Ein Beispiel für diesen Prozeß ist der veränderte Einsatz von Arbeitsmitteln bei der Ernte. In den meisten Ländern Europas war bis weit in das 19. Jahrhundert hinein in der Ernte die Sichel gebräuchlich. Sie wurde von Männern wie von Frauen benutzt. Wer die Sichel führte, band in einem Arbeitsgang auch die Garben. Als die effektivere und kraftvollere Sense eingesetzt wurde, waren weniger Hände für das Mähen des Korns notwendig als für die nachgeordneten Arbeiten. Männer übernahmen nun das Mähen, Frauen harkten das Korn zusammen und banden die Garben. Mit der Einführung des neuen Werkzeugs veränderte sich die Arbeitsteilung unter den Geschlechtern.

War diese gewandelte Arbeitsteilung eine Folge der neuen Arbeitsgeräte? Oder resultierte sie aus einer gewandelten kulturellen Norm, die Frauenarbeit vom Feld weg immer mehr in das Haus verlagerte und Frauen als Zuarbeiterinnen des Mannes definierte? Es ist wohl kaum möglich, einen einzelnen, ursächlichen Faktor in diesem komplexen Veränderungsprozeß auszumachen. Die Entwicklung neuer Werkzeuge gibt allein keine vollständig befriedigende Erklärung für die veränderte Arbeitsteilung in der Ernte, aber sie lieferte offenbar den Anstoß für einen Wandel, der auch in anderen Bereichen der Landarbeit eine stärkere Trennung der männlichen und weiblichen Arbeitssphären nahelegte.

Neue Werkzeuge und Techniken waren nicht ursächlich für eine neue Verteilung der Arbeit zwischen den Geschlechtern, doch sie boten die Möglichkeit dafür. Die konkrete Ausgestaltung dieser neuen Arbeitsteilung war ideologisch geprägt: Die tradierte Arbeitsteilung zwischen Männern und Frauen diente ebenso wie die rechtliche Überordnung des Ehemannes über die Frau als Muster für die neue Verteilung. Auf diese Weise konnten neue »Traditionen« für die Zuschreibung von Aufgaben und Status von Männern und Frauen entstehen.

Die ländliche Gesellschaft des frühen 19. Jahrhunderts war weit von einer Gleichstellung der Geschlechter entfernt. Die Zuständigkeit für die meisten Arbeiten war relativ strikt dem einen oder anderen Geschlecht zugeordnet. Es ist bemerkenswert, daß diese Trennung mit dem wachsenden Wohlstand nicht geringer wurde, sondern sich verschärfte. Frauen arbeiteten zunehmend in der Nähe von Haus und Hof. Es wurde als ein Zeichen von Wohlstand angesehen, wenn Großbauern ihre Hausfrauen und Töchter zu Hause versorgen konnten. Doch zugleich waren immer mehr Frauen gezwungen, sich als Mägde auf fremden Höfen zu verdingen. So verschärften sich nicht zuletzt auch die Schichtunterschiede zwischen Frauen.

Die Verbreitung eines Lebensmusters, das Frauen enger an die häuslichen Arbeiten band, vollzog sich zwar überall in Europa, setzte sich aber regional zu unterschiedlichen Zeiten durch. Vorreiter dieser Entwicklung war England, wo der Industrialisierungsprozeß am weitesten fortgeschritten war. In der ersten Hälfte des 19. Jahrhunderts manifestierte sich dieser Wandel auch im kontinentalen Europa und erreichte erst spät die Länder der nördlichen und südlichen Peripherie – zum Beispiel Süditalien und den nördlichen Teil Skandinaviens.

Im Verlauf des 19. Jahrhunderts entwickelten sich auf dem Land neue Formen des Broterwerbs: die Heimindustrie oder *cottage industry*, eine dezentrale Form industrieller Produktion. Sie bot eine zusätzliche Einkommensquelle für die Bewohner von Klein- und Kleinsthöfen, deren Bewirtschaftung allein keine Existenzgrundlage mehr bot. Heimindustrielle Arbeit war unter anderem in der Textil- und späteren Konfektionsbranche verbreitet und meist nach dem Verlagssystem organisiert. Der Kapitaleigner beschaffte die Rohwaren, zum Beispiel Wolle oder Baumwolle, während die Arbeiter selbst die Produktionsmittel besaßen: Spinnrocken, Webstuhl oder Nähmaschine. Diese Form der Arbeit im Hause ermöglichte es, alle Familienmitglieder an der gemeinsamen Existenzsicherung zu beteiligen. Auch Kinder wurden zu leichteren Tätigkeiten herangezogen.

Der Industrialisierungsprozeß in der Textilproduktion war zunächst von der Ausweitung heimindustrieller Tätigkeiten gekennzeichnet, um die wachsende Nachfrage nach fertigen Stoffen und Kleidern zu befriedigen. Allmählich wurde jedoch die Weberei von Fabriken übernommen, die große Maschinen betreiben konnten. Zunächst galt dies nur für die Herstellung von Baumwollstoffen. Die Qualität von handgewebten Leinen- und Wollstoffen dagegen war lange Zeit maschinell nicht zu erzielen. Sie wurden manuell gefertigt und über Zwischenhändler vertrieben. Maschinell gewebte Baumwollstoffe waren leichter herzustellen und hatten sich in England bereits um 1820 durchgesetzt. Doch auch diese Entwicklung verlief regional sehr unterschiedlich. In Nordfrankreich wurde noch in den 1860er Jahren Baumwolle handgewebt, während im benachbarten Elsaß der Großteil der Produktion bereits maschinell erzeugt wurde. Heimindustrielle Arbeiten blieben noch lange bestehen und nahmen in der Nähe der Fabriken sogar wieder zu, weil bestimmte Arbeitsgänge in die Haushalte ausgelagert wurden.

Obwohl die Grenzen zwischen »weiblicher« und »männlicher« Arbeit in den europäischen Ländern zum Teil sehr unterschiedlich verliefen, waren sie in den jeweiligen Regionen doch recht klar umrissen. Überall waren den Geschlechtern bestimmte Aufgaben zugewiesen. Männer und Frauen wurden in Herkunftsfamilie und Gesindedienst in unterschiedlichen »Kompetenzbereichen« sozialisiert. Im Verlauf des 19. Jahrhunderts wurden diese Geschlechtergrenzen in der Arbeit immer stärker polarisiert. Diese Entwicklung wurde bewußt forciert: Staatliche Berichte und Erlasse spiegelten die neue bürgerliche Auffassung vom Verhältnis der Geschlechter.

1843 erschienen zum Beispiel in England die »Reports of the Special Assistant Poor Law Commissions on the Employment of Women and Children in Agriculture«. Diese Berichte waren die Grundlage für verschiedene Sondergesetze zum Schutz von Frauen und Kindern auf dem Arbeitsmarkt. Die Kommission, die diese Berichte veröffentlicht hatte, nahm Anstoß daran, daß Frauen gemeinsam mit Männern auf dem Feld arbeiteten. Das unweibliche Auftreten und Aussehen von Landfrauen irritierte die Kommissionsmitglieder aus den städtischen Oberschichten. Der Bericht vertrat zwar die Auffassung, daß Frauen durchaus in der Landwirtschaft arbeiten könnten und sollten. Außerhalb des Hauses zu arbeiten galt jedoch als definitiv unweiblich. Das Melken betrachteten die Kommissionsmitglieder dagegen als typisch weibliche Tätigkeit. Mit dieser Auffassung zielte die Kommission allerdings an der Realität vorbei: In einigen Teilen Englands war das Melken eine Arbeit, die Männer verrichteten. Die männlichen Melker paßten nicht in das Bild von der »natürlichen« Arbeitsteilung, das sich die Untersuchungskommission gemacht hatte. Wie sollte man erklären, daß sich die vorgefundene Situation nicht mit den eigenen Vorstellungen von männlich-weiblicher Arbeitsteilung deckte? Die Kommission »löste« dieses Dilemma, indem sie die Frauen in diesen Regionen als »faul« diffamierte, weil sie den Männern das Melken überließen.

In vielen Teilen Europas war die Molkerei tatsächlich eine Frauenarbeit. Trotz der schweren Arbeit war diese Zuständigkeit ein Privileg, denn sie erforderte vielfältige Kenntnisse und Erfahrungen. Wer hierin kundig war, genoß viele Vorteile. Eine Frau, die gelernt hatte zu melken, Milch aufzubewahren, Butter und Käse herzustellen, war eine begehrte Ehepartnerin und Arbeitskraft. Große Höfe stellten Meierinnen ein, die dem Viehstall, der Meierei und den übrigen Milchmägden vorstanden. Eine Meierin war besser bezahlt als gewöhnliche Mägde und besaß gewisse Privilegien, zum

Beispiel den Vorzug eines eigenen Zimmers. Auf kleineren Höfen lag die Meierei oft im Zuständigkeitsbereich der Hausfrau.

Es wurde als »natürlich« angesehen, daß Frauen für die ganzheitliche »Produktionskette« vom Kalb und seiner Aufzucht bis hin zur Molkerei und der Herstellung von Milchprodukten zuständig waren. Aber mit der Veränderung der Milchwirtschaft zeigte sich, daß diese »natürliche« Arbeitsteilung nicht von Dauer war. In England übernahmen bereits im 18. Jahrhundert Männer die Verantwortung für die Meierei. Auch in Irland vollzog sich diese Entwicklung, als am Ende des 19. Jahrhunderts die Milchverarbeitung in größeren Molkereien zentralisiert wurde. Als die ökonomische Bedeutung der Milchwirtschaft zunahm, übten Männer die damit verbundenen Arbeiten und Leitungsfunktionen aus. In Schweden dagegen blieb die Meierei, auch als sie industrialisiert wurde, in Frauenhand. Hier übernahmen Frauen sowohl die Leitung der neuen Genossenschaftsmeiereien als auch die Aufsicht als Distriktmeierinnen.

Im Verlauf des 19. und 20. Jahrhunderts wurde der Beruf des Molkereiarbeiters in Europa zu einer männlich dominierten Tätigkeit, zuerst in England und den zentraleuropäischen Staaten, später in den Ländern der europäischen Peripherie. In Schweden vollzog sich dieser Wandel erst in den 1930er Jahren. Der Prozeß begann in den oberen Hierarchiestufen und setzte sich dann nach unten fort. Zunächst übernahmen Männer die Leitungsfunktionen, später auch alle Bereiche der Produktion. Frauen wurden in der betrieblichen Hierarchie immer weiter nach unten gedrängt und verließen den Berufszweig schließlich ganz.

Ein Bereich, in dem die übliche Auffassung von männlicher und weiblicher Arbeit aufgebrochen wurde, war die Metallindustrie in den britischen West Midlands, deren Produktion in den 30er Jahren des 19. Jahrhunderts ihren Höhepunkt erreichte. Anfänglich stellten Frauen hier Nägel in heimindustrieller Fertigung her. Später wurde die Produktion zunehmend in Fabriken und an Maschinen verlagert, die von Männern bedient wurden. Gleichzeitig lebte aber die heimindustrielle Fertigung durch Frauen noch über einen langen Zeitraum fort. Die Maße der Nägel waren vielfältig und nicht standardisiert, weshalb häufig spezielle Bestellungen aufgegeben wurden. Als sich der Großteil der Produktion in die Fabriken verlagerte, wurden diese Spezialanfertigungen von Männern übernommen. Auch Ketten wurden heimindustriell gefertigt – sowohl von Männern wie von Frauen – und im Verlagssystem vertrieben. Viele andere Kleinteile aus Metall, wie Nadeln, Schlösser oder Steigbügel, wurden von Frauen zu Hause oder in kleinen Werkstätten hergestellt. In diesem Bereich waren die Grenzen der Arbeitsteilung weniger rigide als in anderen Branchen. Als billige Arbeitskräfte wurden Frauen zudem von Arbeitgebern häufig bevorzugt.

Der Verlust der weiblichen Kompetenzbereiche

In der ländlichen Arbeitsteilung verfügten Frauen über wichtige Verantwortungsbereiche; in ihre Arbeitsabläufe und -inhalte hatten Männer nur wenig Einblick. Durch diese alleinige Zuständigkeit für bestimmte Aufgaben verfügten Frauen über eine gewisse Macht. Eine fleißige, sparsame, geschickte und kenntnisreiche Hausfrau war ein Gewinn für jeden Hof. Durch ihre Arbeit konnte eine Frau Achtung und Einfluß erwerben. Die Arbeit selbst war keinesfalls ursächlich für die gesellschaftliche Geringschätzung der Frau, im Gegenteil.

Die weiblichen Kompetenzbereiche waren vielfältig, physisch anspruchsvoll und erforderten ebensoviel Wissen und Erfahrung wie die des Mannes. Die rechtliche Vormundschaft über Frau und Kinder besaß jedoch unzweifelhaft der Ehemann. Er war ihr gesetzlicher Vertreter und ihm stand das Recht zu, Frau, Kinder und Angestellte zu züchtigen. Die Geringschätzung des weiblichen Geschlechts fand ihren Ausdruck in der Gesetzgebung und in der rechtlichen Unterordnung der Frau unter den Mann. Frauen wurden immer durch ihr familiäres Verhältnis zum Mann und Hausherrn definiert, sei es als Mütter, Töchter oder Schwestern. Die rechtliche Unterordnung war rigide und brachte Zwänge mit sich, denen sich Frauen kaum entziehen konnten. Der Kern weiblicher

Unterordnung lag nicht in der geschlechtsspezifischen Arbeitsteilung, sondern in Gesetzestexten, in Besitz- und Eherechten und ihrer sozialen Praxis.

Im Verlauf des 19. Jahrhunderts verstärkte sich die geschlechtsspezifische Arbeitsteilung auf dem Land und durchdrang nahezu jedes Aufgabengebiet. In den bürgerlichen Schichten begann man, die gemeinsame Landarbeit von Frauen und Männern moralisch zu verurteilen, wie das Beispiel aus England gezeigt hat. Diese Tendenz ging einher mit dem Wachstum der Städte und der industriellen Entwicklung. Die Kommerzialisierung der ländlichen Produktion scheint die Arbeitsteilung zwischen den Geschlechtern verschärft zu haben. Ein weiterer Faktor war der wachsende Einfluß der bürgerlichen Ideologie, die die Frau auf die häusliche Sphäre verwies. Marktwirtschaft und veränderte Produktionsverhältnisse im 19. Jahrhundert wirkten sich auch auf die geschlechtsspezifische Arbeitsteilung aus und führten letztlich zum Verlust der weiblichen Kompetenzbereiche. In einem veränderten Arbeitsprozeß waren Frauen nicht länger gleichwertige Arbeitskräfte, sondern Männern untergeordnet.

Arbeiten in der Stadt

Die städtischen bürgerlichen Schichten verfügten im Verlauf des 19. Jahrhunderts zunehmend über finanzielle Möglichkeiten, die die Mitarbeit der Frauen für die gemeinsame Existenzgrundlage überflüssig machten. Frauen, die früher die Arbeit in Haus, Hof und Werkstatt mit ihren Männern geteilt hatten, wurden nun davon freigestellt und waren ausschließlich für Haushalt und Kinder zuständig. Im Bürgertum setzte sich die Auffassung durch, daß Frauen »ökonomisch abhängig«, die lohnarbeitenden Männer aber »ökonomisch unabhängig« und »Familienversorger« seien. Früher galt als »ökonomisch unabhängig«, wer aufgrund seines Reichtums auf seinen Besitztümern leben konnte, ohne arbeiten zu müssen. Das neue Deutungsmuster dagegen charakterisierte den

Mann als selbständig, die Frau als unselbständig. Es bezog sich auch auf ältere Vorstellungen vom männlichen Familienoberhaupt, die seit langem in Religion, Philosophie und Gesetzgebung existierten und nun im Ideal der nahezu beschäftigungslosen bürgerlichen Frau im städtischen Haushalt gipfelten. Der Wirkungskreis von (Ehe-) Frauen schrumpfte.

Viele alleinstehende Männer und Frauen, die aufgrund des Bevölkerungswachstums auf dem Land keine Existenzgrundlage mehr besaßen, zogen in die Städte, wo leichter Arbeit zu finden war. Zahlreiche Frauen erwirtschafteten ihr Einkommen als Kleinunternehmerinnen, so als Hökerinnen, Ladenbetreiberinnen oder Wirtinnen. Es scheint, als ob Frauen als selbständige Kleinunternehmerinnen – wenn dieses Wort für die zeitgenössischen Verhältnisse überhaupt anwendbar ist – zu Beginn des 19. Jahrhunderts auf bessere Arbeits- und Lebensbedingungen trafen als gegen Ende des Jahrhunderts.

Viele Frauen fanden Arbeit in den entstehenden Industriezweigen. Die Arbeitsbedingungen waren hart: Besonders in der Textilindustrie waren die Arbeitsverhältnisse ungesund und drückend. In England wurde das Phänomen der »Arbeiterin« bereits in den 30er und 40er Jahren des 19. Jahrhunderts von sozialen Reformern und staatlichen Behörden entdeckt; große Betroffenheit herrschte über die Arbeitsbedingungen von Frauen in den Fabriken und Erzgruben. Durch Gesetze wurden Frauen nun von bestimmten Berufszweigen ausgeschlossen und nur noch zu solchen Betätigungsfeldern zugelassen, die der weiblichen »Natur« entsprachen. Das bürgerliche Frauenbild sollte sich auch in der Arbeiterklasse realisieren. Grubenarbeit galt nun als unweiblich und wurde Frauen verboten, jedoch nicht die Arbeit an der Nähmaschine oder als Dienstmagd. Empörung und Betroffenheit über die Arbeitsbedingungen von Frauen wurden wenig später auch auf dem Kontinent und mit gewisser Verzögerung in Skandinavien formuliert. Außer in Belgien wurde Frauen in allen Ländern die Arbeit unter Tage verboten. Nicht nur in dieser Hinsicht war Belgien eine Ausnahme: Hier wurden im gesamten 19. Jahrhundert nahezu keine Arbeitsschutzbestimmungen erlassen.

Mehr als die Lohnarbeit von Männern gab die weibliche Erwerbsarbeit Anlaß zu Untersuchungen, Besorgnis und obrigkeitlichen Eingriffen. Immer stärker wurde betont, daß Frauen in zweifacher Hinsicht belastet seien – als Arbeiterin und als Hausfrau und Mutter. Die Erwerbstätigkeit verheirateter Frauen wurde immer häufiger attackiert, besonders wenn sie einer außerhäuslichen Lohnarbeit nachgingen. Eine erwerbstätige Frau, so der Vorwurf, treibe ihre Kinder auf die Straße und ihren Mann in die Bierstuben. Eine Hausfrau, die zu Hause für das Wohlergehen ihrer Familie sorgte, galt dagegen als ruhender Pol der Familie und als Grundfeste der Gesellschaft. In den Unterschichten war dieses Ideal allerdings kaum zu realisieren, die meisten Frauen waren gezwungen zu arbeiten. Gerade die Städte boten zahlreiche Arbeitsmöglichkeiten für Frauen, vor allem als Dienstmagd. Eine Arbeit zu finden, die ihnen Geld und Freizeit einbrachte, war das Ziel der meisten Dienstmägde. Manchen gelang es, den Gesindedienst zu verlassen und als Industriearbeiterin ihr Auskommen zu finden.

Verheiratete Frauen gingen meist zu zeitlich begrenzten und wechselnden Formen der Lohnarbeit über. Ohne den Beitrag aller Familienmitglieder zum gemeinsamen Einkommen konnte eine Arbeiterfamilie kaum überleben. Die Statistiken über die Erwerbsarbeit verheirateter Frauen sind in diesem Zusammenhang nur unzureichend und unterschätzen bis weit in das 20. Jahrhundert den Beitrag, den Frauen zum familiären Einkommen leisteten.

Viele verheiratete Frauen boten als Hökerinnen, ausgestattet mit einem Korb oder einem kleinen Verkaufsstand, kleine Gerichte und Gebäck feil – die »Hamburger« einer Zeit, in der ein nicht unbeträchtlicher Teil der Bevölkerung nicht einmal über einen eigenen Herd verfügte, um eine warme Mahlzeit zuzubereiten. In Schweden war diese Arbeit bis etwa 1850 ausschließlich verheirateten Frauen vorbehalten, die gezwungen waren, sich selbst zu versorgen – zum Beispiel, weil sie verwitwet oder ihre Männer erwerbslos waren. Sie erhielten die Erlaubnis, einen Straßenverkauf zu betreiben, um nicht der Armenfürsorge zur Last zu fallen. Durch dieses Reglement wurde der Straßenverkauf per Definition ein »weiblicher« Beruf.

Eine Arbeitsform zwischen Lohnarbeit außer Haus und dem häuslichen Gesindedienst war die heimindustrielle Arbeit, der viele verheiratete Frauen nachgingen. Eine solche Tätigkeit ermöglichte es, Geld zu verdienen und gleichzeitig die Kinder zu beaufsichtigen. Zwischen Männern und Frauen entstand dadurch ein gewisses Konkurrenzverhältnis. Innerhalb der Schneiderbranche etwa kam es deshalb zu Konflikten, als einige Hersteller von Fertigkleidung ihre Preise senkten, weil sie Näharbeiten als Heimarbeit an Frauen vergaben. In London kam es deshalb 1810, 1814, 1827 und 1830 zu Streiks. Die Streikenden befürchteten den Niedergang handwerklicher Kenntnisse und Fertigkeiten in der Schneiderei durch die Beschäftigung ungelernter (weiblicher) Arbeitskräfte. Die Schneidermeister in ihren Werkstätten, die Lehrlinge ausbildeten und das handwerkliche Können pflegten, konnten ihre dominierende Marktstellung nicht länger aufrechterhalten. Nachfrage nach und Handel mit industriell gefertigter, nicht maßgeschneiderter Kleidung nahmen rasch zu. Im Paris kamen um 1820 dieselben Konflikte zwischen Männern und Frauen zum Ausdruck, als die Produktion von Stoffen und Kleidung aufgrund der heimindustriellen Lohnarbeit von Frauen zunahm.

Frauen bewegten sich zwischen widersprüchlichen Erwartungen – einerseits galten sie als »ökonomisch abhängig« vom Mann, waren aber andererseits gezwungen, zum Familieneinkommen beizutragen und sich gleichzeitig um Pflege und Erziehung der Kinder zu kümmern. Als heimindustrielle Arbeiterinnen mußten sie sich für niedrige Löhne verdingen und wurden von den Textilverlegern ausgebeutet. Andererseits besaßen sie keine Möglichkeit, sich zur Wahrung ihrer Interessen gemeinschaftlich zu organisieren, da sie verstreut und vereinzelt arbeiteten. Sie zogen sich die Ablehnung der frühen Arbeiterorganisationen und gewerkschaftlichen Bewegungen zu, in denen sich vor allem Arbeiter mit einer Lehrlings- und Berufsausbildung organisierten. Mädchen und junge Frauen konnten keine Berufsausbildung absolvieren und bewegten sich so im Spannungsfeld von notwendiger Erwerbsarbeit und fehlender Ausbildung. Sie waren gezwungen, ihre Arbeitskraft besonders kostengünstig anzubieten. Bisher hatten Frauen gemeinsam mit ihren Männern das Familieneinkommen erwirtschaftet, in der familiären Subsistenzwirtschaft, die keine individuellen Löhne kannte. Nun wurden sie zur Bedrohung für die individuellen Lohneinkünfte der

Männer. Die Arbeitgeber beeilten sich, diesen Umstand auszunutzen.

Verheiratete Frauen der bürgerlichen Mittelschichten gingen in der Regel keiner Erwerbsarbeit nach. Den ledigen bürgerlichen Frauen standen nur wenige Erwerbsmöglichkeiten offen, zum Beispiel als Leiterin einer kleinen Privatschule oder als Gouvernante im Haushalt reicher Familien. Auch Mary Wollstonecraft bestritt ihre Existenz auf diese Weise. Allerdings verfügten die Frauen meist über keine eigene formelle Ausbildung. Doch allmählich erweiterten sich in den Städten die Bildungsmöglichkeiten für Frauen.

Bildung

In den 40er Jahren des 19. Jahrhunderts entstanden in England Schulen für angehende Lehrerinnen und Gouvernanten. Am King's College in London wurde 1847 eine Vorlesungsreihe für Frauen abgehalten, bald darauf wurden die Frauencolleges Queen's und Bedford's eröffnet. Auch Lehrerinnenschulen für begabte Frauen aus der Arbeiterklasse wurden gegründet. Das lag im Trend der Zeit: Erziehung und Ausbildung wurden viel diskutiert, und ein Anspruch darauf wurde für Kinder aller Klassen erhoben. Mit den erweiterten Bildungsmöglichkeiten begannen Frauen, auch mehr berufliche Möglichkeiten einzufordern. Sie wollten ihre Berufsperspektiven nicht länger darauf beschränken, Lehrerin zu werden. In Hamburg wurde 1850 von der deutsch-katholischen Versammlung eine »Hochschule für das weibliche Geschlecht« gegründet, die aus einem Frauenbildungsverein hervorgegangen war. Unter der Leitung eines Rektors konnten Frauen hier eine Ausbildung zum neuen Beruf der »Kindergärtnerin« absolvieren. Der Rektor war ein Verwandter des großen Reformers der Kindererziehung, Friedrich Fröbel.

Mädchenschulen wurden in der Regel auf private Initiative hin gegründet. Mädchenausbildung lag offenbar nicht im staatlichen Interesse. In Frankreich zum Beispiel wurden erst spät staatliche

Ausbildungsinstitute für Mädchen geschaffen; die 1833 in Frankreich eingeführte allgemeine Volksschule stand ausschließlich Jungen offen. Politiker der Rechten wie der Linken waren sich einig, daß Frauen am besten für ein Leben in Haus und Familie geeignet seien. Auch die Revolution von 1848 bescherte den Frauen kein Zugangsrecht zu den Schulen. Erst ab 1880 kam es in Frankreich zu spürbaren Veränderungen in der staatlichen Mädchen- und Frauenbildungspolitik.

Die traditionellen Klosterschulen, in denen Nonnen unterrichteten, standen Frauen jedoch seit jeher offen. Sie boten im frühen 19. Jahrhundert die besten Bildungsmöglichkeiten für Frauen. Neben den kirchlichen Schulen existierten – vor allem in den Städten – private Bildungsinstitute für Mädchen. Hier waren überwiegend Lehrer tätig. Die schulische Geschlechtertrennung in Frankreich war sehr strikt; Mädchen und Jungen wurden an jeweils eigenen Schulen unterrichtet.

In Skandinavien wurde die allgemeine Volksschule relativ frühzeitig eingeführt, in Schweden zum Beispiel im Jahre 1842. In der Volksschule wurden Jungen und Mädchen gemeinsam unterrichtet, auch das Lehrerkollegium war gemischt. Besonders in den Städten war es häufig anzutreffen, daß eine Lehrerin eine gemischte Volksschulklasse unterrichtete. Allerdings wurden die Lehrerinnen bevorzugt in den unteren Klassen eingesetzt. Je älter die Kinder waren und je anspruchsvoller damit der Unterricht wurde, desto mehr Wert wurde auf einen Lehrer gelegt.

Die Verbreitung der allgemeinen Volksbildung bot Frauen Bildungs- und Arbeitsmöglichkeiten als Schülerinnen und Lehrerinnen. Im kontinentalen Europa erhielten Frauen später Zugang zu schulischer Bildung als in England und – bemerkenswerterweise – im ökonomisch unterentwickelten Skandinavien. Die höhere Schulausbildung für Frauen erreichte jedoch nirgendwo das für Männer übliche Niveau. Nur einigen wenigen Frauen aus wohlhabenden Familien gelang es, sich an Privatschulen umfassend zu bilden. Die staatliche Bildungspolitik ermöglichte keinen gleichberechtigten Zugang zur Bildung. Die sozialen Schichten trafen auf ebenso unterschiedliche Bildungschancen wie die Geschlechter. Jungen und Mädchen wurden im Unterricht getrennt, auf verschiedene Schulformen und unterschiedliche Bildungsinhalte verwiesen. So erwies sich die staatliche Bildungspolitik in manchen Ländern als Hemmschuh für die Bildungs- und Lehrbestrebungen von Frauen.

Romantik, Sozialismus und Feminismus

Was war aus den Visionen von männlicher und weiblicher Gleichheit geworden, die in der Französischen Revolution formuliert worden waren? Die soziale Praxis des Geschlechterverhältnisses war kaum davon geprägt. Doch in der literarischen Bewegung der Romantik und im frühen Sozialismus fand das Gleichheitsideal eine neue Heimat.

Die Romantik

Sowohl die Vertreter der Aufklärung des 18. Jahrhunderts als auch der Romantik des frühen 19. Jahrhunderts sahen im Wesen der Frau etwas grundsätzlich vom Mann Abweichendes und Verschiedenes. Diese Annahme begründete die Auffassung, daß die Frau nicht danach streben könne, dieselbe gesellschaftliche Rolle einzunehmen wie der Mann. Nur der Mann war dem Manne »gleich geboren«. Allerdings hatte die Aufklärung weniger die Ungleichheit zwischen den Geschlechtern betont als vielmehr die gleichen Rechte und rationalen Fähigkeiten aller Menschen. Indem er sie als das komplementäre Prinzip des Mannes konstruierte und aufwertete, hat der einflußreiche französische Aufklärer und Philosoph Rousseau dennoch dazu beigetragen, die Auffassung von der »Andersartigkeit« der Frau zu verfestigen.

Aufklärung und Französische Revolution bereiteten den Boden für die Gleichheitsbestrebungen von Frauen. Mary Wollstonecraft, die an der Schwelle zweier Epochen und Geistesströmungen lebte, stand nicht nur in der revolutionären Tradition, sie gilt auch als

Vorreiterin der Romantik. In ihren Briefen von einer Reise durch Skandinavien, die sie 1798 publizierte, beschrieb Wollstonecraft die Natur als einen Zustand, der im Einklang mit der menschlichen Seele stehe, und nahm damit ein literarisches Motiv der Romantik vorweg. Naturbeschreibungen wurden zum Ausdrucksmittel menschlicher Regungen und Emotionen.

Obwohl frühe Romantikerin, hätte sich Mary Wollstonecraft wohl kaum mit den neuen Bildern des Weiblichen und Männlichen arrangiert, die in der Romantik zu Beginn des neuen Jahrhunderts entwickelt wurden. Die Frau wurde zur Göttin der Gefühlswelt erhoben, doch der Mann war ebenfalls gefordert, Gefühle und Empfindsamkeit zu zeigen. Für Männer wie für Frauen galt es als schicklich, starken Gefühlen durch Tränen Ausdruck zu verleihen. Es war nicht ungewöhnlich, wenn ein Mann in Tränen ausbrach, weil ein guter Freund vor dem Bankrott stand – so das Beispiel eines schwedischen Geschäftsmannes. Tränen waren nichts Unmännliches.

Die romantische Empfindsamkeit ermöglichte eine Überschreitung früherer Geschlechtergrenzen. Man sprach vom Ideal »sanfter Männlichkeit« und »selbständiger Weiblichkeit«. Frauen eroberten neue Spielräume als Intellektuelle und Literatinnen, zumindest im begrenzten Umfeld gelehrter Kreise. Aber in den folgenden Jahrzehnten setzte sich in der Romantik die Auffassung von der Andersartigkeit der Frau, ihrer Abweichung vom Mann durch. Sie schien eher der Natur zugeordnet, während das männliche Prinzip mit »Kultur« gleichgesetzt wurde, wenngleich mit einer verfeinerten und empfindsamen Kultur. Die gegenseitige Ergänzung und Abhängigkeit der beiden Geschlechter stand im Mittelpunkt des romantischen Liebesideals, die Liebenden verschmolzen zu einer innigen Einheit von Körper und Seele. Die Frau löste sich in diesem Bild als Individuum auf. Andererseits entstand eine Sphäre tiefer und aktiver Gefühlsäußerungen zwischen Mann und Frau, die neue Möglichkeiten eröffnete, das Verhältnis der Geschlechter zu gestalten. Die politischen, sozialen und rechtlichen Ungerechtigkeiten zwischen Männern und Frauen thematisierte das romantische Menschenbild allerdings in keiner Weise.

Für Frauen war diese Entwicklung widersprüchlich. Einerseits wurden sie aufgewertet und verehrt, in der Liebe konnten sie erfülltere Beziehungen zu Männern aufbauen. Andererseits galt noch immer der Mann als Synonym für Vernunft, Logik und schöpferische Kraft. Vielleicht läßt sich die Romantik als eine Epoche beschreiben, in der Männer ihre Möglichkeiten emotionaler Entwicklung vergrößerten, ohne Frauen gleichermaßen das Recht einzuräumen, ihre gesellschaftlichen Spielräume zu erweitern.

Feminismus und Sozialismus

Nach dem Schock über die Auswüchse der Französischen Revolution bot die Epoche der Romantik erneut Raum für eine wachsende politische Radikalisierung. Die konservative und restauratorische Politik seit 1815 dämpfte allerdings das radikal-politische Engagement und damit die Gleichheitsbestrebungen von Frauen. Erst um 1830 erhielten Frauen und Männer wieder die Möglichkeit, das Geschlechterverhältnis neu auszuhandeln. Den Rahmen dafür bot vor allem eine neue Geistesströmung – der Sozialismus.

Das Gleichheitsideal der Französischen Revolution lebte fort, teils in der romantischen Aufwertung der Frau, teils als politische Idee von einem gerechteren Geschlechtervertrag. Zwischen 1830 und 1850 rollte eine Woge radikaler und sozialistischer Ideen durch Europa. Der französische Freidenker Charles Fourier formulierte bereits 1808, daß eine fortschrittliche gesellschaftliche Entwicklung nicht ohne die Erweiterung weiblicher Rechte denkbar sei. Die Gleichheit von Männern und Frauen war ein kühnes Ideal in einer Zeit, in der das Recht auf Scheidung wieder aufgehoben war und der Mann die Familie, die kleinste, hierarchisch gegliederte Einheit der Gesellschaft, als Hausvater dominierte.

In England wurde der frühe Sozialismus stark von den Ideen Robert Owens inspiriert, der Fabrikkooperativen und gemeinsames Eigentum der Arbeiter an den Produktionsmitteln forderte. Frauen nahmen in der owenitischen Bewegung eine bedeutende Rolle ein. 1832 wurde die »Society of Industrious Females« gegründet, eine Kooperative, in der Frauen Bekleidung herstellten und sie gemeinsam über eine Verkaufskooperative vertrieben. Hier übernahmen Frauen auch die Vorarbeiter- und Leitungsfunktionen. Auch Handschuhnäherinnen und Knopfmacherinnen organisierten sich in der owenitischen Gewerkschaftsbewegung, den »Grand National Consolidated Trade Unions«. Sie richtete sich gegen Arbeitgeber, die versuchten, Männer- und Frauenlöhne zu drücken, indem sie zum Beispiel nichtorganisierte Frauen zu Billiglöhnen beschäftigten. Die Gewerkschaften versuchten auch, die Arbeitslosigkeit zu bekämpfen, die der zunehmende Einsatz von Maschinen in der Textil- und Porzellanbranche erzeugte. Durch gemeinsames, kooperatives Eigentum sollten alle, ob Mann oder Frau, einander gleichgestellt sein.

Robert Owen war ursprünglich selbst Fabrikbesitzer und gründete eine Mustertextilfabrik im schottischen New Lanark. Später befaßte er sich mit politischer Theorie und griff die drei Institutionen an, die seiner Meinung nach eine gesunde gesellschaftliche Entwicklung verhinderten: Religion, Ehe und Privateigentum. Seine Lehre kritisierte alle Formen von Unterdrückung, nicht nur die ökonomische. Neben der Schule war für ihn vor allem die Familie ein Ort der Tyrannei, wo Männer ihre Frauen und Kinder unterdrückten.

Die owenitische Bewegung expandierte in den 30er und 40er Jahren des 19. Jahrhunderts. Sie zog hauptsächlich Menschen aus der unteren Mittelschicht und Arbeiter mit beruflicher Ausbildung an. In vielen Städten und Dörfern entstanden lokale Kommunen. Sie leisteten Informationsarbeit und bereiteten die Einrichtung weiterer Wohn- und Arbeitskommunen vor. Die Oweniten glaubten an die Macht des guten Beispiels, nicht an die Revolution. Immer mehr Menschen, so ihre Hoffnung, würden sich den Kommunen anschließen oder eigene bilden, bis die ganze Welt in sozialistischen Kommunen organisiert wäre.

Den Oweniten schlossen sich nicht zuletzt viele Frauen an. Etliche von ihnen waren als Rednerinnen oder Organisatorinnen erfolgreich – in einer Zeit, in der es als undenkbar galt, daß eine ehrbare Frau allein außer Haus ging, geschweige denn öffentlich sprach. Die illustrierten Vorlesungen über Währungsreformen und Englands Finanzinstitutionen von Margaret Chappellsmith und Eliza Macauley gehörten zu den populärsten der 1840er Jahre. Auch Frances

Morrison, die als uneheliche Tochter einer Dienstmagd bei ihrer Großmutter aufgewachsen war, trat als Schriftstellerin und Rednerin an die Öffentlichkeit. Ihr wichtigstes Thema war die Forderung nach »gleichem Lohn für gleiche Arbeit«. Sie setzte sich vor allem für die gewerkschaftliche Organisierung von Frauen ein.

Eine provokante Rednerin war Emma Martin, die das Recht auf Ehescheidung forderte. Wenn sie über »Ehe und Scheidung« sprach, kamen nicht selten 2000 bis 3000 Menschen, um ihr zuzuhören. Ihre schlagfertigen und guten Argumente rissen das Publikum zu Ovationen hin. Manchmal stellte sie sich auch einem Wortduell mit einem christlichen Gegner ihrer Positionen. Ihre Überzeugungskraft bekam ein englischer Gemeindepfarrer schmerzlich zu spüren: Nach einer öffentlichen Diskussion zwischen ihm und Emma Martin ging seine gesamte Gemeinde zu den Oweniten über.

Ein weiteres Thema der Oweniten waren Unterdrückung und Unterordnung innerhalb der Familie: Zu Hause lernten Frauen und Kinder zu gehorchen und wurden zu willfährigen Untertanen sozialisiert, die sich bereitwillig unterdrücken ließen. Auch das Verhältnis zwischen Männern und Frauen in Ehe und Familie trage zur Unterdrückung der Frau bei. Die Befreiung der Frau lasse sich erst verwirklichen, wenn sie persönlich und ökonomisch vom Mann unabhängig sei. Ein neues, positives Verhältnis zwischen den Geschlechtern solle sich auf die natürliche Leidenschaft von Mann und Frau gründen. In diesem Sinne war die Bewegung von den französischen Utopisten Saint-Simon und Fourier beeinflußt. Diese betrachteten Liebe, Leidenschaft und sexuelle Anziehung als die stärksten Triebkräfte des Menschen. Wer diesen Triebkräften freien Raum gebe, könne seine volle Kraft und Kreativität auch auf anderen Gebieten entfalten. Der Mensch würde dann glücklich und ausgeglichen in einer friedlichen Gesellschaft leben.

Der englische Frühsozialismus hatte durch seine Ideen Kirche und Staat herausgefordert. Eine massive Repression führte im Verlauf der 1840er Jahre zum Niedergang der Bewegung samt ihren unzähligen lokalen Gruppen. Gleichzeitig vollzog sich die innere Auflösung: Die owenitischen Frauen machten zu oft schlechte Erfahrungen mit dem neuen, auf Leidenschaft gegründeten Verhältnis zu Männern. Nicht selten wurden sie verlassen, sobald sie schwanger waren. Sie zogen deshalb eine auf Kameradschaft gegründete Ehe den losen Verbindungen ohne langfristige Verpflichtung vor. In den Kommunen blieb die männlich-weibliche Arbeitsteilung bestehen, Frauen waren für die gesamte Arbeit im Haushalt zuständig. In der Praxis gelang es den Oweniten nicht, gleichberechtigte Beziehungen zwischen Männern und Frauen zu leben.

Auch in anderen Teilen Europas existierten frühsozialistische Bewegungen. Im spanischen Cádiz bildete sich um 1850 eine kleine Gruppe von Fourier-Anhängern, Männern und Frauen, die sich um die literarische Zeitschrift »El Pensil de Iberia« sammelten. Sie strebten die Gleichheit der Geschlechter an, ein Ende der männlichen Vorherrschaft und ein Geschlechterverhältnis, das auf sexueller Anziehung statt auf ökonomischer Abhängigkeit gründete. Sie verbanden diese Vision mit christlichen Idealen. Eine reale Bedrohung der politischen Verhältnisse ging von dieser Gruppe freilich kaum aus.

Die französische Gesellschaftskritikerin und Reiseschriftstellerin Flora Tristan war durch den englischen und französischen Frühsozialismus beeinflußt. Sie war mit Fourier-Anhängern bekannt und traf Robert Owen auf einer ihrer Englandreisen. In Frankreich setzte sie sich für das Recht auf Ehescheidung ein. Mit Hilfe ihrer Publikation »Union ouvrière« (1843) verfolgte sie die Gründung einer internationalen Arbeiterorganisation. In Großstädten wie Marseille und Bordeaux entstanden erste lokale Einheiten. Flora Tristan starb bereits ein Jahr später, doch die Erinnerung an sie lebte fort. Als 1848 auf ihrem Grab ein Gedenkstein errichtet wurde, nahmen 8000 Menschen an der Zeremonie teil. Ihre Ideen beeinflußten auch das Kommunistische Manifest von Marx und Engels (1848), ohne daß die Verfasser diesen Einfluß erwähnten. Der Ausruf »Arbeiter, vereinigt Euch« stammt von Flora Tristan.

Das Jahr 1848 bildete den Höhepunkt der unruhigen 1840er Jahre, in denen liberale und sozialistische Gruppen gegen die konservativen Staaten opponierten. Durch die Großstädte des europäischen Kontinents rollte eine Welle von Aufständen und Revolten. Deutschland war zu dieser Zeit kein Nationalstaat, sondern ein Konglomerat eigenständiger Länder, die im Deutschen Bund zusammengeschlossen waren. In einigen der Kleinstaaten kam die radikale Opposition für kurze Zeit an die Macht. An die »Arbeiterkommission« der neuen sächsischen Regierung richtete Louise Otto, eine bekannte Schriftstellerin und Journalistin, im März 1848 einen offenen Brief, die »Adresse eines deutschen Mädchens«. Sie bat die Herren »bei der Organisation der Arbeit die Frauen nicht zu vergessen«. Im April des folgenden Jahres gab sie die erste Nummer ihrer »Frauen-Zeitung« heraus, die sich in den ersten zwei Jahren ihres Erscheinens intensiv mit weiblicher Lohnarbeit, Organisierung von Frauen und Wohltätigkeitsaktivitäten befaßte. Viele Frauen schlossen sich den entstehenden radikalen Vereinigungen an. Zum Teil waren es gemischte Gruppierungen, zum Teil reine Frauenorganisationen wie die »demokratischen Frauenvereine«, die überall im Deutschen Bund entstanden. Ein Großteil ihrer Aktivitäten bestand darin, radikale Personen und Vereinigungen zu unterstützen, die zunehmender Verfolgung ausgesetzt waren.

In der Folge wurde in nahezu allen Bundesstaaten die politische Betätigung von Frauen und Minderjährigen verboten. Nach dem Preußischen Vereinsgesetz von 1850 war ihnen selbst der Besuch politischer Versammlungen untersagt. Dieses Verbot behinderte noch in der zweiten Hälfte des Jahrhunderts die Möglichkeiten politischen Engagements für Frauen und erklärt die sehr zögerliche und langsame Organisierung von Frauen in Deutschland. Nach 1850 emigrierten zahlreiche Personen, die offen für einen gesellschaftlichen Wandel eingetreten waren, ins Ausland. Ende 1850 wurde in Sachsen die sogenannte »Lex Otto« erlassen, die es Frauen verbot, als verantwortliche Herausgeberinnen und Redakteurinnen von Zeitschriften zu fungieren. Louise Otto war gezungen, ihre Zeitschrift in einem anderen Land herauszugeben – ein Rückschlag, von dem sich das Blatt nie mehr erholte. Die harschen Reaktionen in Deutschland auf das politische Engagement von Frauen zeigen, daß Frauen als Bedrohung galten, die repressiv kontrolliert werden mußte. Der frühe Sozialismus wurde von einer ähnlichen Repressions- und Verfolgungswelle getroffen wie die frühe Frauenbewegung. Teilweise hatten beide Bewegungen zusammengearbeitet. Zumeist zeigte sich jedoch, daß auch die radikalen Männer einem konservativen Frauenbild verhaftet waren.

Die Erlangung politischer Rechte von Frauen wurde offenbar als drängender betrachtet als die Gleichstellung der Geschlechter in der Arbeitswelt, in der viele die geschlechtsspezifische Arbeitsteilung als gegeben hinnahmen. Ausnahmen waren Jeanne Deroin und Pauline Roland, die in Paris die niedrigen Löhne und die Arbeitslosigkeit von Frauen thematisierten. Durch gewerkschaftliche Organisierung wollten sie den Arbeiterinnen eine Stimme geben. Ein berühmter Zeitgenosse von Deroin und Roland trat zur gleichen Zeit für das Gegenteil ein. Er beeinflußte das Frauenbild der französischen Gewerkschaftsbewegung nachhaltig. Sein Name war Pierre-Joseph Proudhon, heute vor allem bekannt für seinen Satz »Eigentum ist Diebstahl«. Proudhon war ein radikaler Denker und hatte viele Bewunderer. Nach seiner Auffassung sollten alle Beziehungen zwischen Menschen durch einen Vertrag zwischen gleichwertigen Partnern gestaltet sein und so den Staat überflüssig machen. Doch auf einem Gebiet war Proudhon höchst konservativ: In der Familie sollte der Vater herrschen, Frau und Kinder sich unterordnen. Sein Verständnis der weiblichen Rolle war einfach: Die Frau sollte innerhalb der häuslichen Wände wirken. Nach Proudhons Tod erschien 1860 das Buch »Pornokratie oder die Frau in der modernen Zeit«. Hier wurde das Drohbild einer Dirnenherrschaft entworfen (lat. *porno* = Hure), die entstehen würde, wenn Frauen ihre eigentliche Aufgabe als Hausfrau und Mutter (*ménagère*) aufgeben und sich gesellschaftlichen Fragen zuwenden würden.

Der Frühsozialismus veränderte sich und verlor an Bedeutung. Eine neue Geistesströmung, der sogenannte wissenschaftliche Sozialismus, entstand. Die Vertreter des neuen Sozialismus unterschieden sich kaum von der übrigen Gesellschaft, wenn es darum ging, die »natürlichen« Unterschiede zwischen Männern und Frauen zu betonen. Der sozialistische Gleichheitsdiskurs über Männer und Frauen verschwand im wissenschaftlichen Sozialismus. Die marxistische Gesellschaftsanalyse betonte die Klassengegensätze und vernachlässigte andere Formen der Unterdrückung, insbesondere die der Arbeiter über die Arbeiterinnen, über ihre Ehefrauen und Töchter.

Der frühe, utopische Sozialismus hielt in einigen Ländern – am deutlichsten wohl in England – die Vision von der Gleichheit und

Unabhängigkeit der Geschlechter lebendig. Als sich andere sozialistische Strömungen durchsetzten, wurde die Unterordnung der Frau mit gewissen rhetorischen Ausnahmen akzeptiert. Nicht einmal Flora Tristans Plädoyer für eine internationale Gewerkschaftsbewegung aller Arbeiter und Arbeiterinnen – ohne Ansehen des Geschlechts – konnte sich dagegen behaupten.

In der Epoche der Industrialisierung verloren Frauen wichtige Kompetenzbereiche. Die Frauen der Arbeiterklasse waren auf dem Arbeitsmarkt untergeordnet, wo ihnen die unattraktivsten und am schlechtesten bezahlten Arbeiten zugewiesen wurden. Die Frauen der Mittel- und Oberschichten wurden zunehmend beschäftigungslos, machtlos und auf die private Welt zurückverwiesen. Männer organisierten sich mehr und mehr über ihre Lohnarbeit und gewannen durch das politische Stimmrecht einen Zuwachs an Macht. Viele Männer waren dennoch durch ihre Arbeit und geringe Entlohnung von Einfluß und Macht ausgeschlossen, nirgends allerdings aufgrund ihres Geschlechtes.

Aufbruch und Ungewißheit – Weibliche Unterordnung zwischen Wandel und Rekonstruktion 1870–1914

Die Jahrzehnte zwischen 1870 und 1914 waren voller Veränderungen, Hoffnungen und Neuigkeiten, aber auch voller Widersprüche – besonders für Frauen. Sie eröffneten sich neue Möglichkeiten und Handlungsspielräume, erlebten Aufbrüche und Grenzerweiterungen. Doch zugleich verloren sie Freiräume und beschnitten selbst ihren potentiellen Wirkungsradius. In dieser Phase war das Geschlechterverhältnis einem permanenten, lebhaften Wandel unterworfen. Die Bilder von »Männlichkeit« und »Weiblichkeit« veränderten sich rasch. Ein Historiker charakterisierte die Epoche als »Krise der Männlichkeit«, während eine Historikerin von einer Zeit der »Geschlechterkrise« sprach.[2]

Die Jahrhundertwende vom 19. zum 20. Jahrhundert stand für die meisten Länder Europas – bis auf England und Belgien, die diesen Wandel bereits vollzogen hatten – unter dem Vorzeichen des allmählichen, aber einschneidenden Übergangs der Agrargesellschaft in eine Industriegesellschaft auf dem Weg zur Demokratie. Der Charakter der kontinental- und nordeuropäischen Gesellschaften veränderte sich grundlegend. Viele Volkswirtschaften erzielten ihr Haupteinkommen noch immer aus der Landwirtschaft, aber die Wachstumsbranchen lagen in Industrie, Handel und Verkehr. Die Industrialisierung erzielte große Fortschritte in der Stahlproduktion, in der chemischen und elektrischen Industrie.

Der Begriff der »Industrialisierung« als Ausdruck für die neuen Produktionsweisen war bereits in den 1820er Jahren von dem radikalen Denker Graf de Saint-Simon geprägt worden. Der Übergang in die Industriegesellschaft war langwierig, von vielen Rückschlägen geprägt, und ist insofern eigentlich kaum als »Revolution« zu bezeichnen. Alte Produktionsformen existierten neben den neuen. Die Städte wuchsen rasant, Industriezentren entstanden.

Parallel zur Industrialisierung vollzog sich in den europäischen Ländern ein tiefgreifender Demokratisierungsprozeß, der in den

Jahrzehnten um die Jahrhundertwende seinen Höhepunkt erreichte. Der Kampf um das Stimmrecht befand sich in einer Hochphase. Kaum jemand war noch bereit, auf Einflußnahme in öffentlichen Angelegenheiten zu verzichten. Politische Partizipation vollzog sich nicht nur direkt in den Parlamenten; neue Interessengruppen und Organisationen entstanden, die an politischen Veränderungen teilhatten. Auch die politischen Parteien begannen sich zu formieren. Die Tagespresse gewann als Meinungsmacher und Informationsquelle an Bedeutung; Kritik und Vorschläge konnten hier verbreitet und diskutiert werden. Man sprach von drei gesellschaftlichen Problemen, die der Lösung bedurften: der »Sozialen Frage«, der »Arbeiterfrage« und der »Frauenfrage«. Waren die Veränderungen positiv oder negativ zu bewerten? Drohte die Degeneration des Menschen oder stand eine strahlende Zukunft bevor? Welche Gruppen und Bevölkerungsschichten sollten die zukünftige Gesellschaftsordnung beeinflussen und gestalten? Und welches sollte der Platz der Frauen in der neuen Ordnung sein?

Auch Frauen partizipierten am Demokratisierungsprozeß, doch sie trafen dabei auf größere Hemmnisse als Männer. Formell waren Frauen aufgrund ihres Geschlechts von politischer Einflußnahme ausgeschlossen. Unter den politisch aktiven Frauen herrschte Übereinstimmung, daß die Lebensbedingungen von Frauen verbessert und ihr Beitrag zur Gesellschaft neu bewertet werden müsse, ohne daß sie sich indessen über die zukünftige Gesellschaftsform einig gewesen wären. Wie Männer hatten auch Frauen sehr verschiedene Vorstellungen von der »idealen« Gestalt der zukünftigen Gesellschaft.

Frauen, und zwar unabhängig von Alter oder sozialem Status, wurden »anders« behandelt und »anders« beschrieben als Männer. Diese Zuweisung manifestierte sich auch auf dem Arbeitsmarkt, in den alten und neuen Formen männlich-weiblicher Arbeitsteilung. Zu bestimmten Tätigkeitsbereichen erhielten Frauen nun keinen Zugang mehr; andere Arbeitsfelder eröffneten sich. Der Rahmen des weiblichen Tätigkeitsradius wurde definiert durch Gesetze, Arbeitgeber und Gewerkschaften. Frauen wirkten aktiv an dieser Entwicklung mit, indem sie sich mit den neuen Erwartungen und Zuschreibungen, die an sie gestellt wurden, identifizierten.

Diese Entwicklung war keineswegs zwingend vorherbestimmt. Vor dem Hintergrund der ökonomischen Bedingungen wären andere Lösungen der geschlechtsspezifischen Arbeitsteilung denkbar gewesen. Doch überkommene Traditionen und ein neuer wissenschaftlicher Diskurs, der sich auf medizinisch-biologische Entdekkungen gründete, erzeugten wirkungsmächtige Denkmuster, die vorgaben, welche Berufe für das weibliche Geschlecht als geeignet gelten sollten und welche nicht. Im Unterschied zur vorindustriellen Gesellschaft, die die Geschlechterhierarchie gerade nicht in der Arbeitsteilung ausgedrückt hatte, manifestierte sich nun die Unterordnung der Frau unter den Mann zunehmend in der Arbeitswelt und wurde hier neu konstituiert. Ein bestehendes Machtverhältnis wurde aufrechterhalten und durch die geschlechtsspezifische Arbeitsteilung in neuer Form zum Ausdruck gebracht.

Die Auffassungen und Bilder von »Männlichkeit« und »Weiblichkeit« prägten die Realitäten der Arbeitswelt: Frauen wurden zu schlechtbezahlten Lohnarbeiterinnen, die darauf angewiesen waren, ihre Existenz einem Mann zuzuordnen – am besten durch Heirat. Nur so konnten sie ausreichend an den gesellschaftlichen Ressourcen partizipieren und ihre Subsistenz sichern. Paradoxerweise verlief diese Entwicklung parallel zu einem Zuwachs an Rechten für Frauen. Zum Ausdruck kam dieser Widerspruch auf den drei Ebenen der »Frauenfrage«: der sexuellen Integrität, den Arbeitsbedingungen und der politischen Mitbestimmung von Frauen. Sie sollen im Verlauf der folgenden Kapitel näher beleuchtet werden.

Eine Debatte über Frauen und Arbeit wurde auch von Frauen selbst geführt, in mehr oder weniger organisierter Form. Die Mehrheit der aktiven Frauen bewegte sich mit dieser Debatte in einer diskursiven Falle. Zu Beginn forderten viele Frauenorganisationen gleiche Ausbildungs- und Arbeitsmöglichkeiten für Frauen und Männer. Frauen wollten arbeiten. Dies war eine der deutlichsten Folgen der verbesserten Frauenbildung. Louise Otto-Peters' Schrift »Das Recht der Frauen auf Erwerb« (1866) war eine radikale Forderung nach ökonomischen Chancen. Doch bereits zu Beginn des 20. Jahrhunderts war diese emanzipatorische Forderung übergegangen in eine breite Ideologisierung von »Mutterschaft« und »Mütterlichkeit«, gepaart mit der Forderung nach Stimmrecht. Ein sozialbiologischer Diskurs dominierte die Frauenbewegung, ihr Weiblichkeitsbild und ihre Vision des Geschlechterverhältnisses. Damit beschränkte sie ihre politischen Ziele, ihre Gestaltungsmöglichkeiten und Handlungsalternativen auf ein Minimum. Die frühen Aktivistinnen der Bewegung dagegen hatten noch für eine radikal-egalitäre Form des Geschlechterverhältnisses gekämpft.

Sexuelle Rechte – Körper, Religion und Wissenschaft

Die modernen Naturwissenschaften prägten nicht nur das Frauenbild ihrer Zeit, sondern ebenso die gesellschaftlichen Bedingungen, mit denen Frauen konfrontiert waren. Der durch den englischen Naturwissenschaftler Charles Darwin begründete sozialbiologische Diskurs über Geschlecht und »Rasse« setzte sich auf breiter Ebene durch und prägte die öffentliche Meinung.

In einigen Ländern, wie zum Beispiel Frankreich und Österreich, manifestierte sich diese neue Denkweise in Form eines virulenten Antisemitismus. Der Antisemitismus, eine Variante des Rassismus, war verwandt mit dem zeitgenössischen Antifeminismus und bediente sich selbst einer frauenfeindlichen Rhetorik. Diese Symbiose kam in dem Buch des Österreichers Otto Weininger »Geschlecht und Charakter« (1903) deutlich zum Ausdruck. Weininger diffamierte in diesem Buch jüdische Züge als weiblich und diese wiederum als verachtenswert. Mit dieser Auffassung stand er nicht allein; er wurde unter anderem von so einflußreichen Schriftstellern wie August Strindberg und Franz Kafka geschätzt. Der Antifeminismus verband frauenfeindliche Vorurteile, wonach Frauen kindisch und geistig minderbemittelt seien, mit dem expliziten Widerstand gegen den wachsenden gesellschaftlichen Einfluß von Frauen. Er stützte sich auf sogenannte wissenschaftliche Erkenntnisse aus Philosophie, Medizin und Kriminologie. Die neuen Naturwissenschaften präsentierten die Frau als Gegensatz des Mannes, als physisch schwach, unlogisch und launenhaft, während Männer als stark, scharfsinnig und zuverlässig galten.

Die darwinistische Theorie übte einen starken Einfluß auf den Modernisierungsprozeß der europäischen Gesellschaften aus. In Form des Sozialdarwinismus setzte sie sich als Konzept für die Interpretation gesellschaftlicher Veränderungen und des Geschlechterverhältnisses durch. Die Darwinsche Idee des »survival of the fittest« wurde auf den sozialen Fortschritt übertragen. Doch wie stellten sich die moderne Wissenschaft und ihre Vertreter zu den weiblichen Forderungen nach Stimmrecht und gesellschaftlichem Einfluß, nach Bildung und außerhäuslicher Erwerbsarbeit?

Viele der bekannten und respektierten Darwinisten, auch Charles Darwin selbst, waren der Frauenemanzipation gegenüber skeptisch eingestellt und betrachteten Frauen, die an Politik oder Erwerbsarbeit partizipieren wollten, mit großem Mißtrauen. Herbert Spencer übertrug Darwins Ideen auf die gesellschaftlichen Verhältnisse und prägte so den Sozialdarwinismus. Er entwickelte seinen Ansatz unter anderem aus Darwins Buch »Die Abstammung des Menschen und die geschlechtliche Zuchtwahl« (1871). Nach Spencer verfügte jeder Mensch über eine begrenzte körperliche Energie. Aufgrund ihrer komplizierten weiblichen Organe, die nahezu die gesamte Körperenergie beanspruchten, besäßen Frauen, so Spencer, nur geringe biologische Reserven für intellektuelle Leistungen. Diese Behauptung verwandte Spencer nicht zuletzt als Argument gegen das Frauenstimmrecht. Die Energie von Frauen lasse sich nicht in geistige Arbeit und Ausbildung kanalisieren, am wenigsten während der Pubertät. Deshalb dürften die Unterrichtsinhalte von Mädchen nicht so anspruchsvoll sein wie die der Jungen. Mathematik und Latein, obligatorische Fächer für den Zugang zur Universität, beanspruchten besonders viel Energie und seien deshalb ungeeignet für Frauen.

Darwinistische und sozialdarwinistische Ideen spiegelten sich um 1900 in den meisten medizinischen und sexualwissenschaftlichen Handbüchern. Beeinflußt durch den Sozialdarwinismus entwickelte die relativ junge medizinische Wissenschaft die Auffassung, daß die natürliche Konstitution von Frauen als »krankhaft« zu betrachten sei. Der Menstruationszyklus wurde ebenso wie die

Entbindung als medizinisches Problem angesehen. Die meisten Krankheiten, von denen Frauen betroffen waren, entstünden ursächlich im weiblichen Körper und seinen Organen. Diese Pathologisierung von Frauen verlief in mehreren Stadien. Die erste Phase war eng verknüpft mit der darwinistischen Lehre und wird als anatomisch-physiologische Phase bezeichnet. Ihr lag die Auffassung zugrunde, daß Frauenkrankheiten aus den allgemeinen anatomischen und körperlichen Schwächen der Frau resultierten. Um 1870 begann die zweite Phase, die sogenannte gynäkologische, die die Krankheitsursachen in den Fortpflanzungsorganen der Frau vermuteten. Diese Phase wurde gegen 1890 von der neurologischen abgelöst, wonach Frauenkrankheiten eng mit der weiblichen Hirnstruktur und Psyche verknüpft seien. Alle drei Strömungen teilten die Ansicht, daß Frauen körperlich und mental mehr als Männer durch ihren Körper – besonders durch Unterleib und Gehirn – determiniert seien. Daher seien Frauen von Natur aus für andere Tätigkeiten und Aufgaben geeignet als Männer. Die vierte Phase medizinischer Erklärungsversuche weiblichen Verhaltens war die psychologische. Durch die Ansätze Sigmund Freuds und Carl Gustav Jungs wurde »Weiblichkeit« einem weiteren normativen Erklärungsmuster unterworfen und als vom Mann abweichendes Prinzip definiert. Sie bekräftigten die Ansätze früherer Forscher, die versucht hatten, die Unterschiede zwischen Männern und Frauen zu »erklären« und als unveränderlich festzuschreiben.

Der Sozialdarwinismus ging davon aus, daß der Mensch im Verlauf seiner Entwicklung einen fortschreitenden Zivilisationsprozeß durchlaufen habe. Im Zuge dieser Entwicklung hätten sich die Unterschiede zwischen Männern und Frauen immer stärker ausgeprägt. Diese These glaubte man empirisch belegen zu können, indem man Frauen aus der Mittelschicht – letztere galt als Motor der menschlichen Entwicklung – untersuchte und mit europäischen Arbeiterinnen sowie Frauen aus den Kolonien verglich. Man hielt es für erwiesen, daß europäische Arbeiterinnen, Afrikanerinnen und Inderinnen ohne Schaden schwere körperliche Arbeiten ausüben konnten, während die europäische Mittelschichtsfrau von sehr viel schwächerer Konstitution sei. Mit Hilfe dieses Zivilisationsverständnisses ließen sich Klassen- und »Rassen«-Unterschiede als »naturgegeben« rechtfertigen. Frauen konnten als Industriearbeiterinnen oder Dienstmädchen in bürgerlichen Haushalten ausgebeutet werden, ohne daß dies die Auffassung vom »schwachen Geschlecht« in Frage stellte. Die Frauen der Arbeiterklasse verrichteten schwere Arbeiten, sie schleppten Brennholz, wuschen im Winter Wäsche in Eislöchern oder stillten als Ammen die Kinder der Oberschicht. Doch dies gereichte ihnen keineswegs zur Ehre. Im Gegenteil, ihre Ausdauer »bewies« nur, auf welch niedriger Stufe der menschlichen Entwicklung sie sich befanden. Eine Arbeiterin galt nicht als zivilisierte Frau, eben weil sie so hart arbeitete. Die Bewertung der Frauen aus den Kolonien macht noch deutlicher, wie Rassismus, Sexismus und Klassendenken zu einer ganzheitlichen Sicht auf die menschliche Entwicklung verschmolzen. »Eingeborene« Frauen waren aus dieser Perspektive ihren Männern beinahe ebenbürtig: Beide galten dem Sozialdarwinismus als gleichermaßen unterentwickelt und unzivilisiert.

Nach dem »Gesetz«, das die menschliche Entwicklung steuere, verloren Frauen mit fortschreitender Zivilisation ihre Befähigung zu harter Arbeit und, was noch wichtiger war, zu logischem Denken. Niemand zog allerdings daraus den Schluß, daß Arbeiterinnen deshalb mehr logische und intellektuelle Fähigkeiten aufweisen müßten als Mittelschichtsfrauen. Diese und ähnliche Widersprüche des sozialdarwinistischen Denkens wurden von den Zeitgenossen oft genug nicht einmal wahrgenommen.

Die »neue Frau« – Frauenemanzipation zwischen Wissenschaft und Religion

Sozialdarwinismus, moderne Naturwissenschaft und Schulmedizin versetzten weibliche Intellektuelle und die Frauen der frühen Emanzipationsbewegung in eine paradoxe Situation. Wenn sie die neuen wissenschaftlichen Ansätze übernahmen, stellten sie selbst das weibliche und damit ihr eigenes Denkvermögen in Frage. Einige Frauen teilten die Überzeugungen der Darwinistischen Lehre, betonten aber, daß diese keinen Gegensatz zur Frauenemanzipation darstelle. Sozialdarwinistische Positionen zu vertreten, hieß nicht per se, ein asymmetrisches Geschlechterverhältnis zu befürworten. Eine der bedeutendsten Vertreterinnen dieser Richtung war die Französin Clémence Royer, die Darwins Texte für das französische Publikum übersetzte. Sie war Feministin, Ehrenvorsitzende eines internationalen Feministinnenkongresses in Paris 1889 und Vorsitzende des »Congrès général des Sociétés féministes« 1892, auf dem der Begriff der »Feministin« international eingeführt wurde. Die Tageszeitung »Le Matin« faßte das Anliegen des Kongresses zusammen: »Was gewünscht wird, ist Gleichstellung in allen Belangen, die Männer und Frauen betreffen.« Clémence Royer war nicht nur Darwinistin, sie war auch Liberale und befürwortete den freien Markt. Deshalb durfte die Frauenerwerbsarbeit aus ihrer Sicht nicht reglementiert werden. Sie forderte das Frauenstimmrecht und die rechtliche Gleichstellung von Männern und Frauen auf dem Arbeitsmarkt. Clémence Royer vertrat nicht wie andere (Sozial-) Darwinisten die Auffassung, daß Frauen die Beschäftigung mit gesellschaftlichen Fragen vermeiden und sich ausschließlich der Betreuung von Haus und Kindern widmen sollten. Sie war im Gegenteil der Meinung, daß Gesellschaften, die die weibliche Kompetenz nicht nutzten und entwickelten, auf die Dauer nicht überlebensfähig seien.

Die englische Sozialreformerin und Sozialistin Beatrice Webb hatte eine eher ambivalente Haltung zur Gleichstellung von Frauen. Sie bewunderte Herbert Spencers evolutionistische Erklärung der Unterschiede zwischen den Geschlechtern und war in ihren politischen Forderungen davon beeinflußt. Spezielle Arbeitsschutzgesetze für Frauen hielt sie für notwendig. Wie Spencer vertrat sie die Auffassung, Frauen seien durch ihre Gebärfähigkeit in ihrem Leistungsvermögen eingeschränkt. Nicht nur der schwangere, sondern der weibliche Körper generell galt ihr als schwach und schützenswert. Dadurch unterstützte sie die Sonderstellung der Frau auf dem Arbeitsmarkt und befürwortete eine rigide geschlechtsspezifische Arbeitsteilung.

Gemeinsam war beiden Frauen jedoch der evolutionistische Ansatz. Die modernen Naturwissenschaften stellten durch ihren Blick auf die Entwicklungsgeschichte der Menschheit den christlichen Schöpfungsmythos in Frage. Daß der Mensch vom Affen abstammen solle, galt vielen Gläubigen als gottlos. In Anlehnung an Darwin vertrat der Sozialdarwinismus die These, daß in einer Gesellschaft nur der Stärkste überleben und sich durchsetzen könne. Diese Auffassung wurde zum »Glaubenssatz« des modernen Menschen. Sowohl Clémence Royer als auch Beatrice Webb waren Vertreterinnen dieser Modernität, wenn sich auch ihre Schlußfolgerungen über Frauen und Arbeit unterschieden.

Die Mehrheit der Frauenbewegung suchte jedoch eine andere Lösung für den Widerspruch zwischen Religion und Wissenschaft und entwickelte damit eine andere Haltung zur Modernität. Dieser Teil der Frauenbewegung nahm in anderer Weise Stellung zur Begrenzung des weiblichen Arbeitsmarktes und der Erwerbsmöglichkeiten von Frauen. Am Beispiel Schwedens läßt sich illustrieren, daß das Streben nach Frauenemanzipation mit einer starken protestantischen Überzeugung einhergehen konnte: Sophie Adlersparre, die ideologische Führerin der schwedischen Frauenbewegung der 1880er und 1890er Jahre, gründete ihre Forderung nach Gleichstellung von Männern und Frauen vor allem auf ihren christlichen Glauben. Sie betonte, daß für Gott die Seelen von Männern und Frauen denselben Wert besäßen. Daraus leitete sie den Anspruch auf eine gleichwertige Behandlung im irdischen Leben ab. Sie stellte nicht die jeweiligen Besonderheiten des weiblichen und männlichen Charakters heraus, sondern entwickelte politische Forderungen nach Gleichbehandlung und Chancengleichheit für alle Individuen. Wenn Gott die Menschen nicht nach ihrem Geschlecht bewertete, sollte der Staat als Gesetzgeber dies ebensowenig tun. Sophie Adlersparre maß der Körperlichkeit nicht viel Bedeutung bei und nahm eine ablehnende Haltung gegenüber der »sexuellen Befreiung« ein, die in zeitgenössischen radikalen, intellektuellen und literarischen Kreisen propagiert und praktiziert wurde. Für die frühen schwedischen Frauenrechtlerinnen stand der Zugang von Frauen zu allen Arbeitsbereichen und zu entsprechenden Bildungsmöglichkeiten im Mittelpunkt ihres Interesses. Sie behaupteten nicht die Gleichheit von Frauen und Männern, sondern betonten oft genug die Gegensätze zwischen den Geschlechtern. Aber sie forderten Chancengleichheit für alle und die Freiheit eines jeden Individuums, den eigenen Lebensweg frei zu wählen.

In Opposition zur Frauenbewegung ihres Heimatlandes argumentierte die schwedische Schriftstellerin und Sozialdarwinistin Ellen Key. Neben anderen aktuellen Fragen diskutierte sie die Stellung der Frau. Ellen Key warf der Frauenbewegung vor, den »Mißbrauch weiblicher Arbeitskraft« zu fördern, indem sie den Zugang von Frauen zu männlich dominierten Arbeitsgebieten forderte. In zwei öffentlichen Vorträgen Ende der 1890er Jahre vertrat Ellen Key die Auffassung, daß es »natürliche Arbeitsbereiche für Frauen« gebe.[3] Ihre Positionen wurden lebhaft diskutiert. Keys zentrale These war, daß Frauen wegen der biologischen Unterschiede auf keinem Gebiet mit Männern konkurrieren sollten. Frauen seien dafür geschaffen, untergeordnete Positionen einzunehmen, während Männer kreatives Potential und Führungsqualitäten aufwiesen. Wenn Frauen – und hierin sah Ellen Key eine Gefahr – ihre »Mütterlichkeit« nicht akzeptierten und entwickelten, würde die harmonische Balance der Gesellschaft Schaden nehmen. Diese Aussagen traf sie auch in ihrem Buch »Das Jahrhundert des Kindes«, das im Jahr 1900 erschien und Key in ganz Europa und besonders in Deutschland berühmt machte. Keys Begriff der »Gesellschaftsmütterlichkeit« fand sich in der deutschen Debatte über die sogenannte »erweiterte Mütterlichkeit« wieder. Dieser Diskurs deutete die erweiterten Wirkungsmöglichkeiten der Frauen außerhalb der Familie als eine Weiterentwicklung ihrer spezifischen Aufgaben in der Familie.

Für die radikale und deutlich ältere Deutsche Hedwig Dohm war Ellen Key eine der »Anti-feministen«, die sie in ihrem gleichnamigen Buch anprangerte. Dieses Urteil bezog sich auf Keys Angriffe auf die Frauenbewegung und auf ihre Forderung, den weiblichen Arbeitsmarkt zu begrenzen. Hedwig Dohm dagegen war überzeugt vom weiblichen Leistungsvermögen und sah die Hemmnisse für die Befreiung der Frau nicht in der Natur, sondern in der Gesellschaft begründet.

Die persönlichen Lebenswege dieser zwei Frauen freilich standen jeweils im Widerspruch zu den Frauenbildern, die sie vertraten. Ellen Key, die die Mutterschaft als vornehmste Aufgabe der Frau betrachtete und die weiblichen intellektuellen Fähigkeiten für geringer hielt als die des Mannes, lebte unverheiratet und kinderlos. Sie war eine bekannte Schriftstellerin und charismatische Rednerin. Sie präsentierte sich gerne vor Publikum und führte mehrere Vortragsreisen vor allem in Deutschland durch. Im selben deutschen Staat hatte Hedwig Dohm bereits in den 1870er Jahren Stimmrecht und ökonomische Unabhängigkeit für Frauen gefordert. Ihre spitze Feder zählte zu den radikalsten innerhalb der Frauenbewegung. Sie gab den lockenden Tönen über die »Mütterlichkeit« der Frau niemals nach. Privat allerdings hatte Hedwig Dohm früh geheiratet und fünf Kinder geboren. Sie weigerte sich, öffentlich zu reden und lebte zurückgezogen im Kreis ihrer Familie.

Wie Hedwig Dohm warf die Österreicherin Rosa Mayreder der Gesellschaft vor, Frauen in Politik und Arbeit zu behindern. 1905 verfaßte sie den Text »Zur Kritik der Weiblichkeit«, der die gesellschaftliche Konstruktion von Männlichkeit und Weiblichkeit thematisierte. Sie strebte nach einer Synthese des Männlichen und Weiblichen, um die Kommunikation zwischen den Geschlechtern wieder zu eröffnen. In diesem Sinne engagierte sie sich für die »freie Liebe«, ein neben der Frauenarbeit vieldiskutiertes Thema. Für die meisten ihrer Verfechterinnen bedeutete »freie Liebe«, daß echte Zuneigung statt ökonomischer Erwägungen die Ehe begründen sollte. Die Existenz »wahrer Liebe« sei vom Großteil der Frauenbewegung und der Gesellschaft verneint worden. Die Liebe müsse von den Zwängen und Regeln befreit werden, die ihr durch Tradition, Vorurteile und Ehegesetze aufgebürdet worden seien. Sie ermögliche die echte Vereinigung zwischen Körpern und Seelen, die sich lieben und verstehen. Die alte romantische Symbiose und Komplementarität von Mann und Frau erlebte in dieser Bewegung eine Renaissance. Neben Rosa Mayreder und der Deutschen Helene Stöcker war auch Ellen Key eine Verfechterin der »wahren Liebe«. Sie war der Ansicht, daß im Leben einer Frau nur Platz für die eine »große Liebe« sei. Daraus ergebe sich für jede Frau die Herausforderung, diese eine »wahre Liebe« zu erkennen. Keys Forderungen an die Männer waren in diesem Zusammenhang – in Folge ihres biologistischen Blicks auf die Geschlechter – allerdings weniger streng.

Trotz ihrer so unterschiedlichen Auffassungen über den Platz der Frauen auf dem Arbeitsmarkt waren Frauen wie Key und Mayreder sich einig in ihrer Forderung nach mehr Toleranz und »wahrer Liebe« zwischen Männern und Frauen. Die »freie Liebe« – meist im Sinne der »großen Liebe« zwischen Mann und Frau gebraucht – wurde auch von Lou Andreas-Salomé verteidigt, einer Schriftstellerin und frühen Anhängerin von Nietzsche und Freud. Dennoch war sie keine Vorkämpferin der Frauenemanzipation oder Aktivistin der Frauenbewegung. Die »neue Frau« wurde um die Jahrhundertwende in ganz verschiedenen Modellen propagiert. Einige Vertreterinnen waren Frauenrechtlerinnen, andere wiederum machten sich einen Namen als Kritikerinnen der Frauenbewegung. Alle nahmen in irgendeiner Form zu der Frage Stellung, was »Weiblichkeit« sei. Gemeinsam war ihnen die Überzeugung, daß Sichtweisen und Argumente von Frauen in der Gesellschaft ein stärkeres Gewicht erhalten sollten.

Der »moderne Mensch« glaubte an die naturwissenschaftliche Erklärung der menschlichen Entwicklung, nicht an die Schöpfungsgeschichte der Bibel. Für Frauen barg dieser Perspektivwechsel gewisse Komplikationen. Die moderne Frau, die sich mit den neuen wissenschaftlichen »Erkenntnissen« beschäftigte, mußte sich sagen lassen, daß Frauen ihre logischen und rationalen Fähigkeiten zunehmend verlieren und sich immer mehr von der Gesamtheit der Männer unterscheiden würden. Dies galt als unausweichliche Folge des menschlichen Zivilisationsprozesses. Die Botschaft des wissenschaftlichen Diskurses an die Frauenbewegung war, daß sie sich zum Nutzen der Menschheit auflösen und kulturell-politische Aktivitäten den Männern überlassen solle.

Frauen beschritten unterschiedliche Wege, um dieses Dilemma intellektuell und praktisch zu lösen. Die Aktivistinnen der frühen Frauenbewegung, wie Hedwig Dohm, Clémence Royer und Sophie Adlersparre, verfolgten unterschiedliche Strategien, doch sie hielten gemeinsam an der Utopie einer Gesellschaft fest, in der Rechte und Pflichten für Männer und Frauen gleich sein sollten. Drei andere emanzipierte und intellektuelle Frauen, die mehr oder minder von ihren eigenen Einkünften lebten und ihre Gesellschaftsanalysen auf ideologische oder psychologische Denkmodelle gründeten, waren Beatrice Webb, Ellen Key und Lou Andreas-Salomé. Sie setzten sich für die Verbesserung der weiblichen Lebensverhältnisse ein, waren aber an einer wirklichen Gleichstellung der Geschlechter nicht interessiert. Statt dessen betonten sie die biologischen Unterschiede zwischen Männern und Frauen und sahen in Biologie und Psyche wesentliche Faktoren, die die weiblichen Arbeitsbereiche bestimmten und begrenzten. Sie selbst allerdings – als Ausnahmefrauen oder Feministinnen – überschritten diese Grenzen ohne Zögern.

Von der Ideologie zur Praxis – Die Debatte um den Arbeiterinnenschutz

Im sozialdarwinistischen Diskurs erschien die Frau in ihrem Leistungsvermögen und ihren intellektuellen Fähigkeiten durch ihren Körper determiniert; als ihre »natürlichen« Wirkungsbereiche galten Ehe und Mutterschaft. Wie wirkte sich dieser wissenschaftliche Diskurs auf die Bedingungen weiblicher Lohnarbeit aus? Diese Frage nach dem Verhältnis von Ideologie und gesellschaftlicher Praxis ist eine der schwierigsten, die Historiker und Historikerinnen zu beantworten haben. Vermittelt durch Gesetzgebung oder die Aktivitäten starker Interessensgruppen prägen Werte und Ideologien die soziale Realität.

Das Verhältnis der Geschlechter auf dem Arbeitsmarkt wurde maßgeblich von den erstarkenden Gewerkschaften mitgeprägt. Die europäische Gewerkschaftsbewegung war vielfältig: Neben singulären Berufsverbänden existierten breite, nach Industriebranchen organisierte Bündnisse. Manche waren katholisch geprägt, andere sozialistisch. Unabhängig von diesen Unterschieden vertraten sie alle das Modell eines komplementären Geschlechterverhältnisses. Frauen und Männer waren demnach für unterschiedliche, klar voneinander abgrenzbare Aufgabenbereiche zuständig. Die Möglichkeit, daß Frauen »männliche« Tätigkeiten übernehmen könnten, war in diesem Denkmodell ebensowenig vorgesehen wie der umgekehrte Fall.

Eine interessante Grundsatzdiskussion über Frauenerwerbsarbeit entspann sich zwischen den sozialistischen und den katholischen Gewerkschaftsführern in Zürich auf dem »Internationalen Kongreß für Arbeiterschutz« im August 1897. Sie zeigt die gewerkschaftliche Ambivalenz gegenüber der weiblichen Lohnarbeit. Sowohl die katholische als auch die sozialistische Gewerkschaftsbewegung wünschten eine staatliche Reglementierung der Frauenerwerbsarbeit, waren sich aber über den Inhalt einer solchen Verordnung keineswegs einig. Dennoch vertraten beide im Grundsatz eine ähnliche Auffassung über die spezifische, den Mann ergänzende Rolle der Frau in Familie und Gesellschaft. Alle Kongreßdelegierten befürworteten Arbeitsschutzgesetze, wenn auch ihr politisch-religiöser Hintergrund unterschiedlich geprägt war.

Ungefähr 30 Frauen waren als Delegierte oder Gäste anwesend, zusammen mit über 500 Männern. Aus Deutschland waren Lily Braun, Clara Zetkin, Alice Salomon und Jeanette Schwerin gekommen. Unter den wenigen französischen Delegierten befand sich Marie Bonnevial, Vertreterin einer Lehrerinnengewerkschaft. Sie gehörte der feministischen Frauenrechtsvereinigung »Liga für das Recht der Frauen« an.

Der Kongreß diskutierte gerade die Frage eines Nachtarbeitsverbotes zum Schutz von Frauen, als der belgische Katholik Carton de Wiart überraschend einen neuen Vorschlag unterbreitete. Er wollte die Lohnarbeit von Frauen, speziell verheirateter Frauen, grundsätzlich verbieten lassen. Der Vorschlag löste eine heftige Debatte aus, deren zentrales Thema aber nicht die Erwerbsarbeit war, sondern die Familie. Sie sei durch die Erwerbsarbeit der Frauen bedroht, so die Auffassung der Katholiken. Durch die Auflösung der Familie sei die ganze Gesellschaft dem Untergang geweiht. Sozialdemokraten und -demokratinnen wie Lily Braun, Clara Zetkin und August Bebel verteidigten das Recht der Frauen auf Erwerb, speziell in der Industrie, aber ihr Plädoyer blieb defensiv. Sie waren sich des Unbehagens vieler männlicher Sozialisten gegenüber der Frauenerwerbsarbeit bewußt. Die gesellschaftliche Bedeutung der Familie stellten sie nicht in Frage. Lily Braun betonte: »Die Frau ist nicht in erster Linie Frau, wie der Mann nicht in erster Linie Mann ist, sondern Mensch, und hat die Berechtigung, als Mensch zu leben.«[4] Das könne die Frau jedoch nur dann, wenn sie ökonomisch unabhängig sei. Gerade um die Familie zu retten, sei es notwendig, daß verheiratete Frauen ein Recht auf Arbeit besäßen. Gleichwohl müsse man sie in der Industrie durch besondere Gesetze schützen.

Clara Zetkin argumentierte auf einer anderen Ebene, ohne das Thema Familie zu verlassen. Durch ihre eigene Erfahrung kapitalistischer Ausbeutung werde die Arbeiterin sich ihrer Klassenzugehörigkeit bewußt. So könne sie leichter für den Sozialismus gewonnen werden. Die Sozialisten, so Zetkin, kämpften nicht für eine quasi mechanistische Gleichstellung der Geschlechter, sondern für die harmonische Entwicklung von Frauen als Ehefrauen und Mütter. Nur wenn die Ehefrau ökonomisch unabhängig sei, könne sich ein harmonisches Paarverhältnis entwickeln.

Während Clara Zetkin und Lily Braun die Bedeutung ökonomischer Unabhängigkeit von Frauen betonten, nannte August Bebel andere Gründe für die Frauenerwerbsarbeit. Auch der Führer der deutschen Sozialdemokratie bezog sich in seiner Rede fast ausschließlich auf die Familie. Die Sozialisten seien weit davon entfernt, die Familie zerstören zu wollen, was die andere Seite zu glauben scheine. Im Gegenteil beklagte Bebel die Tatsache, daß Millionen verheirateter Frauen gezwungen seien zu arbeiten und deshalb ihre Familienpflichten vernachlässigen müßten. Aber ein Verbot der Frauenerwerbsarbeit, und dies war Bebels Hauptargument, würde die Lebenssituation der Frauen und ihrer Familien nicht verbessern, sondern verschlechtern.

Bebels Rede war ein Balanceakt zwischen den unterschiedlichen Auffassungen, die in der Sozialdemokratischen Partei und in den Gewerkschaften existierten. Frauen wurden vielfach als Konkurrentinnen der Männer auf dem Arbeitsmarkt angesehen. Bebel betonte die bedeutende Rolle der Frau in der Familie. Die Sozialistinnen folgten in ihren Wortbeiträgen der Parteilinie und forderten Sondergesetze für den Arbeitsschutz von Frauen. Gleichzeitig unterstrichen sie jedoch, daß sowohl Frauen als auch ihre Familien von der ökonomischen Unabhängigkeit der Frau profitieren würden. Parteiführung und weibliche Mitglieder hatten unterschiedliche Antworten auf die Frage, ob die Erwerbsarbeit von Frauen grundsätzlich wünschenswert sei oder ein notwendiges Übel. In der Frage, ob besondere Regelungen zum Arbeitsschutz von Frauen erforderlich seien, waren sie sich jedoch einig.

Die sozialdemokratische Kongreßmehrheit verwarf den Vorschlag eines generellen Arbeitsverbots für Frauen. Danach wurde ohne weitere Debatte eine mehrseitige Resolution angenommen, in der spezielle Arbeitsschutzregelungen für Frauen gefordert wurden – in allen Bereichen der Industrie, in Werkstätten, in Handel, Transport, Verkehr und in der heimindustriellen Arbeit. Die Kongreßteilnehmer forderten für Frauen eine maximale tägliche Arbeitszeit von acht Stunden, eine 44-Stunden-Woche, freie Samstagnachmittage und eine Wochenendruhe von 42 Stunden. Daß ein besonderer Arbeitsschutz von Frauen erforderlich sei, wurde in einen engen Zusammenhang mit ihren familiären Pflichten gestellt. Verheiratete Frauen wurden in der Debatte zu Repräsentantinnen aller Frauen gemacht, ungeachtet der Tatsache, daß ein Viertel aller arbeitsfähigen Frauen ledig oder verwitwet waren. Mit der Resolution trugen Sozialisten und Gewerkschaftsvertreter dazu bei, Frauen als »andersartige« Arbeitskräfte auf dem Arbeitsmarkt zu konstruieren.

Eine radikalere Linie vertrat die Sozialistin und Feministin Marie Bonnevial. Bonnevial lehnte die arbeitsschutzrechtliche Unterscheidung zwischen Männern und Frauen ab und forderte statt dessen die Ausweitung der allgemeinen Schutzbestimmungen für beide Geschlechter. Mit ihrer Forderung nach arbeitsschutzrechtlicher Gleichstellung von Männern und Frauen war sie auf dem Zürcher Kongreß isoliert, wo sie versuchte, feministische Positionen und Formulierungen in die Debatte einzubringen. Solche Stellungnahmen waren in den Resolutionen der internationalen feministischen Kongresse in Paris 1892 und 1896 verabschiedet worden, zuletzt auch wenige Wochen vor der Zürcher Zusammenkunft auf einem Kongreß in der belgischen Hauptstadt, dem »Congrès Féministe International de Bruxelles«.

Das Resultat des Zürcher Kongresses war die nahezu einhellige Unterstützung arbeitsschutzrechtlicher Sonderbestimmungen für Frauen. War diese Einhelligkeit ein Kompromiß, den sozialistische Frauen eingehen mußten, um ein gänzliches Erwerbsverbot für Frauen zu verhindern? Es fragt sich, ob sie gezwungen waren, das Gleichheitsideal aufzugeben – das Clara Zetkin noch 1889 öffentlich verfochten hatte, aber 1893 bereits nicht mehr vertrat –, um überhaupt die Zustimmung ihrer Partei zum weiblichen Erwerbsrecht zu erhalten. Vielleicht war die Verteidigung des Nachtarbeitsverbotes für Frauen der Preis, den die Sozialistinnen zahlen mußten, um überhaupt weiterhin aktiv in der Partei mitarbeiten zu können. Möglicherweise war schließlich der Diskurs über die Bedeutung von Mutterschaft und Familie, den die sozialistischen Frauen bald führten, ein weiterer Kompromiß. Mit ihm gründeten sie ihr politisches Handeln auf das ebenso traditionelle wie moderne Bild der Geschlechterkomplementarität. Ein solcher »Mütterlichkeits-Diskurs« wurde sowohl in der sozialistischen als auch in der bürgerlichen Frauenbewegung geführt und dominierte seit 1890 die Debatte. Der naturwissenschaftliche und ideologisch gefärbte Blick auf die Geschlechter hatte sich durchgesetzt. Aus dieser Perspektive war das Leben der Frau durch ihren weiblichen Körper determiniert. Dies wirkte sich in vielen Bereichen aus – nicht nur in der Arbeitswelt.

Sexuelle Integrität und Kontrolle

Die menschliche Sexualität wurde im Rahmen des modernen Wissenschaftsdiskurses vielfach thematisiert. Die Auffassung, daß die weibliche Sexualität der männlichen untergeordnet sei, setzte sich dabei weitgehend durch und bewirkte nicht zuletzt eine schärfere Reglementierung der Prostitution. Die Idee einer legalen Kontrolle von Prostituierten entstand in Frankreich. Bereits zu Anfang des 19. Jahrhunderts wurden dort die Bordelle legalisiert. In Paris begann man schon zu Beginn des Jahrhunderts, Prostituierte auf ansteckende Krankheiten hin zu untersuchen. Dieses Verfahren wurde in Europa als »Französisches System« bezeichnet und hatte sich gegen Ende des Jahrhunderts auch in allen anderen europäischen Ländern durchgesetzt.

Das Thema Prostitution führt uns direkt in den weiblichen Arbeitsmarkt hinein, in einen Markt, auf dem Frauen als Ware und zum Teil auch als Anbieterinnen fungierten, Männer dagegen als Anbieter und Käufer auftraten. Es heißt, die Prostitution sei das älteste Frauengewerbe der Welt. Historisch ist diese These keinesfalls abgesichert, und es ist daher unsinnig, darauf zu beharren. Als Teil eines Konstrukts, wonach das Schicksal der Frau unveränderlich ihrer Natur und Körperlichkeit unterworfen sei, ist diese Äußerung dennoch aufschlußreich. Der Satz impliziert eine über die Zeiten hinweg konstante Polarisierung zwischen den Geschlechtern und trägt so nicht zuletzt dazu bei, daß Prostitution bis heute existiert. Andererseits ist mit dieser Äußerung die normative Wertung einer ewigen weiblichen Unterordnung verknüpft.

Ein polizeiliches Reglementierungssystem und veränderte materielle Bedingungen in den wachsenden Großstädten Westeuropas bescherten dem Handel mit dem weiblichen Körper eine Hochkonjunktur. Die Prostitution erreichte ein bisher ungekanntes Ausmaß an Kommerzialisierung. Selbst die nichtregistrierte Prostitution wurde, obwohl kriminalisiert, durch das System der Reglementierung unter der Hand akzeptiert. Illegale und »offizielle« Prostitution lagen dicht beieinander. Die französischen Bordelle hießen *maisons de tolérance*, doch diese vermeintliche »Toleranz« war ambivalent: eine Mischung aus Akzeptanz, moralischem Zweifel und gesellschaftlicher Ausgrenzung. Sie trieb die Prostituierten in die Nähe der Halb- und Unterwelt.

Die Epoche von 1870 bis in die heutige Zeit wird oft als »goldenes Zeitalter der Prostitution« bezeichnet. Der kommerzielle Markt weiblicher Sexualität zur Befriedigung männlicher Bedürfnisse erlebte einen kräftigen Zuwachs. Schon in früheren Zeiten wurden Frauen und Männer moralisch mit zweierlei Maß gemessen, doch diese Zuschreibungen erreichten nun ein bisher ungekanntes Ausmaß. Ökonomische Unterschiede spielten und spielen dabei bis heute eine Rolle: Sie bestimmen, welches Geschlecht ausreichend Geld besitzt, um sich Sexualität zu kaufen, und welches den eigenen Körper verkaufen muß, um lebensnotwendige Einkünfte zu erwirtschaften. Die ungleiche Verteilung des Geldvermögens zwischen Männern und Frauen war also eine Ursache dafür, daß hauptsächlich Frauen als Prostituierte arbeiteten.

Warum aber und auf welche Weise wurde die Prostitution im 19. Jahrhundert reglementiert? Die »öffentlichen Frauen« wurden in bestimmten Häusern separiert oder auf andere Weise kontrolliert, zum Beispiel durch Registrierung bei der Sittenpolizei oder durch spezielle Ausweispapiere. Zwei gesellschaftliche Diskurse legitimierten dieses Vorgehen. Der erste artikulierte die Angst, »normale« Frauen mit »unmoralischen« verkehren zu lassen. Ehrbare Frauen sollten nicht mit den »degenerierten« und »faulen« Prostituierten in Kontakt kommen, deren – wie behauptet wurde – biologisch bedingte Nymphomanie sie veranlasse, ihre Körper zu verkaufen. Der andere Diskurs drückte die Angst vor der Verbreitung ansteckender Krankheiten aus. Durch regelmäßige Gesundheitskontrollen Prostituierter wollte man diese Gefahr eindämmen. Die Reglementierung sollte die Freier, nicht die Prostituierten vor Ansteckung schützen und ermöglichte es Männern, die Untersuchungen zu umgehen. Keine Frau wurde dadurch vor angesteckten Männern geschützt, weder Prostituierte noch Ehefrauen oder Geliebte.

Bereits im frühen 19. Jahrhundert hatte man entdeckt, daß ansteckende Geschlechtskrankheiten durch körperlichen Kontakt übertragen werden. In manchen Ländern, etwa in Rußland und Schweden, reagierte man auf diese Erkenntnis, indem man für bestimmte Risikogruppen – unabhängig vom Geschlecht – obligatorische Gesundheitskontrollen einführte. Zu diesen Gruppen zählten Seeleute, Soldaten, Saisonarbeiter beiderlei Geschlechts, Soldatenfrauen und Kellnerinnen. Die Idee, nur eine bestimmte Gruppe weiblicher Personen – die Prostituierten – zu kontrollieren, kam aus Frankreich. Varianten des französischen Systems – gepaart mit administrativer Kontrolle durch eine spezielle Sittenpolizei und regelmäßige polizeiärztliche Untersuchungen – wurden in der zweiten Hälfte des Jahrhunderts in den meisten europäischen Großstädten eingeführt. In Großbritannien erließen liberale Regierungen in den Jahren 1864, 1866 und 1869 mehrere einschlägige Gesetze, die »Contagious Diseases Acts«. Sie galten speziell für Prostituierte in Hafen- und Garnisonsstädten, um Soldaten und Seeleute zu schützen. In Deutschland wurde im kaiserlichen Kriminalgesetz von 1871 die Reglementierung der Prostituierten verknüpft mit der Einschränkung ihrer Bewegungsfreiheit und ärztlichen Zwangsuntersuchungen. Die Zwangsuntersuchung Prostituierter wurde zwischen 1860 und 1890 in mehreren schwedischen Großstädten durch lokale Verordnungen eingeführt, zuerst 1859 in Stockholm. Die dänische Hauptstadt Kopenhagen führte die Untersuchungen 1874 ein.

In England entstand unter Führung von Josephine Butler eine landesweite Protestbewegung gegen die Reglementierung. Die Bewegung wurde lächerlich gemacht und verfolgt, aber sie wuchs. Butlers Kampagne erzielte nach stürmischen Debatten und starken Widerständen Erfolge vor der Ärztekammer und anderen Institutionen. Die Gesetze wurden 1886 aufgehoben. Zu Beginn des 20. Jahrhunderts beendeten die meisten europäischen Länder ihre ausschließliche Kontrolle von Prostituierten zugunsten einer Regelung, die alle mutmaßlich ansteckend Erkrankten umfaßte.

Die Auffassung, Prostituierte unterschieden sich biologisch von anderen Frauen, war relativ verbreitet. Der italienische Kriminologe Cesare Lombroso publizierte 1895 das einflußreiche und hochgeschätzte Buch »Die kriminelle Frau und die Prostituierte«. Der Text präsentierte die spezifischen Charakterzüge von Prostituierten als degenerierte Varianten von Weiblichkeit. Andere Mediziner stellten Vergleiche genitaler Anomalien an, die sie als typisch für Prostituierte ansahen. Dieselben Merkmale meinten sie auch bei afrikanischen Frauen nachzuweisen. Auf diese Weise stellten sie einen Zusammenhang her zwischen zwei Gruppen von Frauen, die sich angeblich von »zivilisierten« Frauen durch ihr niederes Entwicklungsstadium unterschieden.

Trotz des behördlichen Versuchs, »gefallene« von »respektablen« Frauen säuberlich zu trennen, engagierten sich in England und andernorts bürgerliche Frauen für die Forderung, die Reglementierung der Prostitution abzuschaffen. 1875 hielt die »International Society against State Regulated Vice« ihren ersten Kongreß in Liverpool ab. Die Teilnehmerinnen konstatierten die Doppelmoral des Reglementierungssystems, das die Ausbeutung mittelloser Frauen legitimiere, ohne sie darin zu unterstützen, diesen erniedrigenden Zustand zu verlassen. Statt dessen würde es Männern erleichtert, Prostituierte auszubeuten und sich an einem System zu bereichern, das keinerlei Kontrolle oder Zwangsbehandlung männlicher Geschlechtskrankheiten erfordere. Die Reglementierung konnte im übrigen jede Frau treffen, gleich ob sie Prostituierte war oder nicht. Es kam vor, daß Frauen, die sich zu einem ungünstigen Zeitpunkt auf der Straße befanden, aufgegriffen und einer erniedrigenden ärztlichen Untersuchung ausgesetzt wurden; manche wurden gar als Prostituierte registriert oder einer Zwangsbehandlung unterzogen. Für Frauen wurde es riskant, sich außer Haus zu bewegen. Die Sittenpolizei besaß das Recht, jede »verdächtige« Frau in Gewahrsam zu nehmen und zur Zwangsuntersuchung vorzuführen.

Die meisten bürgerlichen Frauen waren überzeugt, daß Frauen eine höhere Moral und ein geringeres Interesse an Sexualität aufwiesen als Männer. Die Tatsache, daß Prostitution existierte, und die Behandlung, der Prostituierte ausgesetzt waren, galten vielen bürgerlichen Frauen als Verunglimpfung einer jeden Frau. Josephine Butler schrieb in »The Constitution Violated« (1871), daß die Reglementierung die gesellschaftlichen Rechte jeder Frau in Frage stelle. Sie mache aus Frauen rechtlose Leibeigene oder Sklavinnen und erlaube es, aufgrund vager Vermutungen Frauen zu verhaften, zu untersuchen und registrieren zu lassen. Nach Butler war außerdem eine klare Definition »der Prostituierten« als Gruppe gar nicht möglich.

Die gesellschaftlichen Deutungsmuster vermittelten Frauen eine doppelte Botschaft über ihre Sexualität und verhinderten freie sexuelle Beziehungen. Frauen konnten leicht »fehl treten« in einem System, das strikte Normen und spezielle Gesetze über die sexuellen Beziehungen von Frauen, nicht aber von Männern vorsah. Dies galt zumindest für Männer, die sich in der heterosexuellen Sphäre bewegten. Homosexualität war gegen Ende des 19. Jahrhunderts, das strikte Regeln über Männlichkeit und Weiblichkeit hervorgebracht hatte, in vielen Ländern verboten und wurde mit Gefängnis bestraft.

Die Ehe galt als von Gott gestiftet. Der Mann war das Oberhaupt der Familie und besaß das Recht, über die Mitglieder der Familie zu bestimmen. Nach Recht und Sitte war ein Ehemann seiner Frau nicht zur Treue verpflichtet, während für Frauen das Gegenteil galt. Mit dem Eintritt in die Ehe verwirkte die Frau ihr Recht auf sexuelle Autonomie und ordnete sich den Wünschen des Mannes unter. Im Bürgertum diente die Ehe nicht mehr der familiären Existenzsicherung durch gemeinsame Arbeit. Kritische Frauen wie die Engländerin Cicely Hamilton betonten, daß die Ehe zur reinen Versorgungseinrichtung für Frauen verkommen sei. Verheiratete

Frauen unterschieden sich ihrer Auffassung nach nicht von den Prostituierten, die ihren Körper gegen materiellen Lohn feilboten. Die Ehe wurde für Frauen zum »Beruf« – »Marriage as a Trade« nannte Hamilton ihr Buch, das 1909 erschien. Für Frauen galt es, soviel Ertrag wie möglich aus dem zu erzielen, was sie zu verkaufen hatten – sich selbst. Gab es überhaupt einen Ausweg, wenn diese Transaktion mißlang und die eingegangene Ehe scheiterte?

In der Französischen Revolution war 1792 das Recht auf Scheidung eingeführt worden – zu den gleichen Bedingungen für beide Geschlechter. Bereits 1803 wurde die Scheidung wieder verboten und erst 1884 – mit Einschränkungen – erneut zugelassen. Ein Mann konnte sich nun von seiner Frau scheiden lassen, wenn diese ihm untreu gewesen war. Zusätzlich wurde sie mit mehreren Jahren Gefängnis bestraft. Eine französische Ehefrau konnte ihrerseits nicht die Scheidung verlangen, wenn ihr Mann sie betrogen hatte. Nur wenn der Treuebruch in der gemeinsamen Wohnung stattgefunden hatte, wurde die Ehe aufgelöst und der Mann zur Zahlung eines Bußgeldes verpflichtet. Mehr als die Untreue des Mannes wurde die der Frau als Bedrohung des Staates, der Familie und der allgemeinen Moral angesehen.

Die preußische zivilrechtliche Gesetzgebung erlaubte seit Mitte des 18. Jahrhunderts die Auflösung der Ehe, wenn sich beide Partner über die Scheidung einig waren und keine Kinder hatten. Erst gegen Mitte des 19. Jahrhunderts wurde in Preußen die Ehegesetzgebung geändert und die Scheidung erschwert. 1871 wurde jedoch das damals fortschrittlichste Scheidungsrecht in Europa geschaffen. Zehn verschiedene Scheidungsgründe wurden nun zugelassen; unter anderem »Trunksucht«, was die Scheidungsbegehren von Frauen begünstigt haben dürfte.

In England war eine Scheidung aufgrund »illegitimen Beischlafs« möglich; es war jedoch ein gewisser Wohlstand erforderlich, um diese Möglichkeit rechtlich durchzusetzen. Das erste Scheidungsgesetz stammt aus dem Jahre 1857. Wie in Frankreich und einigen anderen Ländern wurde in England weibliche Untreue härter verurteilt als männliche. Nur ein sehr schwerwiegendes moralisches Vergehen des Mannes wurde als Scheidungsgrund akzeptiert. Gemeinsamer Ausgangspunkt dieser Gesetze waren einerseits bestimmte Annahmen über die Unterschiedlichkeit männlicher und weiblicher Sexualität. Daneben stand andererseits eine wachsende Angst im besitzenden Bürgertum, daß die Familie durch Nachkommen befleckt werden könne, die nicht der Familienvater gezeugt hatte.

Eine unbeachtete Seite der staatlichen Ehegesetzgebung und ihrer selbsternannten Wächterfunktion für die Familie war die völlige Rechtlosigkeit und moralische Verurteilung lediger Mütter. Im frühneuzeitlichen England wurden Männer dazu verurteilt, für ihre unehelichen Kinder aufzukommen. Auch in Preußen wurde der Kindsvater auf diese Weise in die Pflicht genommen. Bis zu einem Viertel seines Verdienstes mußte er der Mutter seines Kindes bezahlen, wenn er sie nicht heiraten wollte oder konnte. In Frankreich galten dagegen die unehelichen Beziehungen von Männern nicht als rechtliches Problem. Damit sie auch in der Praxis nicht zum Problem würden, wurde 1804 ein Verbot erlassen, den Namen eines unehelichen Vaters öffentlich zu nennen. »La recherche de la paternité est interdite« – den Erzeuger aufzusuchen und von ihm Unterhalt zu verlangen, ja selbst von ihm als Kindsvater zu sprechen, war verboten. Während des gesamten 19. Jahrhunderts erhielten ledige Mütter in Frankreich keinerlei rechtliche Unterstützung. Die staatlich geschützte väterliche Anonymität war Ausdruck des Selbstverständnisses des Staates, der sich als Wächter der Familie präsentierte: Welche Probleme würden entstehen, wenn ein verheirateter Mann gezwungen würde, öffentlich seine unehelichen Kinder anzuerkennen? Und wenn uneheliche Kinder ein Erbe beanspruchen könnten, wie viele Familien würden dadurch in den Ruin getrieben? Die Familie als Grundstein der Gesellschaft mußte nach dieser Logik geschützt werden, indem die sexuellen Fehltritte des Familienoberhauptes verschwiegen wurden. Das Recht, den »Vater finden« und belangen zu können, stand weit oben auf der Liste feministischer Forderungen am Ende des 19. Jahrhunderts. Den Kindsvater zu benennen wurde in Frankreich erst Anfang des 20. Jahrhunderts erlaubt.

Im 19. Jahrhundert vollzog sich eine Trennung von öffentlicher und privater sexueller Sphäre. Frauen waren entweder der einen oder der anderen Sphäre zugeordnet, und ihr gesellschaftlicher Status war mit dieser Zuordnung verknüpft. Verheiratete Frauen waren eine Gruppe für sich, während die andere aus Frauen bestand, die sich prostituierten, die mittellos oder ohne männliche Angehörige waren oder sich als Dienstmägde verdingten. Männer konnten leicht zwischen den beiden Sphären hin und her wechseln, zwischen Bordell, Geliebter und Zuhause. Gesetze konstruierten die Trennung zwischen den Frauen und kontrollierten ihr Verhalten.

Teil des widersprüchlichen Sexualitätsdiskurses war die Auffassung, daß Frauen mental und sozial von ihrem Geschlecht abhängig seien. Ihr Verhalten werde von ihrem Körper gesteuert, dessen Zentrum in der Gebärmutter liege. Nach Rousseau waren Frauen immer und zu jeder Zeit Frauen; Männer dagegen waren zuallererst Menschen und nur selten bloße Geschlechtswesen. »Normale« Frauen besaßen nach allgemeiner Auffassung keinen ausgesprochenen, klar definierten sexuellen Instinkt. Sexuelles Begehren von Frauen existierte im westeuropäischen Denken nur als Abweichung von der Norm, bei »leichtfertigen« Frauen und Prostituierten. Frauen wurden einerseits mit ihrem Geschlecht gleichgesetzt, andererseits wurde ihnen eine eigenständige Sexualität abgesprochen. Die Komplikationen, die aus diesem Widerspruch resultierten, lassen sich unter anderem in der ambivalenten Haltung der Frauenbewegung zu Sexualitätsfragen beobachten. Frauenrechtlerinnen standen der Thematik oft distanziert gegenüber und wichen potentiell kontroversen Fragen aus. Eine Ausnahme stellte hier der Kampf gegen die Kontrolle der Prostitution dar. Vielleicht war diese zurückhaltende Einstellung eine Notwendigkeit für Frauenrechtlerinnen, deren Aktivitäten ohnehin dem »guten Ton« und der Schicklichkeit zuwiderliefen. In den meisten europäischen Ländern vertraten die Frauenbewegungen um 1900 die Auffassung, daß Frauen von Natur aus eine höhere Moral (und damit auch Sexualmoral) und zugleich einen geringeren Sexualtrieb als Männer aufwiesen. Einige Frauen, wie Ellen Key oder die Vorsitzende des deutschen »Bundes für Mutterschutz«, Helene Stöcker, widersprachen zumindest letzterer These und traten für das Recht der Frauen auf sexuelle Erfüllung ein. Eine solche tolerantere Sicht auf Frauen als sexuelle Wesen war freilich oft verknüpft mit einer sozialdarwinistischen Einstellung und deren »wissenschaftlicher« Auffassung von männlich-weiblicher Komplementarität.

In den Deutungsmustern männlicher und weiblicher Sexualität läßt sich innerhalb Europas eine bemerkenswerte geographische Verschiebung erkennen. Am westlichen, puritanisch geprägten Rand Europas galten ehrbare, respektable Frauen als mehr oder minder frigide, während man im Osten des Kontinents annahm, Frauen seien permanent sexuell erregt und kaum zu befriedigen. Die Bilder bewegten sich zwischen den Extrempolen des sexuellen Tieres und der frigiden Mutter. Das Bild der sexuell potenten Frau scheint noch im Jahrhundert zuvor stärker verbreitet gewesen zu sein. Die (männlichen) Vertreter der Aufklärung, wie zum Beispiel Rousseau, betrachteten die unkontrollierte weibliche Sexualität als so kraftvoll und gefährlich, daß sie zum Wohle der Gesellschaft gezügelt werden müsse. Männlicher Sexualität wurde zu keiner Zeit dieses gefährliche Potential zugeschrieben. Otto Weiningers Buch von 1903 repräsentierte das osteuropäische Bild, wonach der Mann über ein moralisches Potential verfüge, das ihn über die Niederungen der Sexualität erhebe, während die Frau ein permanentes, leicht entflammbares Begehren in sich trage. Die Frau wurde zur personifizierten Sexualität. Es liegt nahe, daß die westeuropäische Frauenbewegung sich eher mit dem Bild der kontrollierten, moralischen Frau identifizierte als mit der weiblichen Tierhaftigkeit. Indem sie dieses Bild für sich akzeptierte, legte sich die Frauenbewegung allerdings in bestimmten sexualpolitischen Fragen auf eine konservative Politik fest.

Der verheirateten Frau wurde kein Recht auf sexuelle Selbstbestimmung oder, in der zeitgenössischen Formulierung, auf geschlechtliche Freiheit eingeräumt. Das einzige Recht, das ihr im Rahmen der Ehe zustand, war das auf ehelichen Geschlechtsverkehr. Der Mann mußte wie die Frau den ehelichen Pflichten nachkommen, zumindest ein einziges Mal. Selbst nach kirchlichem Recht galt es als Scheidungsgrund, wenn der eheliche Verkehr niemals vollzogen wurde. Das war eigentlich unerhört in einer Zeit, in der das Recht auf Scheidung sich erst allmählich als eine denkbare Möglichkeit etablierte. Eine Frau, die dagegen regelmäßig von ihrem Ehemann vergewaltigt wurde, konnte dies nicht als Scheidungsgrund geltend machen, sofern ihr Mann sie nicht zu »widernatürlichen« sexuellen Praktiken zwang. Es bestand eine eheliche Verpflichtung zum Geschlechtsverkehr. Ein Mann durfte sich von seiner Frau trennen, wenn sie ihm sein Recht verweigerte. Die Situation verheirateter Frauen trieb insofern den Widerspruch auf die Spitze: Sie sollte jederzeit für ihren Mann sexuell verfügbar sein, während man ihr gleichzeitig eigene sexuelle Bedürfnisse weitgehend absprach. Sie mußte seine Untreue akzeptieren, durfte sich jedoch selbst keinen »Fehltritt« erlauben. Eine Ehefrau konnte nicht einmal dann ihrem Mann den sexuellen Verkehr verweigern, wenn sie wußte, daß er mit Prostituierten verkehrte und sie mit einer Geschlechtskrankheit anstecken könnte.

Eine weitere Konsequenz des nicht immer freiwilligen Geschlechtsverkehrs waren die zum Teil sehr häufigen Schwangerschaften und die damit verbundenen Risiken, denen verheiratete Frauen ausgesetzt waren. Bis in die 80er Jahre des 19. Jahrhunderts beruhte jeder zwanzigste Todesfall von Frauen im gebärfähigen Alter auf Komplikationen bei Schwangerschaft oder Geburt. Diese Zahl sank deutlich, als sich in der Medizin eine verbesserte Hygiene zur Vermeidung bakterieller Infekte durchsetzte.

Wirtschaft und Arbeitsteilung

Die wirtschaftliche Situation im letzten Drittel des 19. Jahrhunderts war erheblichen Schwankungen unterworfen. Seit 1873 war Europa einer langanhaltenden Depression ausgesetzt, die erst Mitte der 1890er Jahre zum Stillstand kam. Die Rezession traf die verschiedenen Länder in unterschiedlichem Ausmaß; so war Frankreich zum Beispiel stärker betroffen als das kurz zuvor politisch vereinigte Deutschland. Ab etwa 1890 stiegen Löhne und Investitionen wieder an. In den krisenhaften Jahrzehnten davor hatten sich jedoch Einstellungen und Ängste verfestigt, die keineswegs mit dem späteren ökonomischen Aufschwung wieder verschwanden. Die konjunkturell bedingten Veränderungen erzeugten Spannungen, die das Geschlechterverhältnis auf dem Arbeitsmarkt beeinflußten. Neue Produkte und Vertriebsformen entstanden. Diejenigen, die ihr Einkommen noch in den tradierten Produktionsformen erwirtschafteten, waren nun mit instabilen Verhältnissen konfrontiert. Ein gutes Beispiel hierfür ist der Handel: Warenhäuser und Kaufhallen übernahmen einen immer größeren Teil des Umsatzes, den früher die kleinen Ladengeschäfte und Marktstände gemacht hatten. Der entstehende Massenkonsum schuf zwar neue Arbeitsplätze, doch zahlreiche andere zerstörte er. Viele Menschen waren gezwungen, sich den neuen Bedingungen anzupassen und ihr Auskommen in einem anderen Bereich als bisher zu finden.

Insbesondere die Konfektionsindustrie, die Blusen, Röcke, Kinderkleidung und Wäsche herstellte, expandierte. Was früher per Maßanfertigung hergestellt wurde, konnte nun in großen Serien industriell produziert werden. Der Einsatz von Elektrizität und Benzin veränderte Arbeitsorganisation und Vertriebswege. Durch die Einführung elektrischer Beleuchtung konnten zum Beispiel Arbeits- und Betriebszeiten problemlos verlängert werden. Neue Gewohnheiten entstanden, die eine erhöhte Nachfrage erzeugten. Telegraf, Telefon, Fahrräder, Autos, Filme, der Ausbau des öffentlichen Verkehrsnetzes durch Züge, Straßenbahnen, Untergrundbahnen und Busse veränderten Angebot und Nachfrage grundlegend – vom Gebäude bis zum Plakat, von Eßgewohnheiten bis hin zu den täglichen Bedürfnissen der Menschen. Immer größere und schließlich transnationale Unternehmen entstanden und expandierten kräftig.

Diese neuartige Expansion erhöhte auch die Konkurrenz auf dem Arbeitsmarkt. Frauen, die als »ökonomisch Abhängige« ihre Arbeitskraft sehr billig anbieten mußten, wurden Männern zur Konkurrenz. Ihre Flexibilität war begehrt. Als Frauen gleiche Arbeitsmöglichkeiten und gleichen Lohn verlangten, wurden sie von den männlich dominierten Gewerkschaften als mindestens ebenso große Bedrohung wahrgenommen wie in der Zeit der wirtschaftlichen Depression. Die langanhaltende hohe Arbeitslosigkeit der vergangenen Jahrzehnte hatte Männer gegen die Erwerbstätigkeit von Frauen eingenommen. In Deutschland diffamierte der Begriff der »Schmutzkonkurrenz« den Eintritt von Frauen in ehemals männliche Tätigkeitsbereiche. Der Ausdruck zeigt, in welchen Farben das Verhältnis von Frauen und Männern auf dem Arbeitsmarkt gemalt wurde. Die Argumentation war simpel: Wenn Frauen kein eigenes Einkommen erwirtschaften würden, könnten Männer als »Familienversorger« höhere Löhne verlangen. Viele Männer wollten in ihren Ehefrauen Hausfrauen sehen und sie als solche behandeln, ungeachtet der Tatsache, daß ihre Frauen arbeiten gingen und Geld verdienten. Viele Frauen teilten die Forderung nach einem männlichen »Familienversorger«. Dieses Ideal war ursächlich dafür, daß die Gewerkschaften das Lohngefälle zwischen Männern und Frauen akzeptierten und unterstützten. Wissenschaftlich untermauert wurde diese Sichtweise durch den Sozialdarwinismus, der die Verbreitung der Versorger- und Hausfrauenehe als Entwicklungsschritt der menschlichen Evolution betrachtete.

Die Jahrzehnte um 1900 waren durch die rasche Veränderung von »Männer-« und »Frauenberufen« gekennzeichnet. Frauen trafen auf erweiterte Möglichkeiten, in ehemals männlich dominierte Bereiche vorzudringen. Ihnen eröffneten sich neue Freiräume und Chancen, doch gleichzeitig gab es beträchtliche Widerstände, die die Verwirklichung dieser Chancen verhinderten. In den Jahrzehnten um die Jahrhundertwende wurden viele ehemals »männliche« Berufe »weiblich«, ehemals »weibliche« Tätigkeiten wurden »männlich«. Nur wenige Arbeitsplätze behielten ihre hergebrachte geschlechtsspezifische Zuordnung. Dessenungeachtet bestand in allen Berufsbereichen eine klare Geschlechterhierarchie, in der die führenden und prestigeträchtigen Positionen Männern vorbehalten waren.

Bis etwa 1900 befand sich die geschlechtsspezifische Arbeitsteilung im Fluß; sie war instabil und teilweise durchlässig – doch sie stand nach wie vor unter dem Einfluß des tradierten Machtverhältnisses zwischen den Geschlechtern. Nach 1900 wurde die Arbeitsteilung wieder rigider, der Widerstand gegen eine Gleichbehandlung von Frauen auf dem Arbeitsmarkt wuchs. In dieser Phase, in der sie als Arbeiterinnen an Terrain verloren, erkämpften Frauen das Stimmrecht und errangen einen Zuwachs an Rechten innerhalb der Ehe.

In den Städten wuchs die Mittelschicht und mit ihr die Nachfrage nach Dienstleistungen in Geschäften, Restaurants und Schankstuben, im Privatbereich, in Krankenhäusern und Wäschereien. Frauen aus den ländlichen Regionen konnten nun leichter eine Anstellung außerhalb ihrer Herkunftsfamilie finden. Mittelschichtsfrauen erhielten Zugang zum Universitätsstudium, sie arbeiteten als Lehrerinnen, Ärztinnen oder Sozialarbeiterinnen. Ihre Anzahl war zunächst gering, aber sie wuchs kontinuierlich. Die Arbeitsbereiche, die sich für Frauen eröffneten, waren je nach ihrer Schichtzugehörigkeit unterschiedlich. Doch unabhängig von der sozialen Herkunft erlebten Frauen allgemein einen deutlichen Zuwachs an Chancen und Wahlmöglichkeiten. Telegrafin und Telefonistin waren neue Berufe, die zunächst den Frauen aus den bürgerlichen Schichten vorbehalten waren, dann aber auch für Frauen aus der Arbeiterklasse zugänglich wurden. Im Handel ersetzten immer mehr Frauen die Verkäufer, nur nicht dort, wo »männliche« Produkte an Männer verkauft wurden. Die Grenzen zwischen »männlichen« und »weiblichen« Berufsbereichen waren fließend und ständig in Bewegung. Frauen gewannen an Unabhängigkeit, weil sie leichter Geld verdienen konnten, und forderten eine Verbesserung ihrer Erwerbschancen und Arbeitsbedingungen.

In einigen Arbeitsbereichen, wie Wäschereien, waren fast ausschließlich Frauen anzutreffen; andere dagegen waren und blieben männlich dominiert. Wenn Frauen in die männlich dominierten Bereiche vordrangen, wurden ihnen in der Regel andere Aufgaben als den Männern zugewiesen. Nur dort, wo neue Tätigkeitsbereiche entstanden, konnte es geschehen, daß Frauen dieselben Aufgaben übernahmen wie Männer.

Konflikte um Erwerbschancen und Arbeitsteilung – Männer und Frauen im grafischen Gewerbe

Das Eindringen von Frauen in männliche Tätigkeitsbereiche führte zu einem verstärkten Wettbewerb zwischen Männern und Frauen, der mit unterschiedlichen Machtmitteln ausgetragen wurde. Ein gutes Beispiel hierfür ist das grafische Gewerbe. In vielen Ländern

Europas konkurrierten Frauen und Männer heftig um den Zugang zu den typografischen Berufen.

Als im 16. Jahrhundert der Buchdruck mit beweglichen Lettern erfunden wurde, gab es zunächst auch Druckerinnen, aber sie wurden durch Zunftverordnungen bald aus diesem Beruf verdrängt. Im Jahr 1800 gab es zum Beispiel in London nicht eine einzige Setzerin, und die Situation war vermutlich in anderen Städten und Ländern ähnlich. Gegen Ende des 19. Jahrhunderts vollzog sich in diesem Bereich ein Wandel, der zu einer heftigen Auseinandersetzung zwischen Männern und Frauen über Zugangsrechte und Arbeitsmöglichkeiten führte.

Der Konflikt entstand, als Druckereibesitzer aufgrund der raschen Expansion der Branche begannen, in ihren Betrieben Frauen zu beschäftigen. Frauen ließen sich für geringere Löhne anwerben als Männer, was den Druckereibesitzern sehr gelegen kam. Für die Frauen selbst waren die Löhne jedoch vergleichsweise gut, sie lagen deutlich höher als die Frauenlöhne in anderen Branchen. Im wesentlichen wurden Frauen für die gleichen Aufgaben eingesetzt wie Männer und arbeiteten sich rasch ein. Vielleicht entwickelten Frauen ein höheres Maß an Spezialisierung als Männer, da sie nicht die breit angelegte Berufsausbildung als Lehrlinge durchlaufen durften. Die Praxis, Frauen eine Berufsausbildung zu verweigern, zielte auch in anderen Branchen darauf ab, sie aus bestimmten Berufsbereichen auszuschließen.

Arbeitgeber, Technik, das Recht auf Lehrlingsausbildung, Gewerkschaften, staatliche Regelungen und Löhne waren die Schauplätze, auf denen die Interessensgegensätze zwischen weiblichen und männlichen Typografen ausgetragen wurden. Die Interessen der beiden Gruppen widersprachen sich diametral: Frauen wollten im Druckereigewerbe gute Löhne erzielen und selbstbestimmte, verbesserte Arbeitsbedingungen durchsetzen. Männer dagegen verfolgten das Ziel, Frauen aus den Druckereien zu verdrängen oder ihnen zumindest die Arbeitsbedingungen zu diktieren. In dieser Auseinandersetzung waren Frauen als Neueinsteigerinnen in der Branche von Anfang an unterlegen.

Drucker und Setzer hatten sich überall in Europa sehr frühzeitig organisiert und verstanden es, sich Gehör zu verschaffen. Die alten

Zunftvereinigungen hatten sich zu starken, traditionsgebundenen Interessenverbänden entwickelt, die eine relativ berufskonservative Einstellung vertraten. In ganz Europa versuchten diese Organisationen, Frauen aus der Druckereibranche fernzuhalten. Ungelernte Hilfskräfte wurden nicht akzeptiert, die Lehrlingsausbildung war dagegen Männern vorbehalten. Dennoch gelang es nicht, die weiblichen Arbeitskräfte aus der Branche zu verdrängen. Die Zahl der im Druckereigewerbe beschäftigten Frauen reduzierte sich nicht, sondern nahm in den letzten Jahrzehnten des 19. Jahrhunderts parallel mit dem generellen Anwachsen der Branche zu. In Frankreich stieg die Zahl beschäftigter Frauen zwischen 1866 und 1896 von gut 7000 auf fast 16 000 um mehr als das Doppelte. Der relative Anteil von Frauen in der Druckereibranche blieb gleich; er lag bis 1906 bei etwa 20 %. In England war der männlich-gewerkschaftliche Widerstand erfolgreicher; hier arbeiteten nur wenige Frauen in den Druckereien. Die Situation in Schottland dagegen war mit der französischen vergleichbar.

Das alte Druckereihandwerk befand sich in einer Phase allmählicher Mechanisierung. Sie war gekennzeichnet von dem vergeblichen Versuch von Frauen, in der Branche Fuß zu fassen, und dem erfolgreichen Bemühen der Männer, dies zu verhindern. Die Ereignisse in der norwegischen Hauptstadt Kristiania illustrieren diese Entwicklung. Die norwegische Typografenvereinigung unternahm in den 1870er und 1880er Jahren den Versuch, Frauen aus den Setzereien zu verdrängen. Ähnlich wie in anderen Ländern verfügte die Organisation über gute Beziehungen zu den Druckereibesitzern und versuchte, die Arbeitgeber für ihr Anliegen zu gewinnen. Weil bestimmte Druckereien Frauen zu niedrigen Löhnen beschäftigten und deshalb die Preise senken konnten, so argumentierte man, entstehe ein verzerrter Wettbewerb. Wenn Drucker und Arbeitgeber sich gemeinsam für einen Ausschluß von Frauen aus der Branche einsetzten, könnten Löhne und Preise auf einem gleichmäßig hohen Niveau gehalten werden. Alle, und das bedeutete in diesem Fall alle Männer, könnten von einer solchen Regelung profitieren. Doch die geplante personalpolitische Allianz zwischen männlichen Druckereiarbeitern und Arbeitgebern scheiterte. Die Druckereibesitzer ließen sich von den gewerkschaftlichen Argumenten nicht überzeugen; zu profitabel war es, Frauen als gute und billige Arbeitskräfte zu beschäftigen.

Die Argumentation der Drucker liest sich wie eine Sammlung zeitgenössischer Vorurteile gegenüber der Frauenerwerbsarbeit. Frauen, so hieß es, drückten durch ihre Niedriglöhne das Lohnniveau der Männer. Obwohl vordergründig billiger, erwiesen sie sich auf lange Sicht als nicht profitabel, da sie nicht über das notwendige, spezielle Fachwissen der ausgebildeten Drucker verfügten. Auch sei die weibliche Gesundheit wegen der schwächeren Konstitution der Frau besonders gefährdet – Tuberkulose und Bleivergiftung waren häufige berufsbedingte Krankheiten in der Druckereibranche. Überdies nähme durch die Zusammenarbeit mit Männern die weibliche Moral Schaden. Druckereiarbeiterinnen seien zudem nicht in der Lage, ihren eigentlichen Pflichten als Ehefrau und Mutter nachzukommen. Der Platz der Frau sei doch schließlich das Haus, nicht die Druckerei! Doch keines dieser Argumente konnte die Arbeitgeber überzeugen – das Argument des Profits war ungleich stärker. Die Frauen blieben auf ihren Arbeitsplätzen, doch wußten sie nun, nach der öffentlich geführten Debatte, wie ihre Kollegen über sie dachten und zu welchen Aktivitäten sie bereit waren.

1889 wurde von den Gewerkschaften ein Streik für höhere Löhne ausgerufen, an dem die Frauen nicht teilnahmen, da sie nicht gewerkschaftlich organisiert waren. Erst das Scheitern dieses Streiks brachte den Gewerkschaften die teuer erkaufte Einsicht in die Notwendigkeit, Frauen in den gewerkschaftlichen Kampf mit einzubeziehen. Die Frauen aus der Branche zu verdrängen war nicht gelungen. Nun wurde deutlich, daß ohne sie kein Arbeitskampf mehr zu gewinnen war. Frauen als Gewerkschaftsmitglieder zu gewinnen war nun die neue Strategie, um in zukünftigen Auseinandersetzungen mit der Arbeitgeberseite erfolgreicher agieren zu können. Die Argumente dafür waren sozialistisch geprägt: Nicht Frauen seien dafür verantwortlich zu machen, daß sie als Konkurrentinnen zu Männern aufträten, sondern das kapitalistische System nutze diese Situation zum Nachteil aller Arbeitenden aus. Arbeitende Frauen und Männer stünden gemeinsam auf derselben Seite, die Arbeitgeber auf der anderen.

Doch nach den früheren Diffamierungskampagnen waren Frauen nun kaum mehr für die gewerkschaftliche Organisation zu mobilisieren; nur zögernd ließen sie sich als Mitglieder gewinnen. Außerdem vertraten unter den organisierten Arbeitern viele weiterhin die Auffassung, daß Frauen in der Druckbranche fehl am Platze und für die Erwerbsarbeit ohnehin nicht geeignet seien.

Im Jahre 1896 brach innerhalb der typografischen Gewerkschaft erneut eine Auseinandersetzung zwischen Männern und Frauen auf. Ohne die Meinungen der Frauen einzuholen, hatten männliche Gewerkschaftsvertreter kürzere Arbeitszeiten für Frauen und Lehrlinge gefordert. Aus Protest gründeten die Setzerinnen eine eigene Vereinigung, den »Club der Setzerinnen«, der jedoch unter dem Dach der männlichen Setzervereinigung organisiert war. Der Club der Setzerinnen verabschiedete eine Grundsatzforderung nach gleicher Behandlung: »Wir bitten darum, daß wir wie bisher die gleiche Arbeitszeit für weibliche und männliche Setzer behalten können. Eine Begrenzung der Arbeitszeit, die beispielsweise nur uns weiblichen und nicht den männlichen Setzern verbieten würde, Überstunden zu leisten, hätte zur Folge, daß wir nur noch schwer Arbeit finden könnten.«[5] Um ihre Position auf dem Arbeitsmarkt zu verteidigen, waren die Setzerinnen gezwungen, sich auf einen Widerspruch einzulassen: Sie forderten gleiche Arbeitszeiten, um als Arbeitskräfte nicht unattraktiver zu sein als Männer, und gleichzeitig mußten sie auf ihren niedrigeren Löhnen beharren, um überhaupt konkurrenzfähig zu sein. Solange sie kein Recht auf Lehrlingsausbildung besaßen, also formal weniger qualifiziert waren, konnten sie kaum eine Gleichbehandlung in der Entlohnung fordern.

Sowohl Männer als auch Frauen suchten in der Auseinandersetzung miteinander eine Allianz mit den Arbeitgebern, doch die Frauen waren in dieser Hinsicht erfolgreicher. Eine gemeinsame Strategie zu verfolgen, war Männern und Frauen nicht gelungen. Eine Ursache dieses Scheiterns war die Weigerung der Männer, Frauen als gleichwertige Arbeiterinnen anzuerkennen. Sie beharrten auf ihrem Berufsethos von einer einzigartigen handwerklichen Kunst, die sich auf Männlichkeit und eine monopolisierte Ausbildungsstrategie gründete.

In einer neuen Lohnauseinandersetzung 1898 kam es dennoch zu einer temporären Zusammenarbeit von Männern und Frauen. Die Setzerinnen knüpften an diese Kooperation jedoch eine Bedingung; sie kämpften nur so lange mit, wie »die Typografen nicht gegen unsere Interessen arbeiten«. Eines dieser Interessen war die Bewahrung niedrigerer Frauenlöhne. Eine weitere Forderung, die nun erstmals gestellt wurde, war der Zugang von Frauen zur Lehrlingsausbildung. Auf lange Sicht war dies die Grundlage für die spätere gewerkschaftliche Forderung nach gleichem Lohn für alle.

Die Toleranz der Druckereiarbeiter gegenüber weiblichen Kolleginnen sank wieder, als immer mehr verheiratete Frauen in den Buchdruckereien arbeiteten, während gleichzeitig die Arbeitslosigkeit stieg. Verheiratete Frauen arbeiteten zum Teil für noch niedrigere Löhne als die unverheirateten. Der norwegische Landesverband der Typografen reagierte auf diese Situation, indem er im Jahre 1902 erneut Lohnverhandlungen ohne die Beteiligung von Frauen führte und die sofortige Einführung der Lohngleichheit forderte. Zur Durchsetzung dieser Forderungen wurde ein Streik ausgerufen. Die Arbeiterinnen empörten sich über dieses Vorgehen, nahmen eigene Verhandlungen mit den Arbeitgebern auf und wurden daraufhin von der männlich dominierten Gewerkschaft als Streikbrecherinnen diffamiert. Eine gewerkschaftliche Zusammenarbeit von Männern und Frauen war in der Folge für viele Jahre unmöglich geworden.

Die Frage der Lohngleichheit war seit jeher problematisch. »Gleicher Lohn für gleiche Arbeit« war eine Forderung, die zu dieser Zeit von Frauen auf vielen internationalen Kongressen in Europa erhoben wurde – teils auf Frauenkongressen, teils auf den Kongressen der Zweiten Sozialistischen Internationale. Gleichzeitig forderten zahlreiche Frauen aber das Recht, den Preis ihrer Arbeitskraft als Mittel einzusetzen, um überhaupt Arbeit zu finden oder in männliche Berufsbereiche vordringen zu können. Männer erhoben nicht selten die Forderung nach Lohngleichheit, um Frauen aus bestimmten Branchen zu verdrängen, wie das Beispiel der norwegischen Typografen zeigt. Andere Männer forderten die Lohngleichheit jedoch aus Solidarität mit Frauen und aus grundsätzlichen Erwägungen. Soziale Praxis und ideologische Prinzipien standen nicht selten in Widerspruch zueinander.

In den 1890er Jahren und zu Beginn des neuen Jahrhunderts wurde in den meisten Ländern Europas das Nachtarbeitsverbot für Frauen durchgesetzt. Um diese Regelung entstanden erbitterte Diskussionen und Konflikte; das zeigte sich auch in der Druckereibranche. Zeitungen wurden nachts gedruckt, und Mehrarbeit war auch in Buchdruckereien keine Seltenheit. Frauen wollten ihre vergleichsweise gut bezahlten Arbeitsplätze in der Branche erhalten, was durch das Nachtarbeitsverbot erschwert wurde.

Sondergesetze für Frauen und speziell das Nachtarbeitsverbot wurden auf internationalen Frauenkongressen diskutiert, zum Beispiel auf dem »Congrès Féministe International de Bruxelles« Anfang August 1897. Die Journalistin und Zeitschriftenredakteurin Maria Martin trug hier eine Kritik des französischen Nachtarbeitsverbotes vor. Nach ihren Ausführungen waren vor dem 1892 erfolgten Inkrafttreten des Gesetzes, das die Nachtarbeit von Frauen und Kindern verbot, in den meisten Druckereien Frauen beschäftigt gewesen. Durch die Einführung des Gesetzes waren viele Arbeiterinnen gezwungen worden, die Druckereien zu verlassen. Denn das Gesetz regelte nicht nur die Nachtarbeit, sondern auch die übrigen Arbeitszeiten. Ab einer bestimmten Uhrzeit benötigte der Arbeitgeber eine besondere Genehmigung, um Frauen zu Überstunden heranziehen zu können. Der Bedarf an Mehrarbeit ließ sich selten im voraus einschätzen, der Antrag mußte aber bereits im Vorfeld gestellt werden. Viele Arbeitgeber beschäftigten daher nun bevorzugt Männer, die sie problemloser und flexibler einsetzen konnten als Frauen.

In ihren Schlußfolgerungen formulierte Martin die These, das Nachtarbeitsverbot bewirke vor allem den Verlust weiblicher und die Schaffung männlicher Arbeitsplätze. »Solche Konsequenzen haben Gesetze, die zum Schutz von Frauen geschaffen wurden. Geschützt wurde die Arbeit, zum Vorteil von Männern. Der Schutz von Frauen hat sich für sie als Joch erwiesen.«[6]

Auch die norwegischen Typografinnen protestierten gegen das Nachtarbeitsverbot, als es ein knappes Jahrzehnt später vom *Storting*, dem norwegischen Parlament, verabschiedet werden sollte.

Zu diesem Zeitpunkt war es bereits als internationale Arbeitsschutzkonvention akzeptiert. In den weiblich dominierten Arbeitsbereichen, wie zum Beispiel der Textilbranche, wurde das Nachtarbeitsverbot als wirksame Schutzmaßnahme begrüßt. In den besser bezahlten Industriebranchen, in denen überwiegend Männer arbeiteten, protestierten die Frauen dagegen, weil es ihre Konkurrenzfähigkeit beeinträchtigte. Da aber nur eine Minderheit von Frauen in diesen Bereichen arbeitete, wurde das Nachtarbeitsverbot von den meisten Frauen akzeptiert. Die verbreitetsten Frauenarbeiten, wie Krankenpflege und Gesindedienst, wurden davon ohnehin nicht berührt. Auch in Familienbetrieben fand die Regelung keine Anwendung. Die erste internationale Arbeitsschutzkonvention von 1906, die sogenannte Basler Konvention, untersagte die Frauennachtarbeit ausschließlich in Fabriken mit mehr als zehn Angestellten. Die Konvention gründete auf der Auffassung, daß Männer und Frauen unterschiedliche menschliche Kategorien darstellten. Während die eine Kategorie, der Mann, sich durch gewerkschaftliche Organisation selber schützen könne, war die Frau auf staatlichen Schutz angewiesen. Als Produzentin kommender Generationen galt ihr ohnehin ein besonderes staatliches Interesse.

Durch Gesetzgebung und gewerkschaftliche Aktivitäten wurde aus der Frau eine besondere, eine andere Arbeitskraft gemacht. Gleichzeitig versuchten Frauen mit allen Mitteln, in besser bezahlte Arbeitsbereiche vorzudringen, wenngleich diese Mittel gegenüber gewerkschaftlich organisierten Männern zum Teil unsolidarisch waren. Das Beispiel der Druckereibranche ist sehr aufschlußreich: Es verdeutlicht einerseits die Gründe für den niedrigen gewerkschaftlichen Organisationsgrad von Frauen; andererseits macht es nachvollziehbar, warum die Haltung der Männer gegenüber den gewerkschaftlich organisierten Frauen weiterhin ambivalent blieb. Viele Frauen empfanden die männlich geprägte Gewerkschaftspolitik als nachteilig und bedrohlich. Dies schadete dem gewerkschaftlichen Anliegen insgesamt, mehr aber noch den Frauen, die trotz formeller Mitgliedschaft oft auf eine gewerkschaftliche Unterstützung ihrer Interessen verzichten mußten.

Eine bittere Schlußfolgerung aus dieser Entwicklung zog die französische Journalistin Camille Bélilon auf einem Kongreß des

»International Council of Women« in London 1899. Sie klagte die Männer aller Klassen an, Frauen den Zugang zu bestimmten Arbeiten bewußt versperren zu wollen. Die männliche Gewerkschaftspolitik sei von einem »frauenfeindlichen Geist« durchdrungen. Am Beispiel der Druckereibranche verwandte sie den deutlichen Begriff des »Hasses«, um die gewerkschaftliche Haltung gegenüber den Frauen zu beschreiben. Nach Ansicht Bélilons stand hinter den Arbeitsschutzgesetzen für Frauen der Versuch der Gewerkschaften, sich die unliebsame Konkurrenz vom Halse zu schaffen. Die Parlamentsabgeordneten seien durch die Reden über Kindersterblichkeit und die Zukunft der Nation in die Irre geleitet worden. Erst dieser bevölkerungspolitische Diskurs habe die Gesetzgeber aufhorchen lassen. Bélilon brachte ihre feministische Deutung von Abhängigkeit und Unabhängigkeit folgendermaßen zum Ausdruck: »Die Frau vom Manne abhängig zu machen, weiß man eigentlich, was das bedeutet? Von allen Ungerechtigkeiten ist dies die gefährlichste! Ja, wenn die Ungleichheit zwischen den Klassen ungerecht ist, so ist sie dies nicht mehr als diejenige, die zwischen den Geschlechtern besteht. Diese Ungerechtigkeit ist im höchsten Maße unmoralisch, nicht nur in sich selbst, sondern auch, weil sie zur Unmoral führt. Ja, dies ist nicht nur ein Angriff auf das Prinzip der Freiheit; es erlaubt nicht nur der Gewalt die Übermacht über das Gesetz – es bedeutet auch, Frauen alle Macht zum Vorteil von Männern zu entreißen; es heißt, das Laster vor Leistung und Tugend zu setzen. Die Frau zu zwingen, den Mann um Brot zu bitten, bedeutet, die Prostitution einzuführen – oder, was noch schlimmer ist, der Prostituierten Macht zu geben. Wir haben von dieser ständigen Erniedrigung wirklich genug.«[7] Für Camille Bélilon war die ökonomisch vom Mann abhängige Frau erniedrigt und glich einer Prostituierten. Verantwortlich für diese Situation waren in ihren Augen staatliche Eingriffe, die den Wert und die Attraktivität weiblicher Arbeitskraft minderten und so eine unabhängige Existenz verunmöglichten.

Ein Beispiel für die langanhaltenden Konflikte um die Beschäftigung von Frauen im grafischen Gewerbe ist der Fall des französischen Ehepaars Couriau. Er machte 1913 die ambivalente Haltung der Branche zur Frauenarbeit deutlich. Emma und Louis Couriau heirateten 1912 und zogen gemeinsam nach Lyon. Louis Couriau blickte zu diesem Zeitpunkt bereits auf eine 20jährige Erfahrung als Typograf und Gewerkschaftsaktivist in verschiedenen Städten Frankreichs zurück. Emma arbeitete seit 17 Jahren als Typografin. Der typografische Landesverband Fédération du Livre hatte 1910 – nach schwierigen Debatten – beschlossen, Frauen als Mitglieder zuzulassen. Im Vorfeld dieser Entscheidung hatte man jahrelang versucht, Frauen gänzlich aus der Branche zu verdrängen – vergeblich: Im Zuge des vermehrten Einsatzes mechanischer Linotype-Druckmaschinen stieg die Beschäftigungsquote von Frauen sogar noch an. Die Gewerkschaft hoffte nun, durch die Integration der Arbeiterinnen in die Organisation zu einheitlichen Lohnverhandlungen gelangen zu können. Genau wie in Norwegen wurde die Lohngleichheit als langfristige Forderung vertreten und akzeptiert.

In Lyon beantragte das Ehepaar Couriau die Aufnahme in den örtlichen Gewerkschaftsverband. Frau Couriaus Antrag wurde abgelehnt – die starke, konservative Ortsgruppe Lyons verweigerte Frauen die Mitgliedschaft. Ihr Mann wurde zunächst als Mitglied aufgenommen, jedoch wieder ausgeschlossen, als er sich weigerte, seiner Frau die Erwerbstätigkeit als Typografin zu untersagen. Der Beschluß des Zentralverbandes vermochte gegen die Autonomierechte der lokalen Verbände nichts auszurichten. Die Affäre Couriau weitete sich zu einem landesweiten Skandal aus; vor allem in der sozialistischen und anarchistischen Presse nahmen sich zahlreiche Artikel des Themas an. Etliche Gewerkschaftsfunktionäre verurteilten die Haltung des Lyoner Verbands. Auch in bürgerlichen und sozialistischen Frauenzirkeln wurde das Thema diskutiert. Die Couriaus wurden von vielen Seiten unterstützt, und Louis Couriau erhielt die Erlaubnis, als Einzelmitglied direkt dem Landesverband beizutreten.

Durch den Kriegsausbruch 1914 verlief die Affäre im Sande. Auch nach dem Krieg verbesserte sich die Situation für Frauen nicht, da sich die Gewerkschaftsbewegung in Frankreich in zahlreiche Einzelverbände aufsplitterte, die keine einheitliche Position zur Frauenarbeit entwickelten. Die Fortschritte, die durch das Engagement für Emma Couriau hätten erreicht werden können, waren nun nicht mehr durchzusetzen. Langfristig gelang es, das männliche Monopol in der französischen Druckereibranche aufrechtzuerhalten – oder besser gesagt: wiederherzustellen.

Die technologischen Veränderungen im grafischen Gewerbe wirkten sich dagegen für Frauen vorteilhaft aus. Das frühere Setzen von Hand wurde durch mechanische Setzmaschinen erheblich vereinfacht. Die gestiegene Nachfrage nach Arbeitskräften, eine verbesserte Frauenbildung und ihre niedrigeren Löhne ermöglichten es Frauen, als Typografinnen zu arbeiten. Dieser Wandel in der ehemals männlich dominierten Druckbranche wurde von Frauenrechtlerinnen und Feministinnen ideologisch unterstützt. Starke konservative Tendenzen resultierten dagegen vor allem aus dem herrschenden Familienbild und der Annahme einer »natürlichen« Arbeitsteilung der Geschlechter, wonach Frauen und Männer nicht in denselben Berufsbereichen arbeiten sollten. Nach wie vor betrachteten die meisten Männer Hausarbeit als Aufgabe der Frau, sei sie erwerbstätig oder nicht. Einer der männlichen Unterstützer von Emma Couriau beschrieb diese doppelte Arbeitsbelastung von Frauen sehr drastisch: »Wenn der Mann ein Lohnsklave ist, so ist es die Frau ebenso. Mehr noch, sie ist die Sklavin des Sklaven. [...] Obwohl die Frau arbeitet wie ein Mann, [...] der gleichen Erschöpfung und denselben Gefahren ausgesetzt ist, erhält sie einen geringeren Lohn. [...] Überdies erwartet ihr Partner, wenn er nach Hause kommt, daß sie die Suppe aufwärmt, während er seine Pfeife raucht und die Zeitung liest. [...] Dem Einfluß eines Mannes ausgesetzt, seiner Autorität, Dummheit und Grausamkeit, ist die Frau dazu verurteilt – obwohl sie selbst dies nicht will –, immer wieder Mutter zu werden, seine Haushälterin und Liebhaberin zu sein. [...] Lohnarbeit heißt für sie, frei leben zu können, befreit zu sein aus der Abhängigkeit von einem Mann.«[8]

Nur selten wurde in der Debatte – so wie hier – die häusliche Arbeitsteilung der Geschlechter erwähnt; sie wurde kaum in Frage gestellt. Die meisten Frauen mußten die Arbeitsbelastung bewältigen, die eine Lohnarbeit mit sich brachte, und zudem ohne Hilfe die gesamte Hausarbeit erledigen.

Bildung und Professionalisierung

Die Bedeutung von Bildung und Ausbildung nahm im 19. Jahrhundert zu. Nicht nur die Anpassung an neue Anforderungen und Aufgaben erforderte ein vermehrtes Lernen, auch in älteren Berufszweigen stiegen die Qualifikationsanforderungen. Im gesamten 19. Jahrhundert vollzog sich eine Bildungsexpansion, die sich gegen Ende des Jahrhunderts sogar noch ausweitete. Lese- und Schreibkenntnisse zu vermitteln galt nun als staatliche Aufgabe. Überall in Europa wurde – oft über mehrere Etappen hinweg – die gesetzliche Schulpflicht eingeführt; in Frankreich zum Beispiel 1833 und 1882, in Schweden 1842 und 1882, in Österreich 1868 und 1870, in England in vier Etappen zwischen 1870 und 1902. Zielgruppe des Unterrichts waren vor allem jüngere Kinder, die in früheren Zeiten selber gearbeitet hatten, eine Lehre absolvierten oder zu Hause aushalfen. Nun wurden aus ihnen Schulkinder. Für Frauen war dies von großer Bedeutung, und zwar nicht nur für die Mütter dieser Schulkinder: Frauen fanden Arbeit als Erzieherinnen in Kindergärten und vor allem als Lehrerinnen in den Schulen. Aufgrund ihrer »mütterlichen« Eigenschaften galten Frauen als besonders geeignet für die Unterrichtung kleinerer Kinder. Sie erhielten Zugang zu pädagogischer Ausbildung, die aber meist weniger gründlich war als die der männlichen Lehrer.

Die Lehrerinnenausbildung hatte mitunter unerwartete Folgen, wie das Beispiel Österreichs zeigt. Unter den deutschsprachigen Liberalen des Landes verbreitete sich ab etwa 1880 eine deutschnationale Gesinnung. Die deutsche Sprache war nach ihrer Auffassung durch die anderen Sprachen bedroht, die im Vielvölkerstaat der österreichisch-ungarischen Doppelmonarchie gesprochen wurden. Die nationalistische Ideologie betonte die »biologischen« Unterschiede: zwischen Deutschen und slawischen Völkern ebenso wie zwischen den Geschlechtern. »Frauen« und »Muttersprache« schienen den Deutschnationalen zwei Dinge zu sein, die zusammengehörten. Den Spracherwerb von Kindern zu fördern, betrachteten sie als weibliche Aufgabe und setzten sich daher für weibliches Lehrpersonal an den Schulen ein.

Durch ihren Beruf erhielten die Lehrerinnen nicht nur eine Ausbildung, sie entwickelten auch eine gemeinsame Identität. 1893 gründeten einige Lehrerinnen eine Vereinigung für das Frauenstimmrecht. Diese Aktivitäten hingen eng mit ihrer Qualifikation und ihrem neuen beruflichen Selbstbewußtsein zusammen. Doch ihr Engagement dürfte wohl kaum den politischen Intentionen der nationalliberalen Kräfte entsprochen haben, die die Lehrerinnenausbildung von Frauen aufgrund ihrer »Mütterlichkeit« gefördert hatten. Weil sie die Erfahrung ökonomischer Unabhängigkeit machten, stellten die Lehrerinnen die Grenzen in Frage, die die nationalistische Ideologie Frauen, unabhängig von Status oder Qualifikation, vorgab. Statt dessen betonten sie ihre individuelle Rolle als Arbeitnehmerinnen und akzeptierten nicht, als Gruppe von dem liberal geprägten Staatsbürgertum ausgeschlossen zu sein. Als Erzieherinnen vermittelten sie der nachwachsenden Generation eine neue Sicht auf Fähigkeiten, sozialen Rang und Autorität von Frauen. Das nationalistische Frauenbild wurde von Frauen untergraben: Sie behaupteten ihre Rechte als Individuen und akzeptierten nicht länger, daß ihr weibliches Geschlecht sie zu gesellschaftlicher Nachrangigkeit verdamme.

Es war zugleich paradox und folgerichtig, daß Frauen den Begriff der »Mütterlichkeit« verwandten, um an der Ideologie von der Unterschiedlichkeit der Geschlechter zu rütteln, die ein Kerngedanke der nationalkonservativen Bewegung war und Frauen von den staatsbürgerlichen Rechten ausschloß. Gerade ihre »Mütterlichkeit« als Lehrerinnen und als stimmberechtigte Mitbürgerinnen mache sie zu wichtigen Gesellschaftsmitgliedern, so die Argumentation der Frauen. Die nationalkonservative Ideologie, die auf der Annahme von »Unterschieden« gründete, ließ sich nur schwer stabilisieren: Die vermeintlichen »Unterschiede« waren kaum in allgemein akzeptierter Form zu definieren. So konnten sie als Argument sowohl für als auch gegen die Emanzipation von Frauen verwandt werden.

Die europäischen Länder entwickelten unterschiedliche Muster der geschlechtsspezifischen Arbeitsteilung. Lehrerinnen befanden sich jedoch nahezu überall im Brennpunkt des Veränderungsprozesses. Im Vergleich zu anderen Frauen waren sie gut ausgebildet und in der Lage, sich zu artikulieren. In Schweden waren gegen

Ende des 19. Jahrhunderts männliche und weibliche Lehrer im schwedischen Volksschullehrerverband organisiert. Sie verfolgten das gemeinsame Ziel, Status und Ansehen des Berufsstandes zu verbessern. Sie setzten eine staatlich anerkannte Ausbildung und eine gute Ausstattung der Seminarinstitute durch. Durch die Lehrerinnen stieg die durchschnittliche Qualität des Lehrpersonals: Sie entstammten meist den oberen Schichten, in denen zum Beispiel Sprachaufenthalte im Ausland eine Selbstverständlichkeit waren. Lehrer waren zumeist ländlicher Herkunft und verfügten nicht über den »gutbürgerlichen« sozialen Hintergrund ihrer Kolleginnen. Lehrerinnen waren nicht selten mit wichtigen Persönlichkeiten aus Wirtschaft und Politik verwandt. Diese familiären Beziehungen kamen dem gemeinsamen Engagement der Lehrerinnen und Lehrer für eine verbesserte Ausbildung zugute.

Das Lehrpersonal wurde für seine berufliche Kompetenz bezahlt. Männliche und weibliche Volksschullehrer bezogen in Schweden grundsätzlich das gleiche Gehalt, wenngleich Männer durch lokale Zuschläge oft im Vorteil waren. Doch diese harmonische Koexistenz von männlichen und weiblichen Lehrkräften sollte nicht lange bestehen bleiben. Als der Frauenanteil innerhalb der Lehrerschaft 40 % erreichte, machte sich Unruhe unter den männlichen Kollegen breit. Frauen würden durch ihre Geschlechtszugehörigkeit Status und Lohnniveau der gesamten Berufsgruppe mindern, so der Vorwurf. Eine Feminisierung des Berufs würde die Arbeitsplätze der Männer bedrohen, das Lohnniveau senken und den gesamten Berufsstand abwerten.

Der Volksschullehrer Fridtjuv Berg war zu dieser Zeit Minister für Bildungsfragen. Mit Unterstützung seiner männlichen Lehrerkollegen legte er dem Reichstag einen Vorschlag vor, der unterschiedliche Gehaltstarife für männliches und weibliches Lehrpersonal vorsah. In den Debatten des Parlamentes wurden vor allem die »natürlichen« Unterschiede zwischen den Geschlechtern betont. Die Schule gleiche einer Familie, in der es Mutter und Vater geben müsse, mit unterschiedlichen Aufgaben für die Erziehung der Kinder. Die Auffassung, Frauen würden anders denken und deshalb anders unterrichten als Männer, setzte sich durch. Minister Berg betonte: »Lehrer und Lehrerinnen leisten vielleicht gleich viel Arbeit – und gewiß auch gleichermaßen wertvolle Arbeit –, aber sie leisten nicht dieselbe Art von Arbeit.«[9] Damit formulierte er den Widerspruch, daß Frauen zwar genauso viel und eine genauso wertvolle Leistung erbrachten wie Männer, aber dennoch einen geringeren Lohn dafür erhalten müßten. Ihre Arbeit sei in keiner Weise mit der von Männern zu vergleichen, sondern sei von ganz anderer Art. Damit konnte er nur eines meinen: Die Arbeit von Frauen war anders, weil sie »weiblich« war. Die verbreitete Perspektive auf männliche und weibliche Kompetenz beinhaltete die Annahme von etwas undefinierbar Besserem, das in der Männlichkeit begründet liege und deshalb besser bezahlt werden müsse.

Der schwedische Reichstag – in dem keine Frauen vertreten waren – beschloß 1906, unterschiedliche Vergütungsstufen für männliche und weibliche Lehrer einzuführen. Die gewerkschaftlich aktiven Lehrerinnen traten aus dem gemeinsamen Interessensverband aus und organisierten sich separat. Nichts änderte sich dadurch, aber die Unzufriedenheit der Frauen wurde manifest.

Im gleichen Jahr verdeutlichten auch die Ereignisse auf dem Jahrestreffen deutscher Lehrer die Uneinigkeit zwischen männlichen und weiblichen Vertretern der Berufsgruppe. Die deutliche Kritik eines Mannes an seinen Kolleginnen führte dazu, daß sämtliche Lehrerinnen sich erhoben und den Saal verließen. In Deutschland gab es keine Lohngleichheit von Lehrern und Lehrerinnen; im Gegenteil: Lehrerinnen erhielten mit nicht einmal 75 % bedeutend weniger Lohn für ihre Arbeit als ihre männlichen Kollegen.

Um 1900 machten Frauen etwa 20 % des deutschen Lehrpersonals aus. Sie unterrichteten ausschließlich Mädchen und erhielten eine schlechtere Ausbildung als ihre männlichen Kollegen. 1890 hatte Helene Lange mit anderen den Allgemeinen Deutschen Lehrerinnenverein gegründet, dem bereits 1910 30000 Mitglieder angehörten. Lehrerinnenvereine und Frauenbewegung kooperierten eng, aber nicht ohne Gegensätze. Die Frauenbewegung setzte sich für den gemeinsamen Unterricht von Jungen und Mädchen ein, was die meisten Lehrerinnen ablehnten, weil sie befürchteten, dann ihren Arbeitsplatz an männliche Kollegen zu verlieren. Ein anderes Anliegen der Frauenbewegung war das Recht verheirateter Frauen auf Erwerbsarbeit. Die meisten Lehrerinnen waren dagegen, da sie ihre Tätigkeit als Berufung verstanden, die mit einer Ehe nicht zu vereinbaren sei. Gleichzeitig forderten sie eine verbesserte Ausbildung und die Gleichstellung mit ihren männlichen Kollegen.

Die Auffassung von der Unterschiedlichkeit der Geschlechter durchdrang das gesamte Bildungswesen. Es reproduzierte die zugrundeliegenden kulturellen und sozialen Unterschiede und vermittelte sie an die nachfolgenden Generationen. Selbst die Unterrichtstätigkeit von Frauen für die kleinsten Schulkinder war nicht durchgängig akzeptiert. Ein schwedischer Wissenschaftler griff zu Beginn des 20. Jahrhunderts das Thema in einer Studie auf. Er benannte eine große Anzahl von Lehrerinnen, die geisteskrank geworden seien, und warnte davor, diesen Beruf zu ergreifen. Die Krankheit sei eine direkte Folge der intensiven Studien, die im Rahmen der Lehrerausbildung erforderlich seien. Ein normales weibliches Hirn sei damit überfordert. Andere Mediziner behaupteten, daß Frauen, die während ihrer Pubertät studierten, später keine gesunden Kinder bekommen könnten. Die Energie, die eigentlich zur Entwicklung der weiblichen Fortpflanzungsorgane benötigt werde, würde statt dessen für das Studium aufgewandt, woraus ein dauerhafter körperlicher Schaden erwachse. Etliche Frauen waren mutig genug, trotz dieser Drohbilder zu studieren; doch nicht wenige glaubten selbst daran.

Es war für Frauen vergleichsweise einfach, als Lehrerin für Schulanfänger und Mädchenklassen in die schulische Welt einzutreten. In der Schulhierarchie aufsteigen konnten sie deshalb noch lange nicht – weder als Lehrerinnen noch als Schülerinnen. Nur allmählich erlangten Mädchen das gleiche Recht auf gymnasiale Ausbildung wie Jungen. Häufiger als Jungen wurden sie an Privatschulen oder von Gouvernanten unterrichtet. Lehrerinnen waren die prestigeträchtigen Positionen an den Schulen in der Regel verschlossen. In vielen Ländern stellten Männer noch auf lange Sicht die Mehrheit der Gymnasiallehrer.

Wenn Frauen in der Lage sein sollten, andere Menschen zu unterrichten, benötigten sie selber eine entsprechende Ausbildung. In Deutschland wurden Lehrerinnen in speziellen Seminaren für Frauen ausgebildet. Der Unterricht in Naturwissenschaften und

Mathematik umfaßte hier weniger Stunden als in der männlichen Lehrerausbildung. Nach Abschluß der Schule durften die Lehrerinnen lediglich an Mädchenschulen unterrichten. In Schweden waren die Volksschulen gemischtgeschlechtlich, doch nach der Grundschulausbildung der ersten vier oder sechs Schuljahre verlief der Schulunterricht in für Mädchen und Jungen getrennten Bahnen.

Auch in Frankreich wurden Mädchen und Jungen getrennt unterrichtet. Mädchen- wie Knabenschulen wurden regelmäßig von staatlichen Inspektoren geprüft, um ein einheitliches Niveau zu gewährleisten. Einigen wenigen Frauen gelang es, sich als Inspekteurinnen für Mädchenschulen fortzubilden und die staatliche Zulassung zu erlangen. Doch 1872 wurde ihnen die Ausübung dieser Tätigkeit vom damaligen Unterrichtsminister Jules Simon verboten. Diese typische Situation verbildlicht sehr deutlich den Kampf um bestimmte Tätigkeitsbereiche, der in den Jahrzehnten vor 1900 zwischen Männern und Frauen geführt wurde. Anfänglich wurden Frauen als Ausnahme in bestimmten, ehemals männlichen Domänen akzeptiert, doch im Verlauf des 19. Jahrhunderts nahm die anfängliche Toleranz ab. Je mehr Frauen in den jeweiligen Bereichen arbeiteten, desto größer wurde der Widerstand seitens der Männer.

Das Schicksal der französischen Schulinspekteurinnen ist hierfür ein gutes Beispiel. Einige wenige konnten ihre Arbeit aufgrund von Sondergenehmigungen auch nach 1872 fortsetzen. Die Aufhebung des Verbotes 1889 löste jedoch eine lebhafte Debatte aus. Viele Männer bezogen Position gegen das neue Gesetz. Sie bezweifelten, daß Frauen über die notwendige Autorität verfügten, um andere kontrollieren und reglementieren zu können. Auch betrachteten sie die häufigen einsamen Reisen der Frauen von Schule zu Schule als schädlich und besorgniserregend. Moral und Leumund von Frauen müßten geschützt und dürften nicht unnötigen Gefahren ausgesetzt werden.

Indem sie den Diskurs über die besondere »weibliche« Eignung geschickt für ihre Zwecke einsetzten, gelang es den Schulinspekteurinnen Pauline Kergomard und Madame Mantoz-le-Gad, die Notwendigkeit weiblicher Inspekteurinnen erfolgreich zu verteidigen. Der Streit wurde zunächst beigelegt, flackerte aber in den nächsten Jahrzehnten immer wieder auf. Nur wenige Schulen durften von Frauen inspiziert werden, und viele Lehrerinnen bezogen selbst gegen Inspekteurinnen Position. Erst im Verlauf des Ersten Weltkrieges erlangten Frauen einen akzeptierten und sicheren Platz in der Schulinspektion.

Die Qualifikation zum Gymnasiallehrer erforderte ein Universitätsstudium. Der Zugang zu den Universitäten war Frauen von Anfang an verschlossen gewesen. Hier wurden nicht nur Lehrer, sondern auch andere höhere Beamte ausgebildet, Ärzte, Juristen und Theologen. Gegen Ende des 19. Jahrhunderts wurden Frauen nach und nach in den meisten europäischen Ländern zu den Universitäten zugelassen, wenn auch zunächst nicht als ordentliche Studentinnen. Oft erhielten Frauen lediglich die Erlaubnis, an Vorlesungen teilzunehmen. Erst später konnten sie auch Examina ablegen. Eine andere Möglichkeit war die Teilnahme an Seminaren, die Akademiker außerhalb der Hochschulen abhielten. Die alten, traditionsreichen Universitäten taten sich mit der Zulassung von Frauen besonders schwer. Oxford nahm erst 1920 Frauen auf, Cambridge 1922 – und beide beschränkten den maximalen Anteil weiblicher Studierender auf einen bestimmten Prozentsatz. Dagegen ließen zwei Londoner Universitäten, die University of London und das University College London, bereits 1878 Frauen zu ihren Lehrveranstaltungen zu.

Zürich war lange Zeit die einzige Universität, an der deutsche Frauen Examina in ihrer Muttersprache ablegen konnten. Erst 1896 wurden Frauen in Freiburg und Heidelberg zu den Vorlesungen zugelassen. 1900 durften sie erstmals in Freiburg das Abitur ablegen. Preußen ließ Frauen erst 1908 zu den Universitäten zu. Eine solch grundsätzliche Regelung wurde zumeist nach einer Reihe von Ausnahmegenehmigungen getroffen: In Einzelfällen wurde Frauen die Erlaubnis erteilt, eine Prüfung abzulegen. Meist handelte es sich dabei um die Töchter angesehener Hochschullehrer. Der Widerstand der Universitäten gegen das Frauenstudium wurde dadurch von innen ausgehöhlt. In Schweden legte im Jahr 1883 die erste Frau ihre Doktorprüfung an der Universität von Uppsala ab. Sie hieß Ellen Fries und war Historikerin. In seiner Laudatio beglückwünschte sie der Professor, drückte jedoch gleichzeitig die Hoffnung aus, daß keine weiteren Frauen diesen akademischen Grad erreichen möchten. Ellen Fries wurde Lehrerin. Wie viele Akademikerinnen der ersten Generation engagierte sie sich in der Frauenbewegung ihres Heimatlandes.

Frauen wurden schließlich zu den Universitätsexamina zugelassen. Doch damit waren sie keinesfalls berechtigt, die Berufe auszuüben, zu denen ihre Abschlüsse sie befähigten. Frauen konnten nicht Hochschullehrerin oder Professorin werden, sie wurden nicht als höhere Staatsbedienstete oder Richterinnen beschäftigt, auch wenn sie den erforderlichen Studienabschluß vorweisen konnten. Sie wurden nicht an den großen staatlichen Krankenhäusern angestellt, obwohl sie ausgebildete Ärztinnen waren. Nur als frei praktizierende Ärztinnen durften sie sich niederlassen. Forschen und publizieren konnten sie nur in ihrer Freizeit. Hauptbetätigungsfeld der studierten Frauen waren die Mädchenschulen, dort konnten sie Lehrerin und sogar Rektorin werden.

In Deutschland habilitierte sich 1906 erstmalig eine Frau, die Zoologin Marie von Linden, an der Universität Bonn. Es war eine paradoxe Situation, daß Frauen zwar studieren und promovieren durften, nicht aber zu den akademischen Berufen zugelassen wurden. Frankreich hatte früher als England und Deutschland Frauen zum Studium zugelassen. Doch auch hier durften sie nicht an den Universitäten als Hochschullehrerinnen arbeiten.

Allerdings gab es einige interessante Ausnahmen. Sonia Kowalewsky, eine begabte russische Mathematikerin, hatte in Berlin bei deutschen Professoren ein Privatstudium absolviert. 1884 erhielt sie – im Alter von nur 34 Jahren – nach zähen Verhandlungen und nur unter bestimmten Rahmenbedingungen in Stockholm eine Professur. Der Rektor der Hochschule, Gösta Mittag-Leffler, war selbst Mathematiker und ein Befürworter der Frauenemanzipation. Er beurteilte Kowalewskys Arbeiten als außerordentlich und hatte ihre Anstellung aus ganzer Kraft unterstützt. Die Hochschule in Stockholm war freilich eine ungewöhnliche Universität. Sie war erst kurz zuvor gegründet worden und bemühte sich um ein radikales Profil. Keine andere europäische Universität Europas war bereit gewesen, Kowalewsky oder irgendeine andere Frau als Professorin zu beschäftigen. Doch auch in Stockholm verlief ihre Karriere nicht so geradlinig wie die ihrer männlichen Kollegen: Erst nachdem Kowalewsky für einen anonym veröffentlichten Beitrag einen bedeutenden Preis der französischen Akademie gewonnen hatte, bot man ihr das volle Gehalt eines Professors und einen Sitz in der Akademie der Wissenschaften an. Übrigens gab es in Schweden erst 1997 wieder eine Mathematikprofessorin, diesmal aus Finnland. Weder Intelligenz noch sonstige erwiesene Fähigkeiten waren demnach in Europa maßgeblich, um eine Professorenstelle bekleiden zu können: Weibliches Geschlecht war ein definitives Ausschlußkriterium.

Disziplinen wie Mathematik und Jura galten als besonders »unweiblich«: Mathematik schien unpassend, weil hier logisches Denken gefordert war, Jura dagegen war verknüpft mit formeller Machtausübung. In Frankreich wurden Frauen ab 1900 als Anwältinnen zugelassen, als erste Jeanne Chauvin (1900) und Sophie Balachowsky-Petit (1901). Chauvin trat erstmalig in Zusammenhang mit einem Fall auf, der das Patent für ein bestimmtes Korsettmodell verhandelte. Die fraglichen Korsetts wurden von Frauen im Gerichtssaal vorgeführt. Selbstironisch wies Jeanne Chauvin darauf hin, daß niemand ihre besondere Eignung für diesen Fall in Frage stellen könne. Erst nach dem Zweiten Weltkrieg gab es in Frankreich übrigens eine Richterin.

Frauen, die sich als Ärztinnen niederlassen wollten, trafen auf große Schwierigkeiten – auch wenn Krankenpflege traditionell zu den »weiblichen« Aufgaben gehörte. Dennoch gab es bereits in den 1870er Jahren praktizierende Medizinerinnen in Deutschland. Franziska Tiburtius und Emilie Lehmus legten 1875 das medizinische Examen in Zürich ab und praktizierten anschließend in Deutschland. Möglich war dies durch ein Gesetz, das die Ausübung der Heilkunst außerhalb des ärztlichen Berufs ermöglichte. Doch die Anzahl der Ärztinnen blieb weiterhin gering. Als untergeordnete Pflegekräfte im wachsenden medizinischen Sektor waren Frauen dagegen willkommen. Wegen seines fürsorgerischen Charakters schien auch der Frauenbewegung dieser Arbeitsbereich für Frauen besonders geeignet, ganz im Sinne der zeitgenössischen Definitionen von »Weiblichkeit« und »Männlichkeit«. Die Frauenbewegung setzte das Argument der weiblichen »Besonderheit« für die Forderung ein, mit der Untersuchung von Frauen

Ärztinnen zu betrauen – zumal, wenn es um spezifische Frauenkrankheiten ging. Gynäkologie, Kindermedizin und Kinderkrankenpflege seien Spezialgebiete von Frauen. Die Frauenbewegung plädierte für eine geschlechtsspezifische Arbeitsteilung innerhalb des ärztlichen Standes, während Männer ihre Monopolstellung in diesem Bereich verteidigten. Nach einer großangelegten Kampagne und mehrfachen Petitionen wurde der ärztliche Beruf 1899 in Deutschland für Frauen freigegeben. In der Folgezeit wählte ein Großteil der (wenigen) studierenden Frauen das Fach Medizin. Während in Deutschland der Ärzteverband versuchte, Frauen eine gleichwertige Ausbildung zu verwehren, konnten in Schweden Frauen seit 1875 dieselbe medizinische Ausbildung wie Männer absolvieren – mit der Einschränkung, daß sie sich nur als Privatärztinnen niederlassen durften. Eine Spezialisierung als Fachärztin oder die Anstellung an öffentlichen Krankenhäusern blieb auch ihnen verwehrt. Um die Jahrhundertwende wuchs der Widerstand gegen die schwedischen Ärztinnen, die sich wie andernorts vor allem als Gynäkologinnen und Kinderärztinnen betätigten. Erst nach dem Ersten Weltkrieg erhielten in Schweden Frauen das Recht, als Fachärztinnen an öffentlichen Krankenhäusern zu arbeiten. Vorher waren nur Hospitationen bei einzelnen Professoren möglich gewesen.

Die europäischen Universitäten wurden vor Beginn des Ersten Weltkriegs regulär für Frauen geöffnet. Einige Studentinnen konnten sogar promovieren. Den Doktortitel für eine Abhandlung über das Verhältnis von Männern und Frauen auf dem Arbeitsmarkt zu erhalten, war jedoch ziemlich einzigartig. Alice Salomon, ab 1911 Schriftführerin des »International Council of Women«, promovierte 1908 mit einer Dissertation über »Die Ursachen der ungleichen Entlohnung von Männer- und Frauenarbeit«.

Im Zuge der Bildungsexpansion waren Frauen auf den unteren Ebenen des Bildungssektors ein akzeptiertes und verbreitetes Phänomen geworden – ein Verdienst vor allem der Frauenbewegung. Doch je höher sie in der Bildungshierarchie gelangen wollten, desto schwieriger wurde es für Frauen, sich dort Zugang zu verschaffen. Während der formelle Widerstand gegen Frauenbildung langsam verschwand, erstarkte die informelle Opposition vor allem in der

Zwischenkriegszeit. In allen Berufsbereichen, die ein Studium erforderten, etablierte sich eine mehr oder weniger ausgeprägte männlich-weibliche Arbeitsteilung. Sie trug dazu bei, den Arbeitseinsatz von Frauen abzuwerten, und nahm ihnen die Chance, über die gesamte Bandbreite beruflicher Wahlmöglichkeiten zu verfügen.

Industrie

Seit ihrer Entstehung war die industrielle Produktion auf den Arbeitseinsatz von Frauen angewiesen. Mechanisierung und Automatisierung nahmen durch den Einsatz von Maschinen zu, während die Bedeutung der handwerklichen Fertigung zurückging. Tätigkeiten, die manuell, ohne maschinelle Unterstützung ausgeführt wurden, gab es auch in den großen Fabriken noch über lange Zeit. Sowohl für die neuen mechanisierten Verfahren als auch für die älteren, handwerklichen und ehemals männlich dominierten Tätigkeiten wurden nun Frauen als Arbeitskräfte eingesetzt. Ein gutes Beispiel gibt die schwedische Porzellanfabrik Gustavsberg. Um die Jahrhundertwende veränderten sich Herstellungstechniken, Arbeitsorganisation und Arbeitsteilung zwischen Männern und Frauen. In den 1880er Jahren expandierte die Fabrik sehr rasch. Grund war unter anderem die steigende Nachfrage nach Kaffeeservices. In dieser Phase begann der Eigentümer, Frauen als Graveurinnen einzustellen. Ähnlich der Arbeitsteilung im Druckgewerbe war das Gravieren eine traditionell männliche Tätigkeit. Um 1880 arbeiteten in Gustavsberg nun jeweils vier Frauen und vier Männer in der Gravurwerkstatt. Das Gravieren von Kupferblech war eine feinmotorische Tätigkeit, die sitzend ausgeführt wurde und der »weiblichen« Arbeit der Porzellanmalerei nicht unähnlich war.

Doch zu Beginn des 20. Jahrhunderts gewannen die Graveure ihren Monopolstatus in der Gravurwerkstatt zurück. Zwei Lehrjungen wurden angestellt, aber keine weiteren Frauen. Die letzte Graveurin – die mit ihrer Mutter zusammenlebte und sie durch ihr Einkommen mitversorgte – verließ in den 1920er Jahren ihren Arbeitsplatz. Zu diesem Zeitpunkt war sie bereits seit vielen Jahren die einzige Frau in der Werkstatt gewesen. Erst 1980, als der Beruf bereits durch neue Technologien im Verschwinden begriffen war, ließ sich in Schweden erstmals eine junge Frau zur Graveurin ausbilden.

Warum wurden Frauen nach 1900 aus dem Graveurberuf wieder verdrängt? Vermutlich spielten technische Veränderungen des Produktionsablaufes eine Rolle. An vielen Stellen der Fabrik wurden Frauen nun für weniger zentrale Tätigkeiten eingesetzt. Es lag nahe, auch in der Gravurwerkstatt die alte Geschlechterordnung wieder herzustellen. Die Forderung, daß zur Ausübung des Berufs eine Lehrlingsausbildung erforderlich sei, setzte sich durch. Damit waren Frauen formal von dieser Tätigkeit ausgeschlossen, da nach wie vor nur Jungen als Lehrlinge zugelassen wurden.

Es widersprach der zeitgenössischen Moralauffassung, Frauen und Männer gemeinsam in denselben Räumlichkeiten und mit denselben Aufgaben zu beschäftigen. Diese Situation war dennoch vor 1900 in zahlreichen Fabriken anzutreffen. Frauen waren billigere Arbeitskräfte, leisteten aber ebensoviel wie Männer. Auch der »Zeitgeist« trug seinen Teil dazu bei: Fortschritt, Wandel und Innovation waren allgegenwärtig in den »radikalen« 80er Jahren des 19. Jahrhunderts. Stärker noch war jedoch die Tendenz, männliche und weibliche Arbeitskraft zu trennen und in unterschiedlichen Bereichen einzusetzen.

In Gustavsberg wurde das Porzellan in gemischtgeschlechtlichen Arbeitsgruppen bedruckt und fixiert. Erst in den frühen Jahren des 20. Jahrhunderts wurden diese Gruppen aufgelöst und reine Männer- und Fraueneinheiten gebildet. Ähnliche Entwicklungen waren auch in anderen Branchen zu beobachten. Die Frauenbewegung begrüßte diesen Trend mit Wohlwollen. »Gleiche Arbeit« war in kaum einem Bereich mehr denkbar. In den vorangegangenen Jahrzehnten waren die Grenzen der geschlechtsspezifischen Arbeitsteilung in Auflösung begriffen gewesen. Nun wurden sie mit Macht wieder hergestellt.

»Frauen und Technik passen nicht zusammen.« Bis heute wird dieses Vorurteil gepflegt. Der Blick in eine Streichholzfabrik vor 100 Jahren könnte diesen Mythos wohl kaum bestätigen. Frauen arbeiteten hier an großen Maschinen, bedienten sie und bestückten sie mit Rohmaterial. Im 19. Jahrhundert waren Frauen häufig an solchen Maschinenarbeitsplätzen anzutreffen. Das galt jedoch nur für die Arbeit an »einfachen«, nicht prestigeträchtigen Maschinen. Anlagen, deren Bedienung mit einem hohen Status in der betrieblichen Hierarchie verbunden war, blieben fest in Männerhand. Spezielle, komplizierte Maschinen, so wurde behauptet, könnten nur von Männern sachgemäß bedient werden. Eine klare Definition, welche Eigenschaften eine Maschinentätigkeit zu einer »männlich-anspruchsvollen« mache und welche »weiblich-leicht« seien, existierte jedoch nicht. Bei jeder technologischen Veränderung mußte der »Status« der Maschinen neu definiert werden. Nicht selten führte dies zu unterschiedlichen Auffassungen innerhalb Europas: Dieselbe Maschinentätigkeit galt hier als »weiblich«, dort als »männlich«. Manche Tätigkeiten wechselten ihren Status im Verlauf der Zeit. Die Arbeit an einer neuen, innovativen Maschine wurde oft als kompliziert und »typisch männlich« eingestuft – und Jahre später galt sie als »leicht« und deshalb für Frauen besonders geeignet. Die »Geschlechtszugehörigkeit« einer Maschine war instabil und wechselhaft.

In der Porzellanfabrik Gustavsberg waren zwischen 1880 und 1910 viele Frauen mit denselben Aufgabenbereichen befaßt wie Männer. In späteren Jahrzehnten hatte sich die Bandbreite weiblicher Tätigkeiten wieder reduziert. Doch zu keiner Zeit besaßen Frauen Zugang zu den Tätigkeiten, die als besonders anspruchsvoll galten. Als um 1900 neue Druckmaschinen eingeführt wurden, durften nur Männer sie bedienen. Status und »Geschlecht« dieser Maschinen waren männlich. Doch Maschinen haben kein biologisches Geschlecht. Die Zuordnung wechselt mit der innerbetrieblichen Bedeutung und den Zukunftschancen einer Maschine. Über 50 Jahre hinweg wurden die Druckmaschinen, die lediglich einen langen Streifen Musterpapier herstellten, ausschließlich von Männern bedient. Danach übernahmen Frauen diese Maschinen, deren Funktionsweise sich in keinerlei Hinsicht geändert hatte. Warum? Eine neue Technologie wurde gerade entwickelt, die die älteren Maschinen auf die Dauer ablösen sollte. Die Frauen, die diese Maschinen bedienten, arbeiteten sich in eine veraltete Technik ein. Durch den veränderten technologischen Kontext verloren die Maschinen an Status und sollten bald gänzlich verschwinden. Nun schienen sie für Frauen passend. Die neuen Maschinen wurden von Mechanikern bedient. Sie waren zukunftsorientiert und verhalfen Männern zu höherem Status und höherem Lohn.

Nicht jede neue Technologie war prestigeträchtig. Als in den Keramikmanufakturen Englands zwischen 1830 und 1850 neue Maschinen eingeführt wurden, weigerten sich die Arbeiter, sie zu bedienen. Diese Jahrzehnte waren von dem Versuch der Arbeiter geprägt, ihre Macht über den Arbeitsprozeß zu behaupten. Der Boykott in den Porzellanmanufakturen verzögerte dort die Einführung der Maschinen um 30 bis 40 Jahre. Statt dessen wurden sie in neuen Fabrikanlagen eingesetzt und waren ab etwa 1880 in allen europäischen Regionen in Gebrauch.

Auch in Gustavsberg wurde diese Maschine um 1880 eingeführt; sowohl Frauen als auch Männer sollten sie bedienen. Die Arbeit an dieser Maschine besaß einen niedrigen Status, da sie die alte handwerkliche Tradition der Arbeit an der Töpferscheibe ablöste und als rückschrittlich degradierte. Was früher eine siebenjährige Lehrzeit erforderte, konnte ein Arbeiter mit Hilfe der neuen Maschine nun innerhalb eines halben Jahres erlernen. Gerne setzte man hier junge Arbeiter und Arbeiterinnen ein, die der tradierten Berufskunst nicht viel Bedeutung beimaßen. Einige Jahrzehnte später gab es in Gustavsberg keine Töpfer mehr, die Alltagsgegenstände auf der Töpferscheibe herstellen konnten. Der Keramikformer an der Maschine übte nun eine im Produktionsprozeß zentrale Tätigkeit aus. Sie erforderte die längste Ausbildung im Betrieb, galt als besonders anspruchsvoll und genoß einen hohen Status. Frauen war es nicht mehr gestattet, die Maschine zu bedienen. Das weibliche Tätigkeitsgebiet wandelte sich und beschränkte sich jetzt auf die Nacharbeiten an den maschinell hergestellten Keramikwaren. Frauen führten nun eine mühselige Putzarbeit aus, für die sie deutlich schlechter bezahlt wurden als zuvor. Sie wurden nicht mehr benötigt, um den Widerstand der alten Töpfer gegen die neue Technik zu unterminieren. Die jungen Männer, die gemeinsam mit den Frauen die Durchsetzung der Technologie ermöglicht hatten, wurden mit einem hohen betrieblichen Status belohnt und als fachkundige Arbeiter respektiert. Im Verlauf von etwa 30 Jahren war die strikt hierarchische Arbeitsteilung der Geschlechter erneut hergestellt worden.

Das Beispiel der Porzellanindustrie zeigt, daß es um 1900 möglich war, die Grenzen weiblicher und männlicher Tätigkeitsbereiche aufzubrechen. Gleichzeitig verweist es auf die Schwierigkeiten von Frauen, in prestigeträchtige Arbeitsbereiche vorzudringen und sich dort zu behaupten. Ob eine Maschinentätigkeit als »weiblich« oder »männlich« galt, war einem zeitlichen Wandel unterworfen. Diese Bewertung war keinesfalls nur an die Frage gekoppelt, ob eine Technik einfach oder kompliziert sei. Die Grenzverschiebungen in der Arbeitsteilung vollzogen sich langsam und wurden nur selten offen begründet. Nur bei extremen Veränderungen des Arbeitsprozesses und dann, wenn Männer mit verschlechterten Arbeitsbedingungen konfrontiert wurden, brachen die damit verbundenen Konflikte auf. Da die Veränderungen der Arbeitsteilung zwischen Männern und Frauen zumeist technisch oder arbeitsorganisatorisch begründet waren, blieb die Irrationalität dieser Entwicklungen verborgen. Im Gegenteil, die jeweilige Arbeitsteilung galt den Befürwortern als zutiefst rational und an den Erfordernissen der Zeit orientiert.

Auch in anderen Bereichen wurden Arbeiten, die bisher von Frauen ausgeführt worden waren, nun von Maschinen übernommen. Status und »Geschlecht« dieser Maschinen standen kaum zur Debatte: Sie waren weiblich. Dazu zählte zum Beispiel die Nähmaschine, die das Nähen von Hand ersetzte. Die Einführung von Nähmaschinen um die Mitte des 19. Jahrhunderts machte zahlreiche Heimnäherinnen arbeitslos, die den Schneidern zugearbeitet hatten. Die Konkurrenz verschärfte sich. Wer weiterhin von Hand nähte, erhielt einen außerordentlich geringen Lohn. Viele Heimnäherinnen waren deshalb gezwungen, eine Nähmaschine zu erwerben. Der Kaufpreis konnte kaum in einer Summe aufgebracht werden, sondern mußte meist über einen langfristigen Kredit finanziert werden. Etliche Heimnäherinnen verkrafteten die Verschuldung nicht; sie konnten die Raten auf die Dauer nicht aufbringen. Dennoch setzten sich Nähmaschinen rasch als Standard durch. Für Fabrikbesitzer stellten sie eine lohnende Investition dar – durch beträchtliche Rabatte beim Einkauf und die niedrigen Löhne der Näherinnen hatte sich die Anschaffung bald amortisiert. Die Konfektionsindustrie boomte.

In Stockholm wurde um 1860 die Dampfnähfabrik S. Berendt Jr. & Co. gegründet, die Blusen und Hemden herstellte. Hier wurden die aus Nordamerika importierten Wheeler-&-Wilsons-Nähmaschinen eingesetzt. Die Tätigkeit der beschäftigten Frauen wurde rationalisiert und in viele einzelne Arbeitsschritte zergliedert. 1897 beschrieb eine Autorin in der Frauenrechtszeitschrift »Dagny« die Arbeit der 300 Näherinnen: »Jede Näherin ist eine Spezialistin in einem bestimmten Fertigungsbereich. Da sie seit Jahren mit derselben Arbeit befaßt ist, hat sie einen hohen Grad an Geschicklichkeit und Kunstfertigkeit in ihrem Aufgabenbereich entwickelt. Manschettennäherinnen nähen ausschließlich Manschetten, andere nichts als Kragen, und die Hefterinnen tun nichts anderes, als Säume umzulegen und zu heften. [...] Die vier Mädchen an den Knopflochmaschinen hätten eigentlich eine recht angenehme Arbeit – wäre sie nicht, wie jede Fabrikarbeit, so schrecklich einförmig und überdies so gering entlohnt.« [10]

Die Nähmaschine war eng mit »Weiblichkeit« und weiblichen Tätigkeiten verknüpft. Dennoch vollzog sich der technologische Wandel nicht ohne Schwierigkeiten. In der Branche entstand ein Konflikt zwischen Schneidern und Näherinnen. Zunftbestimmungen, die eine lange Lehrzeit vorschrieben, hatten das Schneiderhandwerk geschützt. Durch seine Ausbildung war ein Schneidermeister in der Lage, alle notwendigen Arbeitsschritte auszuführen: das Maßnehmen, die Herstellung des Schnittmusters, Zuschneiden, Nähen und Bügeln eines ganzen Anzugs beispielsweise. Würde die Schneiderei auch nach dem Wegfall der Zunftbestimmungen ein männliches Handwerk bleiben? Die geschlechtsspezifische Zuordnung des Berufs war aufgebrochen und zunächst einer Phase des Wandels unterworfen. In der Folge entwickelte sich in der Schneidereibranche eine neue, relativ stabile Arbeitsteilung der Geschlechter.

Bereits vor der Einführung der Nähmaschine gestand das Schneiderhandwerk Frauen die Herstellung einfacher Hosen und Westen zu. Die Fertigung von Jacken und Mänteln blieb jedoch lange Zeit in Männerhand. Frauen wurden nicht in die Kniffe und Kunstfertigkeiten des Schneiderhandwerks eingeführt. Auch das Zuschneiden von Stoff war eine männliche Domäne. In der Berendtschen Dampfnähfabrik in Stockholm wurden Hemden und Blusen von Männern zugeschnitten, während Frauen alle übrigen Arbeiten ausführten. Doch wie überall gab es Ausnahmen: In der westschwedischen Fritsla Nähfabrik setzte der Eigentümer Frauen als Zuschneiderinnen ein, da sie derselben Freikirche angehörten wie er. Er setzte lieber Gemeindemitglieder – auch wenn es sich um Frauen handelte – für die besseren Arbeiten ein als Außenstehende. Hier war die Konfession, nicht die Geschlechtszugehörigkeit, ausschlaggebend für die Verteilung von Arbeit.

Die Verweiblichung der Konfektionsbranche stieß kaum auf Widerstand. Immer wieder arbeiteten auch Männer in den Textilfabriken, teils zeitweilig, teils längerfristig, in Kriegszeiten als Flüchtlinge oder Gastarbeiter. Eine klare geschlechtsspezifische Arbeitsteilung entstand dennoch. Die feine Maßschneiderei, später auch die industrielle Fertigung hochwertiger Bekleidung, wurde fast ausschließlich von Männern ausgeführt. Bis zum Ersten Weltkrieg war das Zuschneiden Männerarbeit, das Nähen übernahmen Frauen.

Zahlreiche ehemals handwerkliche Tätigkeiten wurden im Prozeß der Industrialisierung allmählich rationalisiert und automatisiert. Welche Tätigkeiten in diesem Transformationsprozeß als »weiblich« oder »männlich« definiert wurden, hing in hohem Maße von der Reaktion der betroffenen Männer und von ihren alternativen Arbeitsmöglichkeiten ab.

Die Bedienung der Dampfmaschine ist ein weiteres Beispiel: Zu Beginn des 20. Jahrhunderts befaßte sich der schwedische Reichstag mit den verschiedenen Gefährdungen und Risiken in der Arbeitswelt. In diesem Zusammenhang wurde die Frage diskutiert, ob Frauen Dampfmaschinen bedienen dürften. Man gab eine Umfrage unter allen Fabrikinspektoren des Landes in Auftrag. Die Antworten fielen sehr unterschiedlich aus, und viele zeigten sich mit dem technischen Arbeitseinsatz von Frauen zufrieden. Aus Skåne – einer Region mit zahlreichen Meiereien, die zumeist von Frauen geleitet wurden – ging die folgende Antwort ein: »Im Verlauf meiner 9jährigen Tätigkeit als Fabrikinspektor habe ich noch nicht erlebt, daß aus der Bedienung eines Dampfkessels durch eine Frau eine Gefährdung erwachsen wäre. Dies war jedoch viele Male der Fall, wenn Männer den Dampfkessel bedienten.«[11]

Eine Neukonstruktion der geschlechtsspezifischen Arbeitsteilung wurde durch technische Veränderungen oft forciert und erleichtert. Der technologische Wandel gab jedoch nicht den eigentlichen Anstoß dafür. Er bot vielmehr Gelegenheit, die Arbeitsteilung neu zu »verhandeln« – und mit ihr Machtverteilung und Arbeitsbedingungen. Dieses Aushandeln vollzog sich natürlich nicht konkret, sondern ist ein Bild für einen Prozeß, dessen Folgen deutlich spürbar wurden. Er bezog sich auch auf neu eingeführte Maschinen, ihren Status und ihr »Geschlecht«. Bedienung, Betreuung, Nutzung von oder Arbeit an einer Maschine – schon die Begriffe für den jeweiligen Umgang mit Maschinen sind nicht geschlechtsneutral und abhängig vom Status der Tätigkeit und der Person, die sie ausführt. Wenn eine Maschinentätigkeit Frauen zugewiesen wurde, verlor diese Arbeit an Status und galt als körperlich und fachlich leichte Tätigkeit. In der Regel war es Frauen untersagt, sich mit der Funktionsweise der Maschinen vertraut zu machen. So waren sie bei technischen Problemen gezwungen, einen entsprechend qualifizierten Mann um Rat und Hilfe zu bitten. Mechaniker waren durchweg männlich.

Während im gesellschaftlichen Diskurs um 1900 die Definitionen von »Weiblichkeit« und »Männlichkeit« zur Debatte standen, vollzog sich ein ähnlicher Wandel an zahlreichen Arbeitsplätzen. Die Verteilung von Aufgaben an Männer und Frauen wurde neu verhandelt, allerdings selten offen und explizit. Dieser Prozeß verlief keineswegs ohne Spannungen – auch wenn sie nicht verbalisiert wurden.

Häusliche Tätigkeiten auf dem Lohnarbeitsmarkt

Auch ehemals häusliche Tätigkeiten waren von diesem komplexen Wandlungsprozeß betroffen. Arbeiten, die bisher zum weiblichen Kompetenzbereich zählten und im Haushalt verrichtet wurden, verlagerten sich zunehmend in den Lohnarbeitsmarkt und wurden nun gegen Entgelt geleistet. Im Zuge dieser Entwicklung wandelte sich auch die geschlechtsspezifische Arbeitsteilung. In den bürgerlichen Haushalten entwickelten sich zugleich neue Aufgaben- und Tätigkeitsbereiche von Frauen. Der umfangreiche Hausputz war im bäuerlichen Haushalt unüblich gewesen, hier galten andere Reinlichkeitsnormen. Große Wäsche gab es nur einige Male im Jahr. Kindererziehung im heutigen Sinne war nahezu unbekannt. Kinder stellten eine zusätzliche und notwendige Einkommensquelle dar und begannen frühzeitig zu arbeiten. Frauen verwahrten und bereiteten Nahrungsmittel zu, webten und nähten Kleider und waren für Beleuchtung und Heizung verantwortlich. Auch die Pflege von Kindern, Erwachsenen und Alten, die nicht alleine zurecht kamen, zählte zu ihren Aufgaben. All diese Arbeiten wurden innerhalb der häuslichen vier Wände ausgeführt. Im Verlauf des Industrialisierungsprozesses verlagerten sich diese Tätigkeiten mehr und mehr aus dem Haus heraus und gingen dem weiblichen Kompetenzbereich zum Teil verloren. Die Veränderung der ehemals häuslichen Frauenarbeit führte zu neuen Formen der Arbeitsteilung.

Auf den großen Höfen war das Bierbrauen für den Eigenbedarf eine Frauenarbeit gewesen. Mit der Kommerzialisierung des Produktes vollzog sich eine rasche Industrialisierung dieser Tätigkeit. Neue Technologien und Größenordnungen, veränderte Eigentumsverhältnisse und Vertriebswege begleiteten die Entwicklung der Brauereibranche zu einem männlichen Berufsbereich. Frauen wurden nur noch am äußersten Ende des Produktionskreislaufs eingesetzt: Sie wuschen und füllten die Flaschen und Bierkannen. Schweres Heben und Tragen, häufiges Arbeiten im Wasser und Stolpergefahr auf feuchten, harten Fußböden in kalten Kellerräumen kennzeichneten diese Arbeit. Sie ist nur ein Beispiel für die schweren und extrem gesundheitsschädlichen Tätigkeiten, die man

Frauen in einer Zeit zuwies, in der sie zugleich als »schwaches Geschlecht« galten.

Auch das Waschen war eine Arbeit, die ehemals im Haushalt verrichtet wurde und nun auf den Lohnarbeitsmarkt gelangte. In der bürgerlichen Mittelschicht gehörte es zum guten Ton, Hemden, Blusen, Unter- und Bettwäsche häufig zu wechseln. Nahezu ausschließlich Frauen waren in diesem Bereich tätig, zumeist verheiratete Frauen. Einige nahmen Wäsche mit nach Hause, wuschen und bügelten die fremde Schmutzwäsche in ihren Wohnungen, die sich in einen dampfenden, feuchten Raum verwandelte, wo die Wäsche vor der meist kleinen Wärmequelle zum Trocknen hing und gebügelt wurde. Wäschereien expandierten in den wachsenden Städten des späten 19. Jahrhunderts. Männer besaßen und leiteten die größten Wäschereien, die Arbeit wurde jedoch von Frauen verrichtet. Obwohl in den Wäschereien Maschinen eingesetzt wurden, blieb die Wäsche eine Frauenarbeit. Bügeln und Mangeln machten einen Großteil der Arbeit aus. Alle Arbeitsgänge in der Wäscherei bedeuteten eine hohe physische Belastung.

Auch der Beruf der Hebamme war körperlich anstrengend, aber ihre Tätigkeit schien Männern durchaus attraktiv. Mit der Professionalisierung der Medizin wurde die Geburtshilfe zu einem zwischen Männern und Frauen umstrittenen Arbeitsbereich. Interessanterweise ging dieser Konflikt in den europäischen Ländern unterschiedlich aus, aber die Tendenz war überall gleich: Männliche Ärzte übernahmen die Kontrolle über die Entbindung. Zunächst wurde die Zulassung von Hebammen zentral kontrolliert, später verlangten Ärzte, bei der Entbindung anwesend zu sein. Chirurgie und Gynäkologie entwickelten sich zu männlichen Disziplinen, während gleichzeitig die Rolle der Hebamme bei der Entbindung marginalisiert wurde. Der weibliche Unterleib geriet zu einem Kompetenzbereich männlicher Ärzte, während Frauenrechtlerinnen und die ersten Ärztinnen dafür stritten, ihn zu einem weiblichen zu machen. Mit ihrer Verlagerung in die Krankenhäuser wurde die Entbindung zugleich pathologisiert. Das Ergebnis des langen Revierkampfes zwischen Männern und Frauen um diese Tätigkeit war eine Vielzahl von Varianten der Arbeitsteilung bei der Geburtshilfe.

Die Fähigkeiten der Hebammen wurden im Verlauf des 19. Jahrhunderts verstärkt in Frage gestellt und ihre Befugnisse eingeschränkt – selbst in Ländern wie Schweden, wo sie zu Beginn des Jahrhunderts über recht weitreichende Kompetenzen verfügten. Unter anderem wurde ihnen erlaubt, bei Entbindungen eine Geburtszange zu verwenden. In den Niederlanden gelang es den Hebammen, die Kontrolle über den Geburtsprozeß aufrechtzuerhalten; bis weit in die Nachkriegszeit hinein waren Hausgeburten dort die üblichste Form der Entbindung. In Großbritannien gewannen Ärzte einen sehr weitreichenden Einfluß auf die Entbindung, während die schwedischen Hebammen einen Teil ihres früheren Status bewahren konnten. Doch auch sie mußten nach und nach ihre Arbeit in die Krankenhäuser verlegen, während Hausgeburten immer seltener wurden.

In Stockholm entstand um 1900 eine erbitterte Konkurrenz zwischen Geburtskliniken und Hebammen, die Hausgeburten betreuten. Indem sie kostenlose Entbindungen anboten, verschafften sich die Krankenhäuser einen Wettbewerbsvorteil. Die Hebammen waren jedoch auf ihre Einkünfte aus den Entbindungen angewiesen und konnten ihre Dienstleistung nicht kostenlos anbieten. Zugleich durften sie keiner Frau in Geburtswehen ihre Hilfe verweigern. Dazu hatten sie sich durch einen Hebammeneid verpflichtet. Die Gebühr, die eine Hebamme für ihre Dienste erheben durfte, bemaß sich an den Einkünften ihrer Auftraggeberin. Reiche und sehr arme Mütter blieben den Hebammen deshalb als Klientel am längsten erhalten. Reiche Familien konnten es sich leisten, für die umfassende Hilfe und den guten Ruf eine Hebamme zu bezahlen. Für Bedürftige übernahm die Stadt die Entbindungskosten auch bei Hausgeburten. Die übrigen Frauen entschlossen sich immer öfter zu einer Entbindung im Krankenhaus.

Die Hebammen, die nicht in den Krankenhäusern arbeiteten, waren zumeist verheiratet und hatten selbst mehrere Kinder geboren. Ihre Ausbildung absolvierten sie oft erst im reiferen Alter. Hebammen, die an Krankenhäusern beschäftigt waren, mußten dagegen ledig sein. Wenn sie sich verheirateten, waren sie gezwungen, den Arbeitsplatz aufzugeben. Lebensbedingungen und Erfahrungen der älteren verheirateten Hebammen ähnelten denen der werdenden Mütter. Dennoch wurden Klinikgeburten immer populärer; die freien, zunftgebundenen Hebammen konnten dieser Konkurrenz nicht standhalten. Die Berufsverbände der Hebammen verschwanden, zuerst in den Städten, dann auch auf dem Land. Die Klinikhebammen besaßen in Schweden allerdings einen höheren Status als in den meisten anderen Ländern. Während der Entbindung waren sie in der Regel mit der Gebärenden allein und mußten nur bei Komplikationen einen Arzt hinzurufen. Diese Regelung gilt in Schweden bis heute.

In den ersten Jahrzehnten des 20. Jahrhunderts entwickelte sich eine strikte Krankenhaushierarchie. Ärztinnen waren an den Krankenhäusern nicht zugelassen, sondern durften sich nur privat niederlassen. Die Ärzteschaft war daher männlich. Die zumeist verheirateten Ärzte lebten mit ihren Familien außerhalb des Krankenhauses. Sie waren Hebammen und Krankenschwestern vorgesetzt, die ihr Leben einer »Berufung« widmeten und auf eine eigene Familie verzichten mußten. Für diese Frauen ähnelte das Krankenhaus einer Art Kloster. Die Krankenschwestern trugen Uniform, die sie auch auf ihren wenigen Ausflügen in die Welt außerhalb des Krankenhauses nicht ablegten. Sie schworen einen Eid mit dem Versprechen der Pflichterfüllung. Sie wohnten auf dem Krankenhausgelände und waren zu einem asexuellen Leben verpflichtet, einem Zölibat wie die katholischen Nonnen. Sie wurden »Gesellschaftsmütter«, die ihr Leben der Fürsorge für andere widmeten. Krankenschwestern, die ihr ganzes Leben im Krankenhaus verbrachten, waren oft sehr stolz auf ihren Beruf, außerordentlich geschickt und kompetent. Sie hielten den Krankenhausbetrieb aufrecht und versorgten die Patienten, während die Ärzte nur als gelegentliche Aufseher in Erscheinung traten. Die Ärzte waren hochgeachtet und ihre Anweisungen wurden respektiert, doch die tägliche Routine des Krankenhausalltags beeinflußten sie denkbar wenig. Als Männer bewegten sie sich zwischen Krankenhaus und Außenwelt, während die Frauen in der »kleinen Welt« verblieben, für die sie zuständig waren – obschon sie nicht die formelle Verantwortung dafür besaßen. Diese neue Arbeitsteilung zwischen Männern und Frauen wurde in den folgenden Jahrzehnten eine Selbstverständlichkeit in den Krankenhäusern. Der Arzt war die Autorität, die Krankenschwester gehorchte: wie Vater und Tochter, wie Fabrikant und Arbeiter. Die Organisation der Krankenpflege in Europa bezog ihre Vorbilder aus Familie, Fabrik, Militär und Kloster.

Erwerbsarbeit im fremden Haushalt

Die Haushalte der bürgerlichen Mittelschicht mit ihrem gehobenen Lebensstandard verzeichneten einen wachsenden Bedarf an Dienstpersonal. Auch im vormodernen Haushalt, in Handwerk oder Landwirtschaft, hatte es Gesinde gegeben. Mägde und Knechte lebten und arbeiteten zusammen mit ihrer Dienstherrschaft unter einem Dach und gehörten zur familiären Hausgemeinschaft. Im bürgerlich-städtischen Haushalt des späten 19. Jahrhunderts war diese Situation völlig verändert. Die neue Mittelschichtfamilie bestand nur aus der Kernfamilie; der Dienstherr arbeitete außer Haus und war tagsüber fort, während seine Ehefrau den Haushalt mit Hilfe von Dienstpersonal betreute. Je nach Familienökonomie beschäftigte man eine einzelne Magd oder mehrere Angestellte für verschiedene Aufgabenbereiche. Im Deutschen Reich wurde 1895 die Zahl der Dienstmädchen auf gut 1,3 Millionen veranschlagt. Sie stellten damit ein Fünftel aller lohnerwerbstätigen Frauen. Mägde als »lohnerwerbstätig« zu bezeichnen, ist eigentlich irreführend: Sie bezogen ihren Lohn größtenteils in Naturalien. Sie erhielten Kost und Logis, manchmal Kleidung und eine geringe Summe Geld.

Das Arbeitsverhältnis von Dienstmädchen war in gewisser Weise »unzeitgemäß« in einer Epoche, in der sich eine rasante Entwicklung hin zu Geldwirtschaft und Lohnarbeit vollzog und immer mehr Arbeitsplätze außerhalb des Hauses entstanden. Dienstmädchen arbeiten »im Haus«, aber in den Haushalten anderer Personen. Ihre untergeordnete Stellung manifestierte sich in Kleidung und Behandlung. Das Klassenverhältnis kam in der Beziehung von Hausherrin und Magd zum Ausdruck: Die Hausherrin wies die Aufgaben zu und leitete die Arbeit an, die Magd gehorchte und führte aus. Als tagsüber unsichtbare Gestalt war der Hausherr permanent präsent: Er verdiente das Geld und gab, vermittelt durch seine Ehefrau, die von ihm gewünschte häusliche Ordnung vor. Ziel des häuslichen Wirkens war es, ihn zufriedenzustellen. Sein Unmut konnte sich leicht gegen die Hausherrin richten. Bezogen auf den Hausherrn befanden sich Magd und Dienstherrin in einem Verhältnis gemeinsamer, aber ungleicher weiblicher Unterordnung.

Die Lebenssituation der Dienstmädchen im bürgerlichen Haushalt war durch ihre untergeordnete Position geprägt. Trotz des intimen Zusammmenlebens in derselben Wohnung wurde eine deutliche Distanz aufrechterhalten. Dienstmädchen verfügten bestenfalls über eine eigene kleine Schlafkammer hinter der Küche; oft stand nur ein ausziehbares Bett im Korridor, in Bad oder Küche zur Verfügung. Im Deutschen Reich galten die Berliner Hängeböden als die schlechtesten Schlafplätze von Dienstmädchen. In Paris lebten die Dienstmädchen meist auf den Dachböden der prächtigen Wohnhäuser. Hier hatten sie nur einen kleinen, abgeteilten Verschlag ohne Heizmöglichkeit, der im Sommer brütend heiß, im Winter eiskalt war. Ihre Habseligkeiten verwahrten Dienstmägde oft in einer kleinen Truhe, die sie mitnahmen, wenn sie die Stellung wechselten.

Die einzige Freiheit der Dienstmädchen bestand darin, den Arbeitsplatz zu wechseln. Meist nahmen sie eine Stellung für ein halbes oder ganzes Jahr an. Sie konnten etwas Neues lernen und sich Einblick in unterschiedliche Familienverhältnisse verschaffen. In den meisten Ländern benötigten sie ein offizielles Dienstbuch, in dem die Herrschaft das Arbeitsverhältnis bestätigte sowie Leistung und Verhalten beurteilte. Die Behörden verfügten damit über ein Kontrollinstrument über diese flexible, mobile Personengruppe.

Ein Dienstmädchen hatte keine festen Arbeitszeiten, sondern mußte den ganzen Tag zur Verfügung stehen. Wenn die Herrschaft Gäste hatte, blieb sie auf, bis sie den letzten Gast hinausgeleitet und alles für den nächsten Tag in Ordnung gebracht hatte. War ein Kind krank, wachte sie an seinem Bett. Ein oder zwei Sonntage im Monat bekam ein Dienstmädchen Ausgang, um in die Kirche zu gehen oder Bekannte zu besuchen. Einen Anspruch darauf besaß sie jedoch nicht; die Freizeit wurde gestrichen, wenn ihre Arbeitskraft benötigt wurde.

Die Aufgaben eines städtischen Dienstmädchens und einer Magd auf dem Lande ähnelten sich kaum. In der Stadt war sie vor allem mit der Reinigung der Räume, der Zubereitung von Mahlzeiten und der Beaufsichtigung von Kindern befaßt. Die Reinlichkeitsnormen waren in den Haushalten des städtischen Bürgertums besonders strikt. Gesellschaftsräume wie Speisesaal, Salon, Herrenzimmer und Bibliothek waren reich und prächtig möbliert, mit schweren Stoffen und zahlreichen Schmuckgegenständen ausgestattet und erforderten viel Pflege. Oft war die Magd auch für den Einkauf des täglichen Bedarfs an Nahrungsmitteln zuständig. Die Hausherrin nahm am Einkauf vielfach teil oder übernahm ihn ganz. Im bäuerlichen Subsistenzhaushalt machten solche Tätigkeiten einen denkbar geringen Anteil der Arbeit aus. Eine andere Aufgabe der städtischen Dienstmädchen waren die persönlichen Dienste für die Herrschaft, die Hilfe beim An- und Auskleiden, das Servieren der Haupt- und Zwischenmahlzeiten. Die Kinder mußten beaufsichtigt, erzogen und in die Schule begleitet werden. Manchmal übernahm die Magd die Aufsicht über die Haushaltskasse oder über andere Angestellte, zum Beispiel die Aushilfen für Frühjahrs- und Herbstputz, für Näharbeiten oder die große Wäsche. Nicht zuletzt wurden Fürsorge und Aufmerksamkeit für alle Familienmitglieder erwartet: Der Herr des Hauses könnte eine Wärmflasche benötigen, die Herrin möchte ihr Frühstück am Bett serviert bekommen, die Kinder brauchen Hilfe bei der Suche nach den Schulbüchern.

Große Haushalte beschäftigten mehrere Mägde für verschiedene Aufgabenbereiche, manchmal auch männliche Bedienstete, aber der Normalfall war das »Mädchen für Alles«. Andere zu bedienen schien eher »weiblich« als »männlich« zu sein. Nur wenige Männer arbeiteten als Bedienstete – zumeist in den großen Haushalten, wo sich die Dienstmädchen auf der untersten Stufe der Gesindehierarchie befanden. In der englischen Oberschicht gab es die Tradition des »Butlers«. Diener waren sozial marginalisiert und galten nicht als »richtige« Männer. In der Debatte um die Stimmrechtsreform in England, die allen Männern das Stimmrecht gewährte, diskutierte man, Diener von diesem Bürgerrecht auszuschließen. Wie Frauen galten sie als »abhängig« von anderen und deshalb nicht als vollwertige Bürger.

Am Ende des 19. Jahrhunderts ließ die Landflucht die europäischen Städte anwachsen. Die Stadt lockte mit Freiheit. Auch viele Frauen zogen vom Land in die Stadt und begannen zumeist, als Dienstmädchen zu arbeiten. Andere wählten eine selbständigere Lebensweise und gingen in die Fabrik; wieder andere schlugen sich als Prostituierte durch. Der Dienst in bürgerlichen Haushalten bot kaum die Möglichkeit, Gleichgesinnte zu treffen. Trotz der anstrengenden Arbeit blieben viele Dienstmädchen in Stellung, bis sie sich verheirateten – oder sogar ihr ganzes Leben lang. Die vielbeschworene »Perle« war völlig loyal mit ihrer Herrschaft. Noch nach dem Ersten Weltkrieg war die Nachfrage nach Dienstmädchen größer als das Angebot; doch nach dem Zweiten Weltkrieg wurde das »Mädchen für Alles« allmählich zum Mythos. Vielleicht kehrt sie durch die staatliche Subventionierung persönlicher Dienstleistungen am Ende des 20. Jahrhunderts auf die Bildfläche zurück. In Frankreich wurde bereits eine entsprechende Verordnung erlassen, die die Beschäftigung von Haushaltshilfen subventioniert.

Die Existenz von Dienstmädchen war in der modernen Gesellschaft gleichsam ein Paradox. Es war ein Frauenberuf in der Industriegesellschaft, der keine eigentliche Lohnarbeit darstellte. Das Dienstmädchen verließ seine Herkunftsfamilie, um in einer neuen Form familiärer Existenz zu leben – in einer Phase gesellschaftlichen Wandels, der seinerseits neue Formen weiblicher Unterdrükkung hervorbrachte. Das städtische Dienstmädchen war noch abhängiger als die Magd in der ländlichen Hauswirtschaft. Mit ihrer Hilfe konnte die Lebensform der bürgerlichen Familie sich zu ihrer vollen Blüte entfalten.

Handel und Kontor

Relativ wenige Menschen hatten früher in Handel und Kontor, zwei traditionell männlichen Tätigkeitsbereichen, ihr Auskommen gefunden. Im Verlauf der Industrialisierung expandierten diese Berufsbereiche durch Rationalisierung und erhöhten Konsum und wurden allmählich vom Produktionsprozeß abgetrennt. Im Zuge dieser Entwicklung wurden die ehemals männlichen Arbeiten weiblich. Für Frauen eröffneten diese Tätigkeiten nur selten die Möglichkeit, in der beruflichen Hierarchie aufzusteigen. In frauendominierten Branchen gelang es einigen wenigen dennoch, in gewissem Ausmaß Karriere zu machen.

Bereits Mitte des 19. Jahrhunderts wurden in London und Paris große Warenhäuser eröffnet; bald darauf auch in anderen Großstädten und den Hauptstädten kleinerer Länder. Sie boten Erwerbsmöglichkeiten für Arbeiterinnen, die den Fabriken den Rükken kehren wollten und nach besseren Arbeitsplätzen suchten. Die Frauen, die in den Warenhäusern eingestellt wurden, waren meist jung und attraktiv, sie mußten sich einen höflichen Umgang und gute Ausdrucksformen aneignen. Die meisten von ihnen arbeiteten nur bis zu ihrer Heirat. Wer länger blieb, konnte bis zur Einkäuferin oder Abteilungsleiterin aufsteigen.

Solche Karrieremöglichkeiten für Frauen bot die sich wandelnde Arbeit im Kontor kaum. Die Schreibmaschine, eine Erfindung der 1870er Jahre, galt wie die Nähmaschine bald als »typisch weiblich«. Auf den ersten Blick scheint diese Zuordnung mit der Verweiblichung der Kontorsarbeit zusammenzuhängen. Doch wie in vielen anderen Fällen fiel die Einführung der Maschine zeitlich nicht mit der Feminisierung des Berufes zusammen. Schon vor der Erfindung der Schreibmaschine hatten Frauen sich den Zugang zur Kontorarbeit erobert. Die Geschlechtszuordnung der Schreibmaschine war zunächst noch unbestimmt und offen.

Die Buchführung von Finanzen, Lagerhaltung, Bestellungen und Lieferungen gewann durch den erhöhten Konsum und Warenverkehr erheblich an Umfang. Um den steigenden Personalbedarf zu decken, wurden – wie anderswo – vermehrt Frauen als billige Arbeitskräfte eingestellt. Doch schon bald wurde die Kontor- und Büroarbeit ausdifferenziert und spezialisiert. Frauen wurden die weniger zentralen, nachgeordneten Aufgaben zugewiesen, während Männer zum Buchhalter oder Bürovorsteher avancierten. Noch bis zum Ersten Weltkrieg wurde ein Großteil der Bürotätigkeiten manuell ausgeführt. So wurden in Dänemark erst um 1910 Schreibmaschinenkurse an den staatlich geförderten Handelsschulen angeboten. Das zunehmende Arbeitsaufkommen machte jedoch die technische Unterstützung der Arbeitsabläufe erforderlich, und die Schreibmaschine wurde zum unentbehrlichen Hilfsmittel in jedem Büro. Sie unterstützte vor allem die nachgeordneten Schreibtätigkeiten, die längst an die weiblichen Angestellten verwiesen worden waren. Die typische Büroangestellte war nun eine Frau.

Staat und Politik

Der moderne Staat beanspruchte gegen Ende des 19. Jahrhunderts einen zunehmenden Einfluß auf alle Lebens- und Wirtschaftsbereiche. In den meisten Ländern – außer in England und Belgien – wurden Handelszölle eingeführt, um die eigene industrielle Entwicklung vor der europäischen Konkurrenz zu schützen. Die Auffassung, der Staat habe eine Verantwortung für die arbeitende Bevölkerung wahrzunehmen, setzte sich durch. In den 1880er Jahren führte Bismarck in Deutschland eine begrenzte Sozialversicherungspflicht ein. Papst Leo XII. empfahl in seiner Enzyklika »Rerum Novarum« (1891) allen Staaten die Schaffung sozialgesetzlicher Regelungen, um der kapitalistischen Ausbeutung der Arbeiter entgegenzusteuern. Ähnliche Forderungen erhob 1889 die Zweite Sozialistische Internationale.

Es lag also im Trend der Zeit, wenn die europäischen Staaten sich der Arbeitssituation von Frauen annahmen. Die Art und Weise, wie dies geschah, ist allerdings aufschlußreich. Die behaupteten »natürlichen« Unterschiede zwischen Männern und Frauen prägten die politischen Instrumente, mit denen der Staat auf das Geschlechterverhältnis am Arbeitsmarkt Einfluß nahm. Doch staatliche Politik und Gesetzgebung standen nicht selten in direktem Gegensatz zu den Tendenzen auf dem Arbeitsmarkt. Die staatlichen Eingriffe resultierten nicht aus dem Bemühen, den ökonomischen Modernisierungsprozeß zu beschleunigen, sondern die »Familie« zu schützen, die durch diesen Prozeß Veränderungen unterworfen war. Die Familie galt vielen Politikern als Keimzelle des

Staates und sollte deshalb als patriarchale Institution bewahrt werden. Die staatliche Politik leitete sich aus ideologischen Erwägungen ab, nicht aus marktorientierten Überlegungen.

Weibliche Sexualität war durch Ehe- und Prostitutionsgesetze einer viel stärkeren staatlichen Reglementierung ausgesetzt als männliche. Ähnliches galt für die Reglementierung weiblicher Arbeitsbedingungen. Der moderne Staat hatte durch die Abschaffung der Zunftordnungen Arbeitsmarkt und Produktion dereguliert. Die zünftische Auffassung, daß Frauen und Männer rechtlich und als Arbeitskräfte keineswegs gleichgestellt seien, lebte dennoch auf dem Arbeitsmarkt fort. Gesetze, die zwischen Frauen und Männern unterschieden, behinderten die ökonomische Eigenständigkeit von Frauen. Die Familiengesetzgebung galt nicht nur familiären Aspekten, sondern betraf die weibliche Erwerbstätigkeit. Das Eherecht räumte dem Mann die Entscheidungsgewalt über eine Erwerbstätigkeit seiner Frau und in vielen Ländern auch das Verfügungsrecht über ihre Einkünfte ein. Während der Ehemann berechtigt war, das gemeinsame Haus zu veräußern, durfte eine verheiratete Frau ohne sein Einverständnis nicht einmal Geld leihen, um zum Beispiel in ihr eigenes Geschäft zu investieren. Das Eherecht wirkte so auf die Möglichkeiten und Bedingungen weiblicher Erwerbstätigkeit.

Nach 1890 wurde in verschiedenen politischen Lagern die Einführung von Arbeitsschutzgesetzen für Industriearbeiterinnen diskutiert. Noch 1889 hatte sich die führende deutsche Sozialdemokratin Clara Zetkin vor der Zweiten Sozialistischen Internationalen gegen solche Regelungen ausgesprochen. 1893 – ihre Partei war mittlerweile legalisiert und entwickelte sich zur größten sozialdemokratischen Partei Europas – hatte sie ihren Standpunkt geändert. Die internationale Arbeiterbewegung einigte sich auf die Forderung nach einem Nachtarbeitsverbot für Frauen, befürwortete aber auch weibliche Mindestlöhne und bezahlten Mutterschutz.

Die Sozialdemokratinnen in Schweden, Dänemark und Finnland lehnten das Nachtarbeitsverbot für Frauen ab, räumten allerdings eine Ausnahmeregelung ein. Im Gegenzug forderten sie einen bezahlten Mutterschutz. In ihrer Argumentation betonten sie das Gleichheitsprinzip: Sie forderten die Gleichbehandlung von

Frauen und Männern bei der Nachtarbeit und gleiche Regelungen für alle werdenden Mütter. Innerhalb der europäischen Debatte war dieser Standpunkt ungewöhnlich: Die meisten Frauenrechtlerinnen – ob bürgerlich oder sozialistisch – forderten gerade die Sonderbehandlung von Frauen als potentielle Mütter (Nachtarbeitsverbot für alle Frauen) und als tatsächliche Mütter (Mutterschutz).

Die männlichen Sozialdemokraten in Skandinavien – wie auch in nahezu allen anderen sozialistischen Gruppierungen in Europa – befürworteten Arbeitsmarktrestriktionen wie das Nachtarbeitsverbot für Frauen und deklarierten sie als Arbeitsschutzgesetze. Viele Aktivisten hofften, daß diese Bestimmungen später auf Männer ausgeweitet würden. Auch viele Liberale, arbeiterfreundliche Akademiker (die sogenannten Kathedersozialisten), katholische und radikal gesonnene Unternehmer unterstützten die Sondergesetze für Arbeiterinnen. Ihr hauptsächlicher Beweggrund war der Wunsch, die Familie zu schützen. Der weibliche Widerstand gegen die Sondergesetze, der schon bald nur noch in den radikalsten Kreisen vorgebracht wurde, war vor allem mit dem Anspruch begründet, daß Frauen die gleichen Wettbewerbschancen wie Männern zustehen müßten; ihre Chancen auf Erwerb würden sonst deutlich reduziert.

Wie sich Nachtarbeitsverbot, Mindestlöhne, obligatorischer Mutterschutz und Arbeitszeitverkürzung für Frauen in den europäischen Ländern auswirkten, ist schwer zu beurteilen. Die Selbstverständlichkeit, mit der Frauen und Männer als ungleich aufgefaßt und unterschiedlichen Tätigkeitsbereichen zugewiesen wurden, zeigt aber sehr deutlich, daß für Frauen andere Maßstäbe galten als für Männer. Frauen wurden vor allem als Geschlechtswesen betrachtet, als potentielle Mütter, deren natürliche Bestimmung die Familie sei. Ironischerweise arbeiteten kaum verheiratete Frauen in den großen Industriebranchen, die am weitestgehenden reglementiert wurden. Gleichzeitig wurden die schweren Arbeiten im Handel, in Bäckereien und Wäschereien von den Schutzbestimmungen kaum berührt. Hier arbeiteten die meisten Frauen viele Stunden täglich zu schlechten Löhnen – und unter ihnen befanden sich zahlreiche verheiratete Frauen. Die Arbeitsschutzgesetze betrafen weder heimindustrielle Tätigkeiten noch die Arbeit von Dienstmädchen, Krankenschwestern oder Angestellten in kleinen Familienbetrieben.

Die Arbeitskraft der Frau wurde durch die Arbeitsmarkt- und Geschlechterpolitik des Staates als eine »andere«, vom Mann abweichende konstituiert. Staatliche Politik und Familienideologie unterstützten und forcierten die Arbeitsteilung der Geschlechter in der häuslichen und außerhäuslichen Arbeitswelt.

Der Staat als Arbeitgeber

In seiner Rolle als Arbeitgeber trug der Staat in hohem Maße zur Etablierung der geschlechtsspezifischen Arbeitsteilung bei. Schon früh erkannten staatliche Institutionen den Vorteil, Frauen als günstige Arbeitskräfte zu beschäftigen, und prägten durch ihre Personalpolitik die Auffassung von der jeweiligen Eignung der Geschlechter für bestimmte Tätigkeiten. Zunächst wurden zwar einige wenige Frauen zu den gleichen Gehaltsbedingungen wie Männer in den Staatsdienst übernommen, zumeist aufgrund von Ausnahmegenehmigungen oder verwandtschaftlichen Beziehungen. Später aber erkannten und nutzten die Behörden die Möglichkeit, gut ausgebildete Frauen zu wesentlich niedrigeren Gehältern beschäftigen zu können als Männer. Beschäftigte nach Geschlecht und nicht nach Leistung zu bezahlen, setzte sich als staatliche Lohnpolitik in ganz Europa durch.

In vielen europäischen Ländern war das Postwesen der erste Bereich, in dem Frauen in staatlichen Diensten arbeiteten. Ihre Anstellung erfolgte häufig aufgrund verwandtschaftlicher Beziehungen. So traten mitunter Töchter oder Ehefrauen von Postvorstehern in den Postdienst ein. Ein bekanntes Beispiel ist Antonie von Germar, die auf Veranlassung ihres Vaters von etwa 1840 bis 1866 ein Postkontor im sächsischen Zwenkau betrieb. Als Sachsen unter preußische Herrschaft kam, mußte sie dieses Amt aufgeben. Zahlreiche Frauen wurden als Telegrafinnen und Telefonistinnen beschäftigt. In Baden wurden ab 1859 Frauen als »Telegraphengehülfinnen« eingestellt.

Das Beispiel des Post- und Fernmeldewesens bestätigt meine These von der Verschlechterung weiblicher Arbeitsbedingungen und der zunehmenden Trennung weiblicher und männlicher Tätigkeitsbereiche im 19. Jahrhundert. Die ersten weiblichen Postangestellten, die ihre Väter oder Ehemänner auf dem Postamt vertraten, erhielten das gleiche Gehalt wie Männer. In einigen Ländern galt das auch für die ersten Telegrafinnen, die dieselben Aufgaben wie ihre männlichen Kollegen übernahmen. Sie wurden für ihre Leistung bezahlt, nicht aufgrund ihres Geschlechts.

Die Telegrafie setzte sich um 1860 in ganz Europa durch. Die Expansion des Mediums warf schließlich die Frage auf, wer besser für den Telegrafenberuf geeignet sei: Frauen oder Männer. Noch wurden in vielen europäischen Ländern sowohl Frauen als auch Männer als Telegrafen angestellt – allerdings erhielten Frauen nun meist einen geringeren Lohn als Männer und konnten nicht in den höheren Dienst aufsteigen. Im Deutschen Reich wurden Frauen überhaupt nicht mehr in den Telegrafendienst aufgenommen; die Neueinstellung von Frauen wurde zwischen 1880 und 1900 gestoppt. Man zog die Anwerbung junger, ehemaliger Soldaten vor, für die sich der Staat nach ihrer Entlassung aus dem Militärdienst verantwortlich fühlte. Allerdings wurden die bereits angestellten Telegrafinnen in einigen Ländern wie Hessen, Württemberg und Baden weiterbeschäftigt.

Als sich das Telefon als Kommunikationsmedium durchsetzte, waren Frauen in den Telefonzentralen, wo die Gespräche manuell verbunden wurden, unentbehrlich. Sie wurden schlechter bezahlt und waren darüber hinaus nicht selten besser ausgebildet als entsprechend geeignete Männer. Nur junge, ledige Frauen wurden als Telefonistinnen angestellt; eine Heirat hatte die Entlassung zur Folge. Für Männer wurde in Preußen eine gesonderte Laufbahn geschaffen, die Frauen nicht einschlagen konnten.

Die meisten Frauen waren froh, wenn sie überhaupt eine Arbeit fanden, auch wenn sie schlecht bezahlt war. Viele wollten ohnehin nur bis zur Heirat einem Erwerb nachgehen. Freilich hatten sie kaum die Wahl: Sowohl bei der Post als auch beim Telegrafen- und Telefonamt wurden Frauen entlassen, wenn sie sich verheirateten. Doch selbst wenn sie unverheiratet blieben, mußten sie ab einem bestimmten Alter aus dem Beruf ausscheiden. Die Tätigkeit verlangte flinke, junge Finger und ein rasches Reaktionsvermögen, das älteren Frauen abgesprochen wurde.

Von Anfang an nutzte der Staat junge Frauen als Arbeitskräfte systematisch und in anderer Weise aus als Männer. Die weibliche Arbeitskraft wurde als »temporär«, »jung« und »billig« konstruiert. Frauen, so hieß es, würden ohnehin nur eine befristete Tätigkeit bis zu ihrer Heirat suchen, während Männer als angehende Familienversorger galten. Junge Männer erhielten Positionen, die weitere Karrierechancen eröffneten, insbesondere in der öffentlichen Verwaltung. Frauen konnten dagegen in der staatlichen Bürokratie kaum reüssieren. Sie landeten auf Sackgassenpositionen und waren ab einem bestimmten Alter nicht mehr erwünscht.

Für Bürotätigkeiten in staatlichen Ämtern wurden Frauen nur allmählich zugelassen. Im Post- und Kommunikationswesen hatte der Staat bereits eine Personalpolitik eingeschlagen, die Frauen als zeitweilige, billige Arbeitskräfte definierte. Diese Linie setzte sich bei den Büroangestellten der Behörden fort. Frauen mit einer gewissen Grundbildung, die über Schreib- und Sprachkenntnisse verfügten und bei ihren Familien lebten, wurden zuerst in den Ämtern und Behörden eingestellt. Vor ihrem familiären Hintergrund schien es nicht erforderlich, einen Lohn zu zahlen, der ihre Existenz sicherstellte. Die Privatwirtschaft begann erst später, Frauen in ihren Büros zu beschäftigen, und übernahm bereitwillig das niedrige Lohnniveau, das der Staat vorgegeben hatte.

Der Staat vertrat die Überzeugung, daß niedrige Frauenlöhne ganz den Interessen von Steuerzahlern und Wahlberechtigten entsprächen. Ein höherer Beamter der englischen Verwaltung zeigte sich empört, als 1904 weibliche Staatsbedienstete über ihre niedrigen Gehälter klagten: »In ähnlicher Weise wird es nun als eine rechtmäßige Forderung betrachtet, daß der Staat seinen Angestellten mehr als die marktüblichen Löhne zahlen solle. Besonders beunruhigend ist, daß diese Forderung von Personen erhoben wird, die kein Stimmrecht besitzen.«[12] Nach Auffassung dieses Beamten rechtfertigte der Ausschluß vom Stimmrecht offenbar eine niedrigere Entlohnung von Frauen. Daß Marktlöhne auch für Frauen galten, war zutreffend; hier ging es jedoch um den Staat als

Arbeitgeber und seine Rolle in einer Zeit, in der die Privatwirtschaft wenig Anlaß zu Lohnerhöhungen sah, da ein großes Angebot an Arbeitskräften bestand.

Zu Beginn des neuen Jahrhunderts wurden immer mehr Frauen in der öffentlichen Verwaltung beschäftigt; zum großen Durchbruch kam es jedoch erst in der Zwischenkriegszeit. Frauen wurden zu anderen Bedingungen eingestellt als Männer. Oft erhielten sie keine festen Verträge, sondern wurden als außerplanmäßige Angestellte geführt. Zwar wurden auch Männer zeitweilig zu solchen Bedingungen beschäftigt, doch Frauen gelangten automatisch, aufgrund ihres Geschlechts, in ein solches Beschäftigungsverhältnis, und sie hatten kaum die Chance, diesen Status zu verändern. Für weibliche Büroangestellte im öffentlichen Dienst wurden spezielle Lohntabellen aufgestellt. Die Ausdifferenzierung und Absenkung der Frauenlöhne wurde im englischen Civil Service in den Jahrzehnten vor dem Ersten Weltkrieg besonders massiv betrieben. Die Frauenarbeitsplätze in der öffentlichen Verwaltung waren dennoch begehrt und genossen einen gewissen Status. Nicht zuletzt war dieser Ort auch eine Art Heiratsmarkt. Weibliche Angestellte kamen hier leicht in Kontakt zu angesehenen und einflußreichen Beamten. Mit etwas Glück konnte eine Sekretärin in einem höheren Beamten ihren zukünftigen Ehepartner finden, zumal, wenn sie aus der gleichen Schicht stammte wie er.

In der englischen Verwaltung war man von Anfang an bemüht, weibliche und männliche Arbeitsplätze voneinander zu trennen. Die männlichen Aufgaben galten als so bedeutsam, daß Frauen hier nicht mehr Einblick als notwendig erhalten sollten. Die weiblichen Angestellten ersetzten in gewisser Hinsicht die früheren männlichen Schreiber, die gleichfalls zu recht unsicheren Bedingungen beschäftigt gewesen waren. Als sich allmählich die Schreibmaschine als Arbeitsmittel durchsetzte, wurde sie zunächst von den Schreibern benutzt. Aber durch ihre bessere Ausbildung und Geschicklichkeit verdrängten bald Frauen die männlichen Schreiber von ihren Arbeitsplätzen. So ebnete zwar die Einführung der Schreibmaschine Frauen den Weg in die öffentliche Verwaltung; sie war aber nicht ursächlich dafür. Es war die geschlechterideologische Annahme, Frauen seien sorgfältiger und besäßen einen besseren Stil als Männer, die die männlichen Schreiber aus ihrem Beruf verdrängte.

Die geschlechtsspezifische Arbeitsteilung im öffentlichen Dienst gründete einerseits auf der Lohndifferenz, andererseits auf den Fähigkeiten und Kenntnissen, die die dort beschäftigten Frauen mitbrachten. Diese wurden nicht eigens honoriert, sondern stillschweigend vorausgesetzt. Gebildete Frauen aus den bürgerlichen Schichten konnten kaum hoffen, eine Anstellung zu finden, die ihrer Qualifikation entsprach. Da die Arbeitsbedingungen im öffentlichen Dienst im Vergleich zu anderen Frauenarbeitsplätzen gut waren, akzeptierten Frauen die im Vergleich zu ihrer Qualifikation niedrige Entlohnung. Die Entscheidung der europäischen Staaten, ihre Angestellten nach Geschlechtszugehörigkeit und nicht nach Arbeitseinsatz zu bezahlen, trug zur Segregation auch des privatwirtschaftlichen Arbeitsmarktes bei. Doch wie reagierten Frauenrechtlerinnen und Aktivistinnen auf diese Entwicklung?

Frauen organisieren sich für Ausbildung, Arbeit und Stimmrecht

Die Frauenbewegung wuchs in den Jahren nach 1870 beträchtlich. Zahlreiche Frauenvereine widmeten sich der »Frauenfrage«, die sie im Gegensatz zu den älteren Frauenorganisationen in den Mittelpunkt ihrer Aktivitäten stellten. »Reformarbeit für die Verbesserung der Lebensbedingungen von Frauen« hieß ein dreibändiges Werk über die Geschichte der europäischen Frauenbewegung, das zwischen 1897 und 1903 in Schweden publiziert wurde. Geschrieben hatte es die international aktive finnische Frauenrechtlerin Alexandra Gripenberg. Die Bücher boten eine Fülle von Informationen über die Organisationen der europäischen Frauenbewegung.

Statt für ihre eigenen Interessen hatten sich Frauen zuvor für andere Belange engagiert und organisiert. Sie waren für Wohlfahrt, Religion, Vaterlandsverteidigung und Volksgesundheit eingetreten und hatten Erfahrung in der politisch-sozialen Arbeit gesammelt. Einige der Aktivistinnen standen in der Tradition der radikalen Emanzipationsbewegungen.

Die Organisierung von Frauen stand im Kontext anderer ziviler und sozialer Bewegungen. Sie war von männlichen Organisationsformen beeinflußt, ja ihnen teilweise sogar untergeordnet. Um die Jahrhundertwende setzte eine Gründungswelle politischer Parteien ein, die innerhalb und außerhalb der Parlamente agierten. Liberalismus und Sozialismus erlebten eine Phase der Konsolidierung und Neuorganisation, begleitet von der Gründung konservativer Parteien. Die europäischen Gewerkschaften gewannen an politischem Einfluß. Die Frauenbewegung war Teil einer wachsenden demokratischen Bewegung.

In der historischen Forschung galt das Frauenstimmrecht lange Zeit als das weitestgehende und radikalste Ziel der Frauenbewegung. Doch im Gegensatz zur US-amerikanischen Frauenbewegung stand in den europäischen Frauenbewegungen das Stimmrecht nicht an erster Stelle der Forderungen, wenngleich einzelne Frauen es sehr früh propagierten. Die Bedeutung des Stimmrechts wurde von den Frauenrechtlerinnen in Europa anders beurteilt als in den USA.

Die europäische Frauenbewegung stellte zu Anfang die weiblichen Arbeitsbedingungen, die Forderung nach Ausbildung und neuen Chancen auf dem Arbeitsmarkt in den Mittelpunkt ihres Interesses. Diese Zielrichtung existierte bis in die 90er Jahre des 19. Jahrhunderts – in der Forderung von Frauen, über ihre Einkünfte und ihr Vermögen selbst bestimmen zu können. Für bürgerliche Frauen und Arbeiterinnen waren damit unterschiedliche Dinge gemeint: Die Frauen aus den besitzenden Schichten wollten über ihr Eigentum verfügen können, das sie in eine Ehe einbrachten. Die Arbeiterinnen forderten das Recht, über ihre eigenen Einkünfte und die gemeinsamen Einkünfte des Haushaltes (mit-)bestimmen zu können. Die Frauenbewegung stellte das Verfügungsrecht des Mannes über das Eigentum der Frau ebenso in Frage wie sein Recht auf bessere Ausbildung, bessere Arbeit und besseren Lohn – Vorteile, die Männer als natürlich und selbstverständlich betrachteten. Konflikte zwischen den Geschlechtern konnten nicht ausbleiben. Ihren Verlauf auf dem Arbeitsmarkt habe ich in den vorangegangenen Kapiteln nachgezeichnet.

Es war für Frauen schwieriger als für Männer, am gesellschaftlichen Modernisierungs- und Organisationsprozeß zu partizipieren. In Deutschland und Österreich war es Frauen untersagt, sich politisch zu organisieren. Sie versuchten, dieses Verbot zu umgehen, indem sie Bildungsvereine gründeten, wie zum Beispiel den Wiener »Arbeiterinnen-Bildungsverein« von 1890. Auch die Gewerkschaften ließen Frauen vielfach nur zögernd oder gar nicht als Mitglieder zu. Die Mehrzahl der Gewerkschafter betrachtete Frauen noch immer mit Mißtrauen als potentielle Konkurrentinnen. Frauen begannen daraufhin eigene Gewerkschaften zu gründen, zum Beispiel die »Gewerkschaft der Frauen« in Stockholm, in der sich Hilfsarbeiterinnen organisierten. Der Verband wurde 1908 aufgelöst, als Frauen in den männlich dominierten Gewerkschaften zugelassen wurden. Durch diesen Schritt verloren sie in der landesweiten Gewerkschaftsführung an Einfluß, in der sie bisher als eigenständige Organisation repräsentiert gewesen waren. Auch in Dänemark wurde eine Gewerkschaft für einfache, manuelle Tätigkeiten gegründet, in der sich ausschließlich Frauen organisierten. Dieser Verband besteht heute noch, doch sein Einfluß blieb wohl begrenzt: Die Frauenlöhne in Dänemark liegen heute kaum höher als in Schweden. Damit wird eine Frage aufgeworfen, die in der Frauenbewegung immer wieder diskutiert wurde: Sollten Frauen sich separat oder gemeinsam mit Männern organisieren? Bis heute läßt sich, trotz der gemachten Erfahrungen, darauf keine schlüssige Antwort geben.

In den USA hatten Frauen bereits 1848 auf einer öffentlichen Versammlung in Seneca Falls bei New York die Forderung nach bürgerlichen Rechten erhoben. Diese Forderung wurde auch für Afroamerikaner, die unlängst befreiten Sklaven, formuliert. Wenn schlechtgebildete schwarze Männer das Stimmrecht erhalten sollten, warum dann nicht auch weiße Frauen mit guter Bildung, so das Argument der Frauenrechtlerinnen. Die Situation in Europa war eine vollständig andere. Die besitzlosen Arbeiter und Arbeiterinnen in den europäischen Ländern besaßen kein Stimmrecht. Der Unterschied zwischen ihnen bestand darin, daß ein Mann aufgrund seines Einkommens das Stimmrecht erringen konnte, während die Frau grundsätzlich davon ausgeschlossen blieb. Das Stimmrecht war eine Frage von Besitz und gesellschaftlichem

Stand, aber es war ebenso eine Frage des biologischen Geschlechts. Frauen aller Klassen waren aufgrund ihres Geschlechts vom Stimmrecht ausgeschlossen. Viele Männer – die Mehrheit in den meisten Ländern – hatten aufgrund ihres sozialen Status kein Wahlrecht. Doch ihr Geschlecht war zu keiner Zeit ein politisches Ausschlußkriterium.

Im Verlauf des 19. Jahrhunderts wurde die Verknüpfung von Eigentum und Stimmrecht mehr und mehr in Frage gestellt. Die Forderung nach einem »allgemeinen Wahlrecht« wurde erhoben, was in der Regel »Wahlrecht für Männer« bedeutete. Diese Erweiterung des männlichen Wahlrechts führte in einigen Fällen dazu, daß einzelne Frauen, die bisher aufgrund ihres Eigentums stimmberechtigt gewesen waren, dieses Privileg verloren. In Niederösterreich wurde 1888 allen steuerpflichtigen Frauen ihr bisheriges Recht, Repräsentanten in den Landtag zu wählen, entzogen. Nur einige Großgrundbesitzerinnen blieben davon ausgenommen. Gleichzeitig wurden die Stimmrechte von Männern erweitert. In einigen Ländern ging ein partielles oder lokales Stimmrecht der Einführung des »allgemeinen« Wahlrechts voraus, so zum Beispiel in Schweden und Finnland.

Erst nach der Jahrhundertwende entstanden in Kontinentaleuropa Vereine, die sich ausschließlich der Frage des Frauenstimmrechts widmeten. In England hatte diese Entwicklung bereits um 1860 eingesetzt. Europäische und nordamerikanische Frauenrechtlerinnen gründeten 1904 gemeinsam die »International Women Suffrage Alliance« in Berlin.

Die Haltung von Männern zum Frauenstimmrecht fiel je nach politischer Provenienz unterschiedlich aus. Konservative Männer stellten sich gegen das Frauenstimmrecht, während Frauen dieser politischen Richtung der Auffassung waren, ihnen stünde ein größeres Gewicht als verantwortungsvolle Mitbürgerinnen zu als den ungebildeten Arbeitern. In Schweden wurde der »Landesverband für das politische Stimmrecht der Frauen« (LKPR), dem sowohl Frauen als auch Männer angehörten, von der konservativen Historikerin Lydia Wahlström geleitet. Sie verließ die Organisation, als diese die Empfehlung aussprach, nur diejenigen Parteien zu unterstützen, die sich für das Frauenstimmrecht einsetzten. Da die politische Rechte, mit der Wahlström sympathisierte, gegen ein Frauenstimmrecht war, befand Wahlström sich in einem Dilemma. Sie hatte gehofft es zu lösen, indem sie den LKPR gänzlich von parteipolitischen Äußerungen fernhielt. Viele konservative Frauen in Europa erlebten denselben Widerspruch; sie teilten die Ansichten konservativer Männer, waren aber im Unterschied zu ihnen nicht der Meinung, daß Frauen sich einer politischen Betätigung völlig enthalten sollten.

Die Liberalen waren grundsätzlich für die Einführung des Frauenstimmrechts, zögerten aber vielfach, diese Forderung auf die politische Tagesordnung zu setzen. Oft wurde das Thema von einzelnen Liberalen in Parlamente und Reichstage eingebracht. Die Sozialdemokraten bekannten sich am klarsten zu der Forderung und nahmen sie in ihre Parteiprogramme auf; in Deutschland bereits 1891 und in Österreich 1892. Doch war die Sozialdemokratie in den meisten Ländern bereit, diesen Grundsatz rasch wieder preiszugeben: Wenn durch Allianzen mit anderen Parteien das allgemeine Stimmrecht in greifbare Nähe rückte, verzichteten die Sozialdemokraten auf das Frauenstimmrecht, um das übergeordnete Ziel – das allgemeine Wahlrecht für Männer – nicht zu gefährden, so zum Beispiel 1909 in Schweden und 1910 in Österreich. Die Rechte der Arbeiter waren wichtiger als die der Frauen, genau wie die Interessen schwarzer Männer in den USA die von schwarzen und weißen Frauen überlagerten. Hinter der ambivalenten Haltung der Sozialisten stand auch die Befürchtung, Frauen würden überwiegend konservativ wählen. In Österreich, Schweden und Deutschland errangen Frauen das Wahlrecht kurz nach dem Ersten Weltkrieg, während französische, griechische und italienische Frauen sich noch bis nach dem Zweiten Weltkrieg gedulden mußten.

Um die Frauenstimmrechtsdebatte rankte sich eine Vielzahl von Fragen und Widersprüchen. Sollte das Stimmrecht an die Pflicht – und das Recht – geknüpft werden, das Land militärisch zu verteidigen? Der Waffendienst von Männern war ein verbreitetes Argument gegen das Frauenstimmrecht. Aus dieser Perspektive verwundert es kaum, daß führende Suffragetten nach Ausbruch des Ersten Weltkrieges eine stark nationalistische Haltung einnahmen.

Nur wenige Frauen setzten ihre pazifistischen Aktivitäten während des Krieges fort, trotz der zuvor vielfach betonten Auffassung, Frauen seien aufgrund ihres Geschlechts und ihrer Mütterlichkeit friedliebender als Männer.

Der Nationalismus von Frauen erwies sich im Kampf für die Bürgerrechte von Frauen als bessere Strategie als die frühere internationale Zusammenarbeit. Als erste in Europa erhielten finnische Frauen im Jahr 1906 das aktive und passive Wahlrecht. Der offen ausgesprochene Anlaß waren Loyalität und Engagement von Frauen in der Bewegung zivilen Ungehorsams, die sich gegen die Russifizierungskampagne in Finnland richtete. (Finnland stand zu dieser Zeit unter russischer Besatzung.) Auch die norwegischen Frauen erhielten das Stimmrecht als »Belohnung« für ihre nationale Loyalität, als Norwegen die Union mit Schweden aufkündigte. Anpassung und Hingabe an ein übergeordnetes gesellschaftliches Ziel waren offenbar wichtig, um das Vertrauen als vollwertige Mitbürgerinnen zu gewinnen.

Die Argumente von Frauen für das Frauenstimmrecht waren gleichfalls widersprüchlich: Sie kämpften um die politische Gleichstellung mit Männern, argumentierten aber meist mit den biologischen Unterschieden zwischen Männern und Frauen. Ellen Keys Auffassung wurde von vielen Frauen geteilt, ob konservativ, liberal oder sozialistisch: »Der Frau steht das Stimmrecht und der Zugang zu allen staatsbürgerlichen Gebieten zu, denn die Gesellschaft benötigt Mütter genauso wie Väter.«[13] Dies war eine Deutung der »Frauenfrage«, der Männer sich leicht anschließen konnten.

Die Frauenbewegung betonte immer öfter, daß Frauen emotionaler und gefühlsbetonter seien als Männer. Diese weiblichen Eigenschaften sollten sie befähigen, eine friedlichere Gesellschaft zu schaffen und soziale Reformen zu betreuen. Zugleich versicherten die meisten Frauenrechtlerinnen, daß verheiratete Frauen keinesfalls das Wohl ihrer Ehemänner, Kinder und der Familie vernachlässigen würden, um sich nach Einführung des Wahlrechts einem politischen Leben zu widmen. Die Einführung des Frauenstimmrechts würde sich in keiner Weise auf die weibliche Pflichterfüllung als Hausfrau und Mutter auswirken. Mütterlichkeit sei die vornehmste Pflicht der Frau und am besten durch biologische Mutterschaft in der Familie zu verwirklichen. Die zahlreichen alleinstehenden Frauen der Zeit galten als quasi unvollständige Wesen, denen es daher eher gestattet war, sich außerfamiliären Belangen zu widmen. Ihre unvollkommene Daseinsform konnten sie am besten durch ein Leben als »Gesellschaftsmütter« aufwerten, sich sozialen Aktivitäten widmen, ohne mit Männern um Einfluß und Macht zu konkurrieren. In mehreren historischen Studien wurde darauf hingewiesen, wie sich Frauenrechtlerinnen in diesem Dilemma bewegten und sich dabei in ihren Aussagen und Handlungen oft widersprüchlich gaben. Setzten sie das Bild der Mütterlichkeit nur strategisch ein, oder akzeptierten sie den biologistischen Blick auf die Frau als das vom Mann-Menschen abweichende Wesen? Diese Frage ist nur schwer zu beantworten. Das Bild der Frau als mütterliches Komplement des Mannes dominierte die Debatte über die Andersartigkeit der Frau. Viele nahmen diese Sichtweise ernst und akzeptierten sie, wenn auch einzelne Aktivistinnen sie vor allem aus strategischen Erwägungen einsetzten. Das biologistisch geprägte Frauenbild stärkte die Frauenstimmrechtsbewegung: Mehr Frauen waren nun bereit, sich der Bewegung anzuschließen, da sie ihre weibliche Identität dort nicht in Frage gestellt sahen. Die Bewegung veränderte sich durch die jungen Frauen, die das herrschende Frauenbild akzeptierten. Die neuen Aktivistinnen befürworteten andere Lösungen der Frauenfrage als die Frauenrechtlerinnen der 1880er Jahre.

Stimmrecht und andere politische Rechte waren für ledige Frauen leichter durchzusetzen als für verheiratete. Eine harmonische Familie galt als Grundfeste der Gesellschaft. Nicht auszudenken, was geschehen würde, wenn eine verheiratete Frau eine andere politische Ansicht verträte als ihr Mann, so die Sorge zahlreicher männlicher Bürger. Würde dies nicht in aufreibende Konflikte münden, die die Familie und damit die Gesellschaft gefährdeten? Das Haus sollte dem Mann eine friedliche Oase sein, in der er nicht zu diskutieren und seine politische Haltung zu rechtfertigen brauchte. Deshalb sei es am besten, zumindest Ehefrauen von allen außerhäuslichen Belangen und Aktivitäten – und damit auch dem Stimmrecht – fernzuhalten.

Diesen Sorgen wollte die Frauenbewegung begegnen, indem sie

das Bild von der häuslichen Bestimmung der Frau aufgriff und in ihre Argumentation einbezog. Doch damit setzte und verengte sie zugleich die Rahmenbedingungen für ihre eigenen zukünftigen Strategien. Radikale Forderungen nach Gleichstellung der Geschlechter auf dem Arbeitsmarkt rückten in weite Ferne. Dennoch hat diese Strategie die Frauenbewegung gestärkt und ihren Einfluß vergrößert. Weil sie die Arbeitsteilung der Geschlechter nicht antastete, konnte die Frauenbewegung sich um so erfolgreicher der Frage des Frauenstimmrechts annehmen. Sie forderte die politische Gleichberechtigung von Frauen und unterstützte gleichzeitig die Geschlechterhierarchie auf dem Arbeitsmarkt.

Nur wenige Frauen wiesen auf den Widerspruch hin, der in dieser Haltung begründet war. Auch andere Frauenrechtlerinnen waren sich bewußt, daß die komplementaristische Haltung der Frauenbewegung die Geschlechtertrennung auf dem Arbeitsmarkt verstärkte; doch sie betrachteten gerade dies als ein wesentliches Verdienst der Bewegung. Eine Repräsentantin dieser Richtung war die Berlinerin Alice Salomon, eine international bekannte Frauenrechtlerin. 1908 hatte sie in Berlin eine Frauenschule für Sozialarbeit mitbegründet, ein noch neues weibliches Berufsfeld. Diese Schule bot quasi eine Berufsausbildung zu »Gesellschaftsmüttern«.

Auf einem internationalen Frauenkongreß in Toronto 1909, der vom »International Council of Women« ausgerichtet wurde, analysierte Salomon die zwei Hauptströmungen der Frauenbewegung. Verfechterinnen von »Gleichheit« und »Komplementarität« der Geschlechter (so die heutigen Begriffe) bildeten die zwei Pole der Bewegung. Salomon resümierte, die erste Gruppe betrachte »unsere Bewegung als einen Kampf gegen die Ungerechtigkeiten, die Männer an Frauen begangen haben«.[14] Für diese Gruppe habe die jahrhundertelange Unterdrückung der Frau, die unterschiedliche Bildung von Männern und Frauen die heute spürbaren Unterschiede der Geschlechter erst erzeugt.

Die andere Strömung, zu der Alice Salomon sich zählte, glaubte dagegen »an die Unterschiede der Möglichkeiten und natürlichen Begabungen von Männern und Frauen«. Die erste Gruppe vertrete die Forderung nach »Gleichheit« und »gleichen Rechten in jeder Lebensphase«. Das Frauenstimmrecht sei ein wichtiger Meilenstein dorthin. Die andere Richtung verfolgte dagegen das Ziel, durch das Frauenstimmrecht »mit neuen und bisher unbekannten Kräften zum öffentlichen Leben beizutragen, die Männer allein ihm niemals zuführen könnten«. Alice Salomon verwies darauf, daß die erstgenannte Strömung zunehmend an Bedeutung verliere. Sie warnte zudem, man dürfe »nicht vergessen, daß das Stimmrecht als solches kein eigenständiges Ziel ist – es ist nur ein Mittel; eines der Mittel, mit deren Hilfe wir unsere Stärke und Kraft entwickeln können. Es ist ein Mittel, um Frauen selbständiger zu machen, um ihr Leben wertvoller und einflußreicher zu gestalten; es ist eine Möglichkeit, ein Gefühl der Verantwortung zu schaffen und das Gefühl, ein vollwertiger Mitbürger zu sein. Darauf können wir unsere individuelle Kraft und unser Vermögen bauen, der gesellschaftlichen Wohlfahrt zu dienen.« Diese Strömung der Frauenbewegung wollte nicht von »Ungerechtigkeit« und »Unterdrückung« sprechen, sondern von Harmonie, Balance und Komplementarität. Alice Salomon hoffte, die geschlechtsspezifische Arbeitsteilung möge sich nicht nur im Hause entfalten, sondern die ganze Gesellschaft positiv beeinflussen. Sie sah darin keineswegs einen Kompromiß, sondern ein erstrebenswertes Ziel.

Salomon hatte mit ihrer Analyse die zwei Strömungen der Frauenbewegung charakterisiert: Die einen betrachteten Männer und Frauen als grundsätzlich gleich und traten deshalb für die rechtliche und soziale Gleichstellung der Geschlechter ein. Die andere Gruppe erstrebte eine Erweiterung weiblicher Handlungsmöglichkeiten in der Gesellschaft aus dem gegenteiligen Grund: Sie ging von der Komplementarität der Geschlechter und der Existenz spezifisch weiblicher Fähigkeiten und Eigenschaften aus, die eine gesellschaftliche Partizipation von Frauen legitimierten. Durch diese Annahmen beeinflußte auch die Frauenbewegung die Struktur des geschlechtsspezifisch organisierten Arbeitsmarktes.

Die frühere, breite Ausrichtung der Bewegung auf die Verbesserung weiblicher Arbeits- und Lebensbedingungen erwies sich als weniger erfolgreich als die Fokussierung auf ein einziges Thema: das Stimmrecht. Alice Salomons Rede in Kanada ist ein Hinweis darauf, daß die Vertreterinnen der erstgenannten Richtung an Zahl und Einfluß verloren, als die Stimmrechtsbewegung expandierte.

In der Stimmrechtsbewegung konnten die verschiedenen Auffassungen über das Geschlechterverhältnis in Arbeitswelt und häuslicher Sphäre zeitweilig in einem einzigen gemeinsamen Ziel zusammengeführt werden: der politischen Gleichberechtigung.

Einige Frauenrechtlerinnen standen der Betonung der Stimmrechtsfrage skeptisch gegenüber. Die Anarchistin und Syndikalistin Emma Goldman, die aus Osteuropa in die USA emigriert war, zeigte sich besorgt über das geringe Interesse der Frauenbewegung an den Arbeitsbedingungen der Arbeiterinnen. Auch in Europa wurden solche Stimmen laut. Sozialdemokratische Kreise setzten dieses Argument als Warnung vor einer Zusammenarbeit der sozialistischen Frauen mit der bürgerlichen Frauenbewegung ein, die für die wesentlichen Fragen der Arbeiterklasse kein Verständnis habe. Die Sozialdemokratinnen hatten immer das Recht der Frau auf Erwerbsarbeit betont, der Frage gleicher Arbeitsbedingungen aber wenig Bedeutung beigemessen.

Sehr wenige Frauen trafen im Zusammenhang mit der Frage politischer Bürgerrechte eine Unterscheidung zwischen Lohnarbeit und Geschlechterarbeitsteilung. Die Holländerin Wilhelmine Drucker äußerte sich über den Zusammenhang von Stimmrecht und dem Recht auf gleiche Arbeitsbedingungen auf dem internationalen Frauenkongreß 1897, dem »Congrès Féministe International de Bruxelles«: »Die wirkliche Emanzipation der Frauen beruht auf zwei Dingen: in der Politik auf dem Stimmrecht und im sozialen Bereich auf bezahlter Arbeit. Diese zwei wichtigen Faktoren für die Freiheit der Frauen treffen auf Widerstand, doch der erste in weit geringerem Ausmaß als der zweite.«[15]

Wilhelmine Drucker war überzeugt, daß das Stimmrecht leichter zu erreichen sei als die Gleichstellung der Geschlechter auf dem Arbeitsmarkt, ja selbst als das Recht von Frauen auf Erwerbsarbeit. Sie betonte, daß lohnarbeitende Frauen weder von der »Masse« noch von der männlichen Machtelite wirklich akzeptiert seien. In ihrer Analyse des männlichen Widerstands gegen weibliche Lohnarbeit, der in allen gesellschaftlichen Schichten anzutreffen sei, verwandte sie Begriffe, die Jahrzehnte später in der Zweiten Frauenbewegung der 1970er Jahre erneut zu hören waren. Männer profitierten, so Wilhelmine Drucker, in doppelter Hinsicht davon, daß

Frauen schlechter entlohnt wurden und überdies weniger Chancen und Wahlmöglichkeiten auf dem Arbeitsmarkt besäßen. Durch diese Konstellation seien Frauen entweder vollständig ökonomisch abhängig oder durch Haus- und Erwerbsarbeit doppelt belastet. Beides erschien Wilhelmine Drucker wenig erstrebenswert. Diese Interpretation war im Jahr 1897 durchaus ungewöhnlich. Fast zehn Jahre, bevor die finnischen Frauen als erste in Europa das Wahlrecht erhielten, prophezeite Drucker, das Stimmrecht werde auf geringere Widerstände treffen als die Gleichstellung auf dem Arbeitsmarkt – denn es bedrohe nicht die ökonomische Privilegierung des Mannes.

»Die Dinge lassen sich so verstehen: Im Gegensatz zur Lohnarbeit [von Frauen] bedroht das Frauenstimmrecht nicht die ökonomischen Interessen von Männern. Wer über den Geldbeutel verfügt, bestimmt. Der Mann versteht dies sehr gut, mehr durch Instinkt als durch Berechnung, und will die Frau nicht in den Bereich eindringen sehen, der bisher seine Domäne war. Aus seinem persönlichen Blickwinkel hat er natürlich recht. Während seine eigene Arbeit immer mit Geld entlohnt wird – mehr oder weniger reichlich, dies sei um der Wahrheit willen erwähnt –, verfügt er zugleich über eine Arbeitskraft, die er nicht bezahlen muß. Für ihn ist [dieses System] doppelt profitabel.«[16] Nach Druckers Auffassung hatten Männer jeden Anlaß, Frauen »ökonomisch abhängig« zu halten. Sie wurden für ihre Arbeit bezahlt, während sie gleichzeitig als Ehemänner oder Söhne auf eine Person zählen konnten, die für sie persönlich arbeitete, ohne für diesen Dienst eine Entlohnung zu verlangen.

In der Wachstumsphase der Frauenbewegung am Ende des 19. Jahrhunderts wurden die »Mütterlichkeit« der Frau und die »Unterschiedlichkeit« der Geschlechter zu zentralen Begriffen. Die Forderung nach »ökonomischer Unabhängigkeit«, ein ehemals wichtiges Ziel der Bewegung, wurde von den meisten organisierten Frauen aufgegeben. Nach 1900 war die Forderung nach Frauenstimmrecht eng mit einem mythologisierenden Begriff von Mutterschaft verknüpft: »Die Gesellschaft braucht Mütter ebenso wie Väter«, so begründete Ellen Key die Forderung nach Frauenstimmrecht. Durch diesen Perspektivwechsel – er wurde auch als strategischer Kompromiß bezeichnet – konnte die Frauenbewegung eine breite Basis für die Stimmrechtsfrage gewinnen. Das Recht auf Gleichstellung in der Erwerbsarbeit geriet dabei ins Hintertreffen.

Am Ideal der »Gesellschaftsmütterlichkeit« sollten Frauen ihre Berufswahl orientieren, nicht an gleichen Chancen und Rechten auf dem Arbeitsmarkt. Als wesentliche gesellschaftliche Aufgabe verheirateter Frauen galt die Familie. Der neue Diskurs unter Frauen über häusliche »Mütterlichkeit« und außerhäusliche »Gesellschaftsmütterlichkeit« überdeckte die früheren Forderungen der Bewegung, die dem weiblichen Arbeitsmarkt gegolten hatten.

Die Auffassung von der Komplementarität der Geschlechter war in der modernen Gesellschaft der Jahrhundertwende allgemein akzeptiert und wissenschaftlich sanktioniert. In der gängigen Deutung von »Weiblichkeit« galt das Wohl der Familie als wesentliche, »natürliche« Aufgabe der Frau – politische Betätigung und berufliche Karriere konnten allenfalls nachgeordnete Bestrebungen sein. »Mütterlichkeit« war das zentrale Weiblichkeitsmotiv. Diese Fokussierung war für den Modernisierungsprozeß, den die europäischen Staaten durchliefen, und die Entwicklung demokratischer Partizipationsformen von großer Bedeutung.

Auch in den ökonomischen Umwälzungen der Epoche manifestierte sich die Auffassung von Komplementarität und Hierarchie der Geschlechter. Der Markt und die neuen Produktionsformen waren zwar an sich geschlechtsneutral. Geprägt von Ideologie und Politik, trugen sie jedoch in erheblichem Maße dazu bei, die neu konstruierte Geschlechterhierarchie zu festigen.

Weltkriege, Faschismus und Rationalisierungen – Stabilisierung der geschlechtsspezifischen Arbeitsteilung 1914 – 1950

Die unterschwellige Ablehnung, die sich bisher auf alle erwerbstätigen Frauen bezogen hatte, richtete sich in der Zwischenkriegszeit explizit gegen verheiratete Frauen. Infolge der veränderten Produktionsbedingungen konnten nicht mehr alle Frauen ihr Auskommen innerhalb des Familienhaushalts finden. Alleinstehende Frauen und unverheiratete Töchter waren häufig gezwungen, sich selbst zu ernähren. Wenn eine Frau aber durch einen Mann »versorgt« werden konnte, wurde von ihr erwartet, daß sie unbezahlt im Haushalt arbeitete. Das um 1800 entstandene Ideal der nichterwerbstätigen Frau bezog sich mehr und mehr auf die verheiratete Frau. Diese Auffassung wurde auch von Organisationen vertreten, die eigentlich die Lohnarbeitenden repräsentieren sollten; quer durch die Gewerkschaften, ob sozialistisch oder katholisch, ob branchen- oder berufsbezogen, war dieser Standpunkt akzeptiert.

Die Ideologie von der Komplementarität und der Unterschiedlichkeit der Geschlechter hatte den weiblichen Arbeitsmarkt geprägt. Ein völliges Verschwinden weiblicher Erwerbsarbeit war jedoch undenkbar – stellte sie doch für einen Großteil der Bevölkerung eine ökonomische Notwendigkeit dar. Zudem wurden immer mehr (Frauen-)Arbeiten in den Lohnarbeitsmarkt verlagert und nun bezahlt verrichtet. Diese materiellen Veränderungen stellten das Ideal der nichterwerbstätigen Frau in Frage. Zumindest für ledige Frauen war es nun üblich und akzeptiert, einer Erwerbsarbeit nachzugehen – wenn auch nur in den »typisch weiblichen« Tätigkeitsbereichen. Frauen in »männlichen Berufen« wurden kaum toleriert. Besonders die extreme Rechte und faschistische Parteien pochten auf die Arbeitsteilung der Geschlechter, ja, stellten teilweise sogar das Erwerbsrecht der Frau generell in Frage. Für welche Arbeiten Frauen geeignet seien, definierten sie besonders eng. Die politische Praxis in den faschistischen Staaten – sei es auf dem

Arbeitsmarkt, sei es in der Gesetzgebung – stand allerdings nicht selten im Widerspruch zur proklamierten Ideologie.

Auch in demokratisch verfaßten Staaten wurde das Erwerbsrecht verheirateter Frauen in Frage gestellt. Die Arbeitsteilung der Geschlechter wurde gesellschaftlich verankert und immer strikter ausgelegt. Eine lohnarbeitende Ehefrau galt als Bedrohung für die Familie und damit für eine funktionierende soziale Ordnung. Ihre wesentliche Aufgabe war es, Kinder zu gebären und aufzuziehen.

Die geschlechtsspezifische Arbeitsteilung wurde rigider, während gleichzeitig immer mehr Frauen heirateten. Die Aufteilung von Frauen in zwei Kategorien, verheiratete und unverheiratete, traf jede Frau individuell. Allen jungen, ledigen Frauen wurde unterstellt, daß sie später heiraten und dann ihre Arbeit aufgeben würden. Arbeitsplätze, die auf eine langjährige Erwerbsbiographie abzielten, wurden ihnen deshalb gar nicht erst angeboten. Gleichzeitig wurden solche Arbeitsplätze von Frauen selbst kaum nachgefragt. Ältere ledige Frauen, alleinstehende Mütter und Witwen hatten große Schwierigkeiten, geeignete Erwerbsmöglichkeiten zu finden. In ganz Europa waren Frauen in den beiden Nachkriegszeiten von einer Politik betroffen, die sie einerseits zurück an den Herd drängte und andererseits die außerhäusliche Arbeitsteilung der Geschlechter wieder stärker polarisierte. Das galt für alle europäischen Länder – unabhängig davon, ob sie an den Kriegen beteiligt waren oder nicht.

Das Frauenbild der Kirche, insbesondere der südeuropäischen katholischen Kirchen, hat diese Segregation maßgeblich beeinflußt und unterstützt. Bis heute sind die europäischen Gesellschaften nicht frei von Auffassungen und Arbeitsstrukturen, Erfahrungen und Denkmodellen aus der Zeit vor 1950, die die gesellschaftliche Realität des Arbeitsmarktes ebenso wie individuelle Berufsentscheidungen prägen und beeinflussen. Das Recht verheirateter Frauen, eine Erwerbsarbeit zu den gleichen Bedingungen wie Männer ausüben zu können, ist auch heute noch längst keine Selbstverständlichkeit. Zwar entscheiden sich viele Frauen dafür, der Familie den Vorrang vor einer Vollzeitbeschäftigung zu geben; doch ist dies keineswegs eine bloß individuelle und freiwillige Entscheidung: Sie wird von Frauen erwartet und durch entsprechende

Wertschätzung belohnt. Die Steuer- und Ehegesetze etwa fördern in vielen Ländern das Familienmodell des männlichen Versorgers und der nichterwerbstätigen Hausfrau und Mutter.

Die verstärkte Segregation des Arbeitsmarktes schloß die gleichzeitige Integration der Geschlechter in bestimmten Arbeitsbereichen nicht aus. Noch immer war die »Feminisierung« oder »Maskulinisierung« einiger Berufe nicht entschieden. Wie in früheren Jahrzehnten bestanden hier auf dem Arbeitsmarkt widersprüchliche Tendenzen, auch wenn das Geschlechterverhältnis sich gleichzeitig stabilisierte.

Die Zweiteilung des weiblichen Geschlechts in verheiratete und unverheiratete Frauen sowie die Betonung ihrer biologischen »Andersartigkeit« kam in den zwei Weltkriegen, in den Ideologien rechtsextremer und faschistischer Parteien und in der Phase industrieller Rationalisierungen besonders deutlich zum Ausdruck. Auf dem Lohnarbeitsmarkt konstituierte sich dadurch eine bestimmte Form der geschlechtsspezifischen Arbeitsteilung.

Der Weiblichkeitsbegriff der Zwischenkriegszeit wurde mit Hilfe dreier Faktoren konstruiert:

1. einer Ideologie, die sich aus der um 1800 geschaffenen »Tradition« häuslicher Arbeitsteilung ebenso wie aus der biologisch begründeten »Andersartigkeit« der Frau herleitete;

2. einer Gesetzgebung, die Frauen und Männern unterschiedliche Positionen auf dem Arbeitsmarkt zuwies;

3. einer Technologie, die es zunehmend erleichterte, Arbeitsgänge aufzuteilen, zu vereinfachen und dann als »weiblich« oder »männlich« zu deklarieren – ohne daß diese Zuweisung durch die Technologie selbst begründet wäre.

Vor diesem Hintergrund und in der Auseinandersetzung mit dem zeitgenössischen Frauenbild, das Frauen auf ihre potentielle Mutterschaft reduzierte, entstand in den Industriegesellschaften die »neue moderne Frau«.

Die Komplementarität der Geschlechter im Arbeitsleben stabilisierte sich in den ersten 50 Jahren des 20. Jahrhunderts. Parallel zu dieser Entwicklung wurden nach dem Ersten Weltkrieg in vielen europäischen Ländern Frauen die politischen Bürgerrechte zugestanden. Bis 1950 entstanden zahlreiche Berufe, für die Frauen als besonders »geeignet« galten, was von der Mehrheit der Frauen akzeptiert wurde. Nur selten arbeiteten Frauen in denselben Bereichen wie Männer – zumindest nicht zur gleichen Zeit und keinesfalls zu denselben Bedingungen. Die Partizipation von Frauen am Arbeitsleben hatte nichts Anrüchiges oder Beschämendes mehr, aber als lebenslange Perspektive war sie nicht akzeptiert. Junge Frauen waren in der Arbeitswelt willkommen, ältere weitaus weniger.

Positionen, in denen sie Männern als Führungskräfte vorgesetzt gewesen wären, waren für Frauen kaum zu erreichen – weder im Bildungsbereich, in Büro- oder Industriearbeit noch in der Politik. Selbst in pflegerischen und sozialen Berufen war es für Frauen schwer, in Leitungspositionen vorzudringen. Das Rektorat von Mädchenschulen konnten Frauen zwar übernehmen, aber nach Einführung der Koedukation wurden die meisten Schulleiterinnen durch einen Rektor abgelöst. Die geschlechtsspezifische Arbeitsteilung war ein integrativer Teil des industriellen und kapitalistischen Wandlungsprozesses, der sich auch in den nicht-faschistischen Ländern vollzog.

In ganz Europa waren verheiratete Frauen mit der Erwartung konfrontiert, ihre Erwerbsarbeit aufzugeben und zu Hause zu bleiben. Doch die Hausfrauenexistenz war ein Ideal, das aufgrund ökonomischer Zwänge nicht immer verwirklicht werden konnte. Verheiratete Frauen blieben – trotz Rechtsmündigkeit und Stimmrecht – wegen ihrer schwachen Stellung auf dem Arbeitsmarkt faktisch ihrem Ehemann untergeordnet. In den meisten Ländern entschied der Mann über eine eventuelle Erwerbsarbeit seiner Frau. Nur wenige Frauen verdienten genug, um ohne größere Entbehrungen allein davon leben zu können. Eine ambivalente bis deutlich feindliche Haltung gegenüber lohnarbeitenden Ehefrauen prägte die Arbeitswelt. Von dieser Einstellung profitierten alle Männer, ob verheiratet oder nicht, während sie sich für alle Frauen nachteilig auswirkte – auch für die Unverheirateten, die gezwungen waren, sich durch eine Lohnarbeit selbst zu versorgen.

Demokratisierung und die Entwicklung einer konsumorientierten Ökonomie waren Faktoren, die die Anzahl erwerbstätiger Frauen anwachsen ließen. Immer mehr Frauen verdienten ihr eigenes Geld, und immer mehr waren auf diesen Verdienst auch angewiesen. Zwischen dieser Entwicklung und der Einführung des Frauenstimmrechts bestand ein vielschichtiger Zusammenhang. Der hohe Anteil erwerbstätiger Frauen korrespondierte keineswegs mit einer ebenso hohen Zahl politisch einflußreicher Frauen. In Frankreich zum Beispiel war die Zahl erwerbstätiger Frauen zwischen den Weltkriegen relativ hoch, ohne daß die französischen Frauen das Stimmrecht erlangt hätten. In Schweden waren viele Frauen erwerbstätig, sie besaßen das Wahlrecht, doch nur sehr wenige Frauen waren im Reichstag vertreten. Dieses Muster fand sich ebenso in zahlreichen anderen Ländern Europas, die das Frauenstimmrecht eingeführt hatten. Die Partizipation von Frauen an den Organen der parlamentarischen Demokratie war bis nach dem Zweiten Weltkrieg ausgesprochen gering. Der stillschweigende Geschlechtervertrag, wonach Politik eine männliche Domäne sei und dem viele Frauen der Stimmrechtsbewegung durchaus zustimmten, trug dazu bei, daß die Mehrheit der männlichen und weiblichen Bevölkerung diesen Umstand als »normal« empfand.

Die Bürgerrechte von Frauen waren weder eine selbstverständliche Folge des Demokratisierungsprozesses, noch ergaben sich daraus die gleichen Einflußmöglichkeiten, Rechte und Pflichten, die Männer besaßen. Weder die besondere Leistung von Frauen als Mütter noch ihr Beitrag zu gesellschaftlichem Wachstum durch bezahlte und unbezahlte Arbeit brachten ihnen politische Macht und Einfluß auf die gesellschaftliche Entwicklung ein. Die Machtpositionen wurden von Männern gehalten, in Wirtschaft und Politik, in Ausbildung und Wissenschaft.

Die geschlechtsspezifische Arbeitsteilung, die die Verrichtung unbezahlter Frauenarbeit voraussetzte, behinderte das politische Engagement von Frauen. Männer konnten die gesellschaftliche Macht deshalb so lange monopolisieren, weil Frauen über zuwenig eigene freie Zeit verfügten; so lautet eine gängige Erklärung für den fortwährenden Ausschluß von Frauen von gesellschaftlicher Mitbestimmung und politischem Einfluß. Doch bei genauerem Hinsehen erweist sich der Zusammenhang als komplexer.

Forschungen haben gezeigt, daß zahlreiche Frauen sich politisch organisierten und sich für eine Vielzahl verschiedener Ziele einsetzten. Das herrschende Frauenbild verhinderte jedoch, daß Frauen sich in den von Männern dominierten Gremien und Versammlungen Gehör verschaffen konnten. In Schweden verfügten zahlreiche örtliche Frauenvereine und Frauengewerkschaften über einen gewissen politischen Einfluß. Die Existenz dieser Organisationen verweist deutlich auf das gesellschaftliche Engagement von Frauen. Doch ihr Zugang zu den männlich dominierten Organisationen wurde massiv behindert. In den politischen Parteien wurden Frauen durch eine entsprechende Nominierungspraxis von aussichtsreichen Listenplätzen und wichtigen Funktionen ferngehalten. Diese Ausschlußtaktik führte dazu, daß Frauen sich in eigenen Verbänden organisierten. Paradoxerweise schien das die These von den unterschiedlichen Interessen und Zuständigkeiten der Geschlechter zu bestätigen. Die lokalen Frauenverbände erwiesen sich oft als soziale Integrationsfaktoren, die die Funktionsfähigkeit der Gesellschaft gewährleisteten. Viele dieser Organisationen arbeiteten ehrenamtlich oder mit nur sehr wenigen bezahlten Funktionärinnen. Frauen haben ihre Organisationsformen oft an den jeweils verfolgten Zweck angepaßt. Nur wenige der großen Frauenorganisationen sprachen sich für eine generelle Gleichstellung der Geschlechter auf dem Arbeitsmarkt aus, selbst dann nicht, wenn sie für eine Ausweitung des weiblichen Wirkungsradius kämpften. Ihr Einsatz stärkte das Selbstvertrauen von Frauen und hob ihre Leistungen hervor. Das galt auch für Frauenorganisationen, die sich explizit gegen eine Gleichstellung der Geschlechter auf dem Arbeitsmarkt wandten, wie zum Beispiel die Hausfrauenorganisationen oder katholischen Frauenverbände in zahlreichen europäischen Ländern. Dennoch waren ihre Aktivitäten und ihr Engagement von Gleichheitsidealen geprägt. Ein Beispiel dafür bietet die Vereinigung schwedischer Bäuerinnen, die in den 1930er Jahren einen jährlichen Urlaub von der Landarbeit forderte. Die Bäuerinnen setzten sich so mit den Lohnerwerbstätigen gleich, die zur gleichen Zeit die Forderung nach bezahltem Urlaub erhoben. Im Rahmen weiblicher Organisierung konnte sich also durchaus ein emanzipatorisches Potential entwickeln.

Frauen waren erwerbstätig, sie organisierten und engagierten sich, doch wurden sie dabei auf bestimmte, »frauentypische« Berufe und gesonderte Frauenorganisationen verwiesen. Die weibliche Psyche sei »anders« als die männliche. Es sei daher auf lange Sicht schädlich, wenn Frauen dieselben Aufgaben übernähmen wie Männer. Nicht nur die Frauen selbst würden Schaden nehmen, sondern ebenso ihre Männer, Kinder und letztlich die ganze Gesellschaft. Der Psychologe Carl Gustav Jung formulierte dies in seiner Broschüre »Die Frau in Europa« (1929): »Wenn wir nun sehen, wie die Frau schon seit der zweiten Hälfte des 19. Jahrhunderts anfängt, männliche Berufe zu erlernen, sich in der Politik zu betätigen, Vereine zu gründen und zu leiten usw., so beobachten wir die Tatsache, daß die Frau im Begriffe ist, mit dem nur weiblichen Sexualschema einer anscheinenden Unbewußtheit und Passivität zu brechen und der männlichen Psychologie eine Konzession einzuräumen, nämlich sich als sichtbares Glied der Sozietät zu begründen und sich nicht nur hinter der Maske von Frau so und so zu verstecken, um indirekt, durch den Mann sich alle Wünsche erfüllen zu lassen oder es ihn fühlen zu lassen, wenn die Dinge nicht so gehen, wie sie es wünscht.

Dieser Schritt vorwärts zur socialen Selbständigkeit ist zwar eine durch ökonomische und andere Ursachen erzwungene Tatsache, aber doch nur ein Symptom und nicht die Sache selber, um die es eigentlich geht. Gewiß ist der Mut und die Aufopferungsfähigkeit solcher Frauen bewundernswert, und man müßte blind sein, wenn man all das Gute, das aus diesen Bestrebungen hervorgegangen ist, nicht sähe. Aber Niemand kommt um die Tatsache herum, daß die Frauen einen männlichen Beruf ergreifen, in männlicher Weise studieren und arbeiten und damit etwas tun, was ihrer weiblichen Natur zum mindesten nicht ganz liegt, wenn nicht geradezu schädlich ist. Sie tun ja etwas, was ein Mann kaum imstande wäre zu tun, wenn er nicht gerade ein Chinese ist: könnte er sich als Kinderfrau verdingen oder Kleinkinderschullehrerin werden? Wenn ich von Schädlichkeit spreche, so meine ich damit nicht geradezu physiologische, sondern vor allem psychische Schädigung. Es ist ein Kennzeichen der Frau, daß sie alles aus Liebe zu einem *Menschen* tun kann. Diejenigen Frauen aber, die aus Liebe zu einer Sache Bedeutendes leisten, sind die größten Ausnahmen, weil das ihrer Natur nicht entspricht. Die Liebe zur Sache ist eine männliche Prärogative. Da aber der Mensch Männliches und Weibliches in seiner Natur vereinigt, so kann ein Mann Weibliches und eine Frau Männliches leben. Jedoch steht dem Manne das Weibliche im Hintergrund sowie der Frau das Männliche. Lebt man nun das Gegengeschlechtliche, so lebt man in seinem eigenen Hintergrund, wobei das Eigentliche zu kurz kommt. Ein Mann sollte als Mann leben und eine Frau als Frau.«[17]

Jung schlägt zu Beginn des Zitats einen verführerisch offenen Ton an, kommt jedoch gegen Ende des Abschnitts zu dem Schluß, daß die Forderungen der Frauenemanzipation sich letztlich gegen die menschliche Natur richteten. In seiner Vorstellungswelt gab es so etwas wie »männliche Berufe«. Indem er fortwährend die Existenz von »Männlichkeit« und »Weiblichkeit« postulierte, als seien dies klar definierte Begriffe, verwischte er das Veränderliche und Wandelbare dieser Kategorien. In der Broschüre behauptete Jung weiterhin, daß Frauen, die »männliche Berufe« ergreifen, ihren weiblichen Charme verlören und ein neurotisches Krankheitsbild entwickelten. Dieses Zerrbild wurde Frauen, die die Grenzen ihrer »Weiblichkeit« überschreiten wollten, oft als Warnung vorgehalten.

Jung schrieb seine Broschüre in der Zeit zwischen den beiden Weltkriegen. Diese Kriege waren geradezu traumatisch; sie bewirkten einschneidende Veränderungen für die europäische Bevölkerung. Das 19. Jahrhundert mit seinem Glauben an Fortschritt und Zivilisation war in eine Katastrophe gemündet. Neue Landesgrenzen wurden gezogen, das europäische Kräfteverhältnis verschob sich. Die Entwicklung des Geschlechterverhältnisses in dieser Zeit war widersprüchlich, sie provozierte Angst und ermöglichte gleichzeitig Befreiung. Das Verhältnis zwischen Männern und Frauen war zu keiner Zeit festgelegt, sondern befand sich in einem kontinuierlichen Wandlungsprozeß.

Die Segregation des Arbeitsmarktes hatte sich seit Beginn des 20. Jahrhunderts wieder verfestigt. Aus ökonomischer Perspektive, vor dem Hintergrund wachsender Produktionsraten, der Industrialisierung und Kommerzialisierung war es nicht mehr möglich, Frauen aus der Erwerbsarbeit zu verdrängen. Der Anspruch bestand dennoch, und ein ideologischer Kampf um die Lohnarbeit von Frauen bewirkte, daß Frauen auf andere Arbeiten verwiesen wurden als Männer. Die Herausbildung weiblicher Tätigkeitsbereiche wiederum machte es möglich, die Arbeit von Frauen insgesamt gesellschaftlich abzuwerten.

Kriegs- und Nachkriegszeiten

Die zwei Weltkriege wurden in der historischen Frauenforschung zum Teil als positive Wendepunkte in der Geschichte der Frauenerwerbsarbeit angesehen. Diese Sicht hat eine gewisse Berechtigung, doch kann sie nicht darüber hinwegtäuschen, daß sich gleichzeitig die Kluft zwischen den herrschenden Bildern von »Männlichkeit« und »Weiblichkeit« vergrößerte. In beiden Kriegen zogen Männer als Soldaten ins Feld; Frauen dagegen galten nicht als vollwertige Kriegerinnen – auch diejenigen nicht, die als Teil militärischer Einheiten an den Kampfhandlungen teilnahmen. Frauen bildeten die »Heimatfront«. Die Bilder von »Weiblichkeit« und »Männlichkeit« wurden durch die Weltkriege schärfer polarisiert, während die Kriege gleichzeitig dazu beitrugen, die Inhalte dieser Bilder zu verändern.

Bereits vor Beginn des Ersten Weltkrieges hatten sich zahlreiche Frauen organisiert und engagiert, für die Frauenfrage ebenso wie für andere Ziele. Der Mythos vom »weiblichen« Pazifismus spiegelte mehr das Ideal der friedliebenden Frau (und des kriegerischen Mannes) als die Realität weiblicher Aktivitäten. Im kleinen, neutralen Dänemark war vor Ausbruch des Ersten Weltkriegs nicht die Stimmrechtsvereinigung der größte Frauenverband, sondern der »Verteidigungsbund Dänischer Frauen«. Er wurde 1864 nach dem deutsch-dänischen Krieg gegründet und war um 1900 mit 50000 Mitgliedern Dänemarks größte Frauenorganisation. Der Verband bezog gegen das Frauenstimmrecht und die Gleichstellung auf dem Arbeitsmarkt Position. Die »Kanonenweiber«, wie die Mitglieder des Vereins genannt wurden, wollten ihre Vaterlandsliebe und positive Haltung zur nationalen Verteidigung öffentlich zum Ausdruck bringen. Im ganzen Land setzten sich die Ortsverbände für Aufrüstung, Ausbau der Verteidigungsanlagen und den Einsatz moderner Waffen ein.

Die »Kanonenweiber« betonten ihre Rolle als Mütter, deren Pflicht es sei, ihre Söhne zu guten Soldaten zu erziehen. Die Beziehung zwischen Mutter und Sohn wurde mystifiziert und entwickelte sich zum zentralen Bezugspunkt der Bewegung. Dies war eine bestimmte Form des Mütterlichkeitsdiskurses, der auch andere Frauenorganisationen und die öffentliche Meinung prägte. Als Mütter konnten Frauen ihr gesellschaftliches Engagement legitimieren, unabhängig davon, ob es sich um militaristische oder pazifistische, emanzipatorische oder antiemanzipatorische Anliegen handelte. Eine ähnliche Institution waren die »Vaterländischen Frauenvereine« in Deutschland, die 1866 nach dem preußisch-österreichischen Krieg von Königin Augusta gegründet und deshalb auch als »Armee der Kaiserin« bezeichnet wurden. Vergleichbare Organisationen entstanden auch in zahlreichen anderen europäischen Ländern.

Die »Kanonenweiber« in Dänemark und anderswo waren zwar reine Frauenorganisationen, arbeiteten aber eng mit Männern zusammen. Sie befürworteten eine klare geschlechtsspezifische Arbeitsteilung im Kriegshandwerk: Alle Frauen sollten in der Krankenpflege ausgebildet werden, um in Kriegszeiten Ärzten und Schwestern assistieren zu können. Die dänische Organisation wollte überdies eine Art weiblicher Wehrpflicht einführen, in deren Verlauf junge Frauen sich zur Haushälterin, Erzieherin oder in pflegerischen Berufen ausbilden lassen konnten, um dann für die Heimatfront zur Verfügung zu stehen. Angedacht war auch die Tätigkeit von Frauen als Köchinnen, Chauffeurinnen oder Sekretärinnen für den militärischen Bedarf.

Letztlich war es dieses ausgesprochene Interesse für das Kriegswesen, das die »Kanonenweiber« vom zeittypischen Frauenbild unterschied. Ihr Militarismus war gleichzeitig eng verwoben mit dem Ideal einer sanften Mütterlichkeit – ein Hinweis darauf, daß der Mütterlichkeitsdiskurs keineswegs eine klar umrissene Definition lieferte, sondern sich je nach Bedarf neu interpretieren ließ.

Der Mythos von der besonders friedliebenden Frau lebte während des Krieges fort. Dennoch gaben die meisten Frauenrechtlerinnen der kriegführenden Nationen nach Kriegsausbruch ihre internationalistischen und pazifistischen Aktivitäten auf. Nur ein verschwindend geringer Teil der internationalen Frauenbewegung setzte sich während des Krieges weiterhin für Frieden und Pazifismus ein. Wenige Frauen nahmen 1915 in Den Haag an dem internationalen Friedenstreffen teil, das den Friedenswunsch aller Frauen der Welt demonstrieren sollte. Nationalismus und Krieg überdeckten die Friedensbemühungen in der internationalen Frauenbewegung ebenso wie in der Arbeiterbewegung der Zweiten Sozialistischen Internationale.

Die Engländerin Vera Brittain (1893–1970), Feministin, Sozialistin, Schriftstellerin und Pazifistin, begründete ihre nationalistische Haltung während des Ersten Weltkriegs damit, daß, wenn es sich um einen »Krieg gegen den Krieg« handele, alle anderen Erwägungen zurücktreten müßten. Gertrud Bäumer, eine führende Persönlichkeit der bürgerlichen Frauenbewegung in Deutschland, sah »Heimat und Erde« ihres Vaterlandes bedroht. Der Krieg bildete für sie einen positiven Gegensatz zum früheren, allzu geordneten Alltagsleben: »Einer Ordnung nicht von Leistung und Lohn, von Risiko und Gewinn, Einsatz und Vorteil, sondern von Leben und Tod, Blut und Kraft, Einsatz schlechthin, unbedingt, auf jeden Fall.« Ihr Weiblichkeitsbegriff betonte Opferbereitschaft und Hingabe, Emotionalität und Gehorsam. Diese klassischen »weiblichen« Eigenschaften wurden herangezogen, um den Einsatz von Frauen für das »unweibliche« Geschäft des Krieges zu begründen. Ihr Beitrag bestand nicht darin, das eigene Leben für das Vaterland zu opfern – ihr Opfer war ein anderes.

Der Krieg konfrontierte Frauen mit etlichen Widersprüchlichkeiten und führte letztlich zu einer Neudefinition von »Weiblichkeit«. Viele Frauen arbeiteten als Krankenschwestern an der Front, so zum Beispiel die spätere Königin von Schweden, Louise Mountbatten. Frauen aus Mittel- und Oberschichten waren mit schwerer Arbeit und körperlichem Leid in einer Weise konfrontiert, die sie in Friedenszeiten nie erlebt hätten. In Deutschland bestand der militärische Krankenpflegedienst zu 40 % aus Frauen, die als Krankenschwestern und Pflegehelferinnen tätig waren. Über 90 000 Frauen befanden sich mehr oder minder »im Felde«. Zu Kriegsbeginn lagen die Krankenhäuser noch weit hinter der Front, doch schon bald arbeiteten viele Krankenschwestern nahe der Frontlinie.

In allen kriegführenden Ländern wurden Frauen durch staatliche Propaganda zu freiwilligen Krankenpflegeeinsätzen aufgefordert. Die Propaganda appellierte an die Liebe, Reinheit, Opferbereitschaft und Selbstlosigkeit von Frauen. Die Helferinnen wurden als Mütter und Schwestern stilisiert – ein Bruch mit dem Selbstbild der Frauen, die sich als gleichwertige Kameradinnen der Soldaten sahen. Von einigen Kriegsmächten wurden sie tatsächlich wie Soldaten behandelt, sie trugen Uniform und wurden mit Medaillen ausgezeichnet. Dennoch erfüllten sie in vielerlei Hinsicht die an sie gestellten Erwartungen als »Mütter« und »Schwestern«. Mit großem Einsatz richteten sie an der Front Feier- und Gedenktage aus, als wären es Feste im bürgerlichen Heim. Indem sie versuchten, eine familiäre Atmosphäre im Feld herzustellen und Familienrituale zu pflegen, begaben sie sich selbst in die »weiblichen« Rollen von Müttern, Ehefrauen und Schwestern.

Der Krieg betonte die Geschlechterpolaritäten. Selbst Frauen, die direkt an der Front eingesetzt waren und insofern die Grenzen des »typisch weiblichen« Lebens überschritten, sahen sich wieder verstärkt auf das traditionelle Frauenbild verwiesen. Gleichzeitig – und paradoxerweise – bot der Krieg ihnen die Möglichkeit, Stärke, Ausdauer, Organisations- und Führungsfähigkeiten zu entdecken. Nach den Erfahrungen ihres früheren beschützten Alltags waren sie nun mit der Realität des Krieges konfrontiert, mit harter Arbeit, Krankheit und Entbehrungen. Frauen erbrachten in der Krankenpflege außerordentliche Leistungen, doch auch in anderen kriegswichtigen Bereichen waren sie anzutreffen. Sie fuhren Ambulanzen, arbeiteten als Verbindungsleute oder Telegrafinnen, und nicht wenige wurden in der Kriegsadministration eingesetzt. Die Ambivalenz von »Weiblichkeit« und »Männlichkeit« war ständig präsent. Frauen erhielten andere Aufgaben als Männer, galten als »anders«. Doch sie wurden im Krieg gebraucht, mobilisiert und respektiert. Auch Krankenschwestern opferten ihr Leben »für das Vaterland«, wenn sie im Einsatz an der Front getötet wurden.

Wie das Geschlechterverhältnis im Krieg konstruiert wurde, ist am Beispiel des Spanischen Bürgerkriegs (1935–1939) sehr gut nachzuvollziehen. Gerade die Entwicklung in den anarchistischen und kommunistischen Einheiten ist sehr aufschlußreich: Obwohl das Gleichheitsideal in der politischen Linken sein Zuhause hatte, war auch hier umstritten, welche Rolle Frauen im Krieg einnehmen sollten.

Spanien war von einem katholisch geprägten, familienzentrierten Frauenbild geprägt. Dennoch stieg in den 30er Jahren des 20. Jahrhunderts – wie überall in Europa – auch in Spanien der Anteil erwerbstätiger Frauen deutlich an. Der spanische Anarchismus mit seiner stark syndikalistischen Ausrichtung hatte schon früh seine positive Haltung zur Frauenerwerbsarbeit erklärt. 1872 wurde in Saragossa eine Resolution verabschiedet, in der es hieß: »Wenn wir Frauen ausschließlich auf die Hausarbeit verweisen, so bedeutet dies, daß wir ihre Unterordnung unter den Mann aufrechterhalten, wie sie heute besteht. Damit berauben wir die Frau ihrer Freiheit. Was also kann die Befreiung der Frau vorantreiben? Einzig und allein die Lohnarbeit.«[18]

Trotz dieser verbalen Verlautbarungen nahm die spanische Arbeiterbewegung in der Praxis eine ambivalente bis feindliche Haltung zur Frauenerwerbsarbeit ein, insbesondere hinsichtlich der Lohnarbeit verheirateter Frauen. Doch wie überall in Europa war die Ideologie weit von der gesellschaftlichen Praxis entfernt: In ganz Spanien arbeiteten Frauen bezahlt in der Landwirtschaft und in anderen Bereichen. Auch in der katalanischen Textilindustrie gab es eine lange Tradition weiblicher Erwerbstätigkeit.

Der Spanische Bürgerkrieg brach aus, als die konservativen Kräfte des Landes gegenüber der gewählten sozialistischen Regierung in offenen Widerstand traten. General Franco setzte sich an die Spitze der nationalen Armee, so daß die Regierung gezwungen war, sich ohne reguläre Armee zu verteidigen. Der Angriff auf das demokratische System gab den Anstoß zur Bildung einer breit rekrutierten, unorganisierten, aber hochmotivierten Volksarmee. Die spontane Mobilisierung von Frauen in Krisenzeiten, Rebellion und Bürgerkrieg hat eine lange Tradition. Auch viele spanische Frauen wollten die Republik verteidigen, die das Frauenstimmrecht eingeführt hatte, die großen Lohndifferenzen zwischen Männern und

Frauen zu mindern versuchte und weitere emanzipatorische Fortschritte zu bringen versprach.

Wie in anderen europäischen Ländern bezogen sich in Spanien die meisten Frauen bei Kriegsausbruch auf ihre Weiblichkeit und Mütterlichkeit. Sie betonten, als Frauen ebenso friedliebend wie kriegerisch zu sein. »Es ist besser, die Witwe eines Helden zu sein als die Ehefrau eines Feiglings«, so die bereitwillig akzeptierte Botschaft der kommunistischen Führerin Pasionaria. Frauen ermunterten ihre Söhne, sich freiwillig zur Volksarmee zu melden. Der antifaschistische Kampf wurde mit dem Glauben an einen besonderen weiblichen Pazifismus verknüpft. Die Führerin der anarchistischen »Mujeres Libres«, Federica Montseny, betonte die Einzigartigkeit des republikanischen Kampfes: Es sei ein »pazifistischer Krieg« für die Freiheit.

In der ersten Phase des Bürgerkrieges schlossen sich viele Frauen den kleinen Kampfeinheiten, den *milicias*, an. Sie stellten ihr Leben und ihre körperliche Unversehrtheit der Verteidigung der Republik zur Verfügung. »Wenn einige sagen, daß der Kampf nicht von Frauen geführt werden solle, so antwortet ihnen, daß die revolutionäre Pflicht jedem gilt, der nicht feige ist.« Einige *milicianas* kämpften gemeinsam mit ihren Ehemännern, andere schlossen sich den Truppen alleine an. Im Gegensatz zu Männern wurden Frauen nicht offiziell ermuntert, sich zu den Truppen zu melden. Viele der Frauen kämpften mit der Waffe, andere unterstützten die Kämpfenden durch Hilfsdienste. Sie waren für die Mahlzeiten zuständig, die Wäsche und die Versorgung der Verwundeten. Die meisten akzeptierten diese traditionelle Arbeitsteilung, doch einige protestierten lebhaft dagegen. »Ich bin nicht an die Front gekommen, um mit dem Scheuerlappen in der Hand zu sterben«, so der Ausruf einer *miliciana*. Doch auch von den kämpfenden Frauen wurde erwartet, daß sie nach den Gefechten die »weiblichen« Arbeiten erledigten, das Essen zubereiteten, wuschen und Kleidungsstücke ausbesserten. Spannungen zwischen weiblichen und männlichen Soldaten blieben nicht aus.

Zu Beginn des Bürgerkriegs wurde das kämpferische Engagement von Frauen in der Presse gelobt, doch schon bald wendete sich das Blatt. Bereits im Herbst 1936 wurde eine Kampagne gestartet, die Frauen wieder an die Heimatfront verwies. Die kämpfenden Frauen an der Front wurden ins Lächerliche gezogen, nachdem man sie anfänglich als Heldinnen gefeiert hatte. Diese Veränderung vollzog sich innerhalb weniger Monate und im Einvernehmen aller politischen Strömungen. Der sozialistische Premierminister Largo Caballero gab Order, daß Frauen die Front verlassen sollten. Keine Frauenorganisation protestierte gegen diese Entscheidung. Im Gegenteil, selbst eine Organisation wie die anarchistischen »Mujeres Libres« ermunterte Frauen, sich »mit mütterlicher Fürsorge« den müden Kämpfern zu widmen. Aufgabe der Frau sei es nicht, selbst zu kämpfen, sondern mit ihrer »hellen, weiblichen Seele« die Kampfmoral der Truppen zu stützen.

Ab 1937 wurden die Frauen, die sich weiterhin an der Front aufhielten, immer öfter als Prostituierte diffamiert. Nur so schien die Nähe von Männern und Frauen an der Front erklärbar. Die Chance auf eine Gleichstellung der Geschlechter an der Front wurde in verleumderischer Nachrede zunichte gemacht. Ein radikaler Sexualwissenschaftler, Dr. Martí Ibáñez, der die Legalisierung der Abtreibung in Katalonien ermöglicht hatte, unterstützte nun die Vertreibung der Frauen aus dem militärischen Dienst. Er behauptete, Männer könnten sich besser auf den Kampf konzentrieren, wenn keine Frauen in der Nähe seien. Für den militärischen Erfolg empfahl er sexuelle Enthaltsamkeit. Die letzten Frauen verschwanden von der Front, als die bisher autonomen anarchistischen Einheiten von den Kommunisten absorbiert wurden und eine reguläre Armee entstand.

Die Haltung, die die spanische Öffentlichkeit und Militärführung gegenüber den Soldatinnen einnahmen, hatte sich grundlegend gewandelt. Nachdem man kämpfende Frauen anfänglich als Heldinnen gefeiert hatte, wurden sie nun aus dem bewaffneten Kampf an die »Heimatfront« verdrängt. Die Forderung nach einer Gleichstellung der Geschlechter im Krieg ging offenbar entschieden zu weit. Die Existenz kämpfender Frauen ließ sich kaum in Einklang bringen mit den herrschenden Bildern von »Weiblichkeit« und »Männlichkeit«, von »weiblichen« und »männlichen« Aufgaben.

Die »Mujeres Libres«, Spaniens radikalste Frauenorganisation, hatten sich zwar ebenfalls für den Rückzug der Frauen von der Front eingesetzt, verteidigten aber nach wie vor das Recht der Frau auf Lohnarbeit. Ökonomische Unabhängigkeit war für sie eine Voraussetzung für die individuelle Freiheit von Frauen. Diese egalitäre Auffassung wurde jedoch begleitet von der Annahme »natürlicher« Unterschiede zwischen Männern und Frauen, weshalb Frauen für bestimmte Arbeiten besonders geeignet seien. Die »Mujeres Libres« setzten sich daher nicht für die Gleichstellung der Geschlechter auf dem Arbeitsmarkt ein. Die übrigen spanischen Frauenorganisationen freilich waren in dieser Frage noch weitaus konservativer.

Spanische Frauen waren während des Krieges in zahlreichen Industriebranchen vertreten. Sie arbeiteten in der Produktion von Schuhen, Arzneimitteln, elektrischen Geräten, Lebensmitteln und Munition. Im Madrider Verkehrswesen waren während des Bürgerkriegs überwiegend Frauen beschäftigt; sie fuhren Busse, Lastwagen und andere Transportfahrzeuge. Wie auch in anderen Ländern galt diese kriegsbedingte Erwerbstätigkeit von Frauen als zeitlich begrenzt und der Ausnahmesituation geschuldet. Nach Kriegsende hatten die Männer wieder Anspruch, auf »ihre« Arbeitsplätze zurückzukehren. Die meiste Arbeit leisteten spanische Frauen unbezahlt: von der Krankenpflege über andere Fürsorgetätigkeiten bis hin zur täglichen Hausarbeit.

Die Situation an der spanischen Heimatfront glich der anderer Länder. Frauen waren entschlossen, ihren Beitrag zum Wohle des Vaterlandes zu leisten. In den kriegführenden Staaten wurde diese Bereitschaft genutzt, um den entstehenden Arbeitskräftemangel zu decken. Doch zunächst verloren viele Frauen ihre Arbeit, als die Modeindustrie und andere Konsumartikelbranchen bald nach Kriegsbeginn kollabierten. Der Mangel an Rohstoffen war groß, zahlreiche Handelswege fielen aus und die Nachfrage nach Luxusgütern brach zusammen.

1915 appellierte die britische Regierung an Frauen, ihre Arbeitskraft dem Vaterland zur Verfügung zu stellen. Frauen sollten die entstehenden Lücken als Reservearmee von »Kriegsarbeiterinnen« decken und dort, wo Bedarf entstand, kurzfristig einspringen. Im selben Jahr organisierte die »Women's Social und Political Union«

unter Führung der Stimmrechtsaktivistin Emmeline Pankhurst eine große Demonstration für die Beteiligung von Frauen an den nationalen Kriegsanstrengungen. Der liberale Munitionsminister David Lloyd George finanzierte einen Teil der Veranstaltung und besaß daher einen gewissen Einfluß auf die Organisation. Den von Frauen gewünschten Slogan »Right to Work« akzeptierte er nicht. Man einigte sich auf den ganz anders akzentuierten Slogan »Right to Serve«. Der Gegensatz zwischen der Forderung von Frauen nach Integration auf dem Arbeitsmarkt und dem staatlichen Interesse an bloß temporären weiblichen Arbeitskräften wird in diesem Kompromiß sehr deutlich.

Auch im Krieg wurde die Unterscheidung von Frauen in Verheiratete und Unverheiratete aufrechterhalten. Die meisten Länder zogen verheiratete Mütter nicht zur Erwerbsarbeit heran, wenngleich viele von ihnen sich ehrenamtlich und unbezahlt engagierten. Die wenigsten »Kriegsarbeiterinnen« kamen erstmalig mit Lohnarbeit in Berührung. Üblicher war es, daß Frauen während des Krieges ihren Arbeitsplatz wechselten, zum Beispiel von der Textil- in die Maschinenfabrikation, wo bessere Löhne gezahlt wurden. Frauen, die zuvor in typisch »weiblichen« Berufen tätig gewesen waren, konnten nun eine besser bezahlte Arbeit in einer anderen Branche finden. Die Textilindustrie und andere Bereiche mit einem traditionell niedrigen Lohnniveau verloren viele Arbeiterinnen an andere Unternehmen und waren bald mit einem deutlichen Arbeitskräftemangel konfrontiert. Die Arbeitsplatzmobilität war groß.

In der Rüstungsindustrie wurden Frauen häufig mit »männlichen« Aufgaben betraut, doch wurden diese jetzt rationalisiert und vereinfacht. Die neuen Arbeitskräfte sollten flexibel und kurzfristig einsetzbar sein, ohne lange Einarbeitungszeiten zu benötigen. Insofern erschien es kaum sinnvoll, sie gründlich auszubilden. Durch Rationalisierungen konnten zudem Einsatz und Verbrauch von Rohmaterial besser gesteuert werden. Die Rationalisierung der Arbeitsabläufe, die bereits vor dem Ersten Weltkrieg eingesetzt hatte, beschleunigte sich mit dem vermehrten Arbeitseinsatz von Frauen. Die bisherigen männlichen Arbeiter, die sich dieser Entwicklung wohl entgegengestellt hätten, befanden sich an der Front oder waren zu Vorarbeitern befördert worden, die den Veränderungsprozeß begleiteten.

Der Einsatz von Frauen beschleunigte den Rationalisierungsprozeß. Arbeitsabläufe wurden in immer kleinere Schritte zerlegt und soweit wie möglich maschinell unterstützt. Mit dieser Begründung ließen sich die Frauenlöhne auf den ehemaligen Männerarbeitsplätzen senken. Überdies konnten die hier beschäftigten Frauen kaum mehr vergleichbare Kompetenzen und Fähigkeiten erwerben, die höhere Lohnforderungen legitimiert hätten.

Die Geschlechterhierarchie wurde im Zuge dieser Entwicklung auf neue Weise konstruiert: Die deutsche Schwerindustrie etwa versuchte während des Ersten Weltkriegs das Problem des Arbeitskräftemangels zu lösen, indem sie vermehrt Frauen ausbildete. Zeitweilig konnten Frauen den Beruf des Schweißers, Klempners, Kernmachers, Maschinenwärters, Heizers, Schleifers und Monteurs erlernen. Der Potsdamer Gewerbeaufsichtsrat betonte 1919: »Der Krieg hat gelehrt, daß *Arbeiterinnen auch zu Arbeiten herangezogen werden können, die man bis dahin nur Männern übertragen* zu können glaubte. [...] Im Laufe der Kriegsjahre hat sich so den Arbeiterinnen eine ganze Reihe von *Beschäftigungsarten* und *Berufen* eröffnet, in denen sie früher nicht oder nur in spärlicher Zahl anzutreffen waren.«[19] Dies war die positive Seite der erweiterten Beschäftigungsmöglichkeiten von Frauen. Die negative lag in den schlechten Ausbildungsbedingungen. Selbst die Lehrlingsausbildung für Frauen, die beispielsweise an der Maschinenfabrik Augsburger-Nürnberg eingeführt wurde – was an sich schon ungewöhnlich war –, wurde anders gestaltet als die von Männern. Frauen konnten hier eine zweijährige Ausbildung in der »Herstellung feiner Werkzeuge« durchlaufen, während Männer vier Jahre lang zum »Werkzeugbauer« ausgebildet wurden.

In allen kriegführenden Ländern wurden Frauen in der Fabrikation von Munition eingesetzt. Die Arbeit in der Produktion war lebensgefährlich, nicht selten kam es zu Explosionsunglücken. Die Rüstungsindustrie expandierte kräftig, die Produktion war durch Rationalisierung effektiviert und beschleunigt worden. Die vorgegebene Arbeitsgeschwindigkeit wurde vielfach erhöht und die Tagesarbeitszeit verlängert. Mehrarbeit wurde zur Regel, während gleichzeitig viele Arbeitsschutzbestimmungen per Ausnahmegenehmigung ausgehebelt wurden. Die Arbeit mit schädlichen Chemikalien war auch Frauen nicht länger untersagt, das Nachtarbeitsverbot wurde aufgehoben. Die »weibliche Biologie«, die bisher als Hindernis für eine volle Partizipation von Frauen am Erwerbsleben betrachtet wurde, erwies sich nun als »verhandlungsfähig«. Den weiblichen Körper mit Rücksicht auf kommende Generationen zu schonen, war in Kriegszeiten weniger wichtig als der direkte Einsatz von Frauen für die Kriegsproduktion. Fachlich versierte Männer hatten während des Krieges bessere Karriereaussichten als zuvor. Sie wurden als Vorarbeiter eingesetzt, um die neue, tayloristische Arbeitsorganisation einzuführen, die mit der zunehmenden Beschäftigung von Frauen einherging. Frauen selbst konnten nur selten zur Vorarbeiterin avancieren.

Der Krieg wurde häufig als eine Phase beschrieben, die Frauen ohne vorherige Erwerbserfahrung in großer Zahl den dauerhaften Eintritt in die Erwerbsarbeit ermöglichte. Dieses Bild ist eher der staatlichen Propaganda geschuldet als der historischen Realität. Frauen sollten für kriegswichtige Bereiche rekrutiert werden – jedoch nicht als »echte« Arbeiterinnen, sondern als »Kriegsarbeiterinnen«, die ihren Einsatz erbrachten, während die Männer im Felde waren. Sie wurden als »Heldinnen« gefeiert, die sich aus Patriotismus für kurze Zeit einer eigentlich »unnatürlichen« Aufgabe widmeten. Sobald die Männer aus dem Krieg heimkehrten, sollten die Frauen ihre Arbeitsplätze zugunsten der männlichen Arbeiter wieder räumen. Zu Kriegsende vollzog sich in allen Ländern das gleiche Muster: Männer wurden bei der Besetzung der festen und besseren Arbeitsplätze klar bevorzugt.

Der Krieg wirkte weder eindeutig positiv auf die Arbeitsmarktsituation von Frauen, noch bewirkte er das Gegenteil. Das gleiche gilt für die politische Emanzipation von Frauen. In einigen Ländern wurde das Frauenstimmrecht direkt nach dem Ersten Weltkrieg eingeführt. In Deutschland stand dies in engem Zusammenhang mit der Gründung der Weimarer Republik; in England hieß es, das Stimmrecht sei eine direkte Folge der weiblichen Loyalität und Solidarität während des Krieges. Das Mindestalter für wahlberechtigte Engländerinnen wurde auf 30 Jahre festgesetzt. Als letztes Land Skandinaviens führte Schweden nach Kriegsende das Frauenstimmrecht ein. In Spanien wurde es erst 1931 nach Zusammenbruch der Monarchie und mit Gründung der Zweiten Republik durchgesetzt. Die französischen Frauen waren im Krieg nicht weniger solidarisch gewesen als anderswo, doch erhielten sie erst 1944 das Wahlrecht. In Italien wurde das Frauenstimmrecht erst 1945 eingeführt. Staaten, die ihre Verfassung auf eine repräsentative Demokratie gründen wollten, konnten Frauen die staatsbürgerlichen Rechte nur schwer vorenthalten. Aktives und passives Wahlrecht bedeuteten wesentliche Fortschritte in der Frauenemanzipation. Zur Ungleichheit der Geschlechter in der Arbeitswelt bildete dies einen scharfen Kontrast.

Frauen übernahmen im Krieg männliche Arbeitsplätze und Tätigkeiten. Dennoch führten sie nicht dieselben Arbeiten aus: Die Tätigkeiten wurden in kleinere Arbeitsschritte zerlegt und zunehmend vereinfacht. Auf diese Weise trugen besonders der Erste, aber auch der Zweite Weltkrieg zu einer beschleunigten Rationalisierung der Industriearbeit bei. Krieg stellte einen Zusammenhang von Rationalisierung und Frauenarbeit her, der in Friedenszeiten fortwirkte.

Die Kriege zeigten, daß Frauen wesentlich mehr Arbeiten bewältigen konnten, als man ihnen bisher zugestanden hatte. Das Selbstvertrauen von Frauen wuchs ebenso wie ihre Einsicht in die eigene Leistungsfähigkeit. Der Krieg war nicht – wie häufig angenommen – ursächlich für die zunehmende Erwerbstätigkeit von Frauen. Er forcierte lediglich eine bereits bestehende Tendenz auf dem Arbeitsmarkt. Die Arbeit im Krieg führte auch nicht zu einer Verschwisterung von Frauen über die Klassengrenzen hinweg. Wie bisher waren es vor allem Frauen aus der Arbeiterklasse, die in der Industrie arbeiteten – und das dort verdiente Einkommen war für sie eine finanzielle Notwendigkeit. Bürgerliche Frauen wandten sich, oft unbezahlt, der Krankenpflege und Sozialarbeit zu, sie arbeiteten im Büro oder im Bildungswesen. Im Handel waren Frauen aus allen Bevölkerungsschichten beschäftigt.

Beide Weltkriege verstärkten den Mythos der glücklichen Familie und die Sehnsucht nach häuslicher Geborgenheit. Die Unterschiede zwischen den Geschlechtern wurden polarisiert und dramatisiert. Schon die Anwesenheit an Front oder Heimatfront und die patriotische Pflicht, für das Vaterland zu sterben, unterschied Männer von Frauen. Nach beiden Kriegen wurden Frauen auf ihre »weiblichen« Aufgaben zurückverwiesen, Grenzerweiterungen, die während des Krieges möglich gewesen waren, wurden nicht selten wieder zurückgenommen. Der häusliche Wirkungskreis von Frauen wurde erneut aufgewertet und die Familie als Hort von Frieden und Geborgenheit mystifiziert – mit der treusorgenden Mutter in ihrer Mitte.

Der Krieg bestätigte und polarisierte die Definitionen von Männlichkeit und Weiblichkeit, aber er veränderte sie zugleich. Frauen konnten sich nun ohne Begleitung in der Öffentlichkeit bewegen, Kino- und Restaurantbesuche nahmen sie ganz selbstverständlich auch alleine wahr. Diese Bewegungsfreiheit war für die Frauen der Mittel- und Oberschicht eine der wesentlichsten Veränderungen, die der Erste Weltkrieg mit sich brachte. Arbeiterinnen hatten sich schon früher selbständig in der Öffentlichkeit bewegt. Dieser bisherige Klassenunterschied begann nun zu verschwinden. Die Modegewohnheiten änderten sich ebenfalls. Praktische Reformkleider setzten sich durch, die mehr Bewegungsfreiheit erlaubten. Der kriegsbedingte Mangel an Stoff trug ebenso dazu bei wie die neuen Lebensstile von Frauen. Da ein Großteil der Männer abwesend war, konnten und mußten Frauen eine größere Selbständigkeit und Eigenverantwortung entwickeln. Sie waren gezwungen, die Verantwortung für sich und ihre Familien zu übernehmen. Nahrungsmittelknappheit, Rationierung und die täglichen Schwierigkeiten des Kriegsalltags mußten sie alleine meistern.

Es scheint, als habe der Erste Weltkrieg eine psychologische Kluft zwischen Männern und Frauen gerissen. Neue Lebensstile wurden erprobt, verzauberten und verschreckten. Veränderungen breiteten sich durch Radio, Film, Werbung und Presse schneller aus als je zuvor. In ganz Europa galten die – vermeintlich oder tatsächlich – zurückgehenden Geburtenziffern als Ausdruck eines Wandels von Lebensmustern und Werten. In der Bewältigung der kollektiven Kriegserfahrungen stand oft die Veränderung der weiblichen Rollen im Fokus der Debatte.

Es war eine veränderte »Weiblichkeit«, die den Geschlechterdiskurs nach dem Ersten Weltkrieg prägte. Um die Jahrhundertwende stand noch die »Mutter« im Zentrum des Frauenbildes, selbst in der Frauenbewegung. Doch die nachfolgende Frauengeneration war nicht bereit, dieses Bild zu verwirklichen. Sie schuf sich ein neues: Der Typus der »modernen Frau« erschien in den 20er Jahren auf der gesellschaftlichen Bühne und provozierte durch seine Freizügigkeit, Lustbetontheit und einen herausfordernden Kleidungsstil mit kniekurzen Röcken und Kleidern, die eine knabenhafte Figur betonten. Die »neue Frau« signalisierte gleichzeitig Kindlichkeit und Erotik. Als androgynes Wesen spielte sie mit den gängigen Geschlechtergrenzen. Der schlanke Frauenkörper mit der glatten, kurzgeschnittenen Bubikopffrisur war eine absolute Negation der »Mütterlichkeit«. Die moderne Frau schminkte sich und rauchte Zigaretten. Sie zeigte sich in Bars und Restaurants, in denen sich bisher nur Männer trafen und eine Frau allenfalls in männlicher Begleitung toleriert wurde. Doch nun kam sie alleine oder in Begleitung einer Freundin. Sie genoß das betriebsame städtische Leben. Dieser Frauentyp markierte eine neue Epoche, in der Frauen nicht länger gewillt waren, zu Hause zu sitzen, auf ihre Männer zu warten und die Kinder zu beaufsichtigen.

Victor Margueritte stellte den Typus der erotischen und unabhängigen neuen Frau 1922 in den Mittelpunkt seines Bestsellers »La garçonne«. Innerhalb eines halben Jahres wurden in Frankreich 300 000 Exemplare des Buches verkauft. Zu diesem Zeitpunkt war die »neue Frau« mit dem Bubikopf bereits seit einigen Jahren auf den Straßen und Plätzen von Paris zu sehen; bald war sie auch in allen anderen europäischen Großstädten anzutreffen. Innerhalb von zehn Jahren wandelte sich die europäische Frauenmode von geschnürten Korsetts, üppigen Stoffmassen und schweren, aufgesteckten Frisuren hin zu schmal geschnittenen, fließenden Kleidern und kurzem Haar. Das weibliche Äußere veränderte sich völlig. Doch das neue Schönheitsideal war nicht nur befreiend. Die Figur der modernen Frau wurde mehr durch Diäten und Gürtel geformt als durch Befreiung; Augenbrauen wurden gezupft, Gesichter geschminkt, Frisuren getrimmt. Die neue Weiblichkeit war ein ebensolches Konstrukt wie die der vergangenen Jahrzehnte. So leicht und augenfällig, wie sich das Haar kurz schneiden ließ, veränderten sich die Lebens- und Arbeitsbedingungen von Frauen nicht. Die ökonomische Unabhängigkeit, die sich den jungen Frauen bot, war willkürlich, ihre Berufswahl war keineswegs frei. Der gesellschaftliche Wandel vollzog sich langsamer, als die drastischen äußeren Veränderungen vermuten ließen.

Die moderne junge Frau wurde ein Symbol der modernen Gesellschaft, die die Wertvorstellungen der hergebrachten Ordnung zu bedrohen schien. Ihre moderne Erscheinung und relative Selbständigkeit irritierten das mütterlichkeitszentrierte Frauenbild älterer Frauenrechtlerinnen ebenso wie das konservativer Männer. Die »Mutter« wurde zum Leitmotiv derer, die eine Rückkehr zu den Vorkriegsverhältnissen wünschten. Gleichzeitig war Mutterschaft die Basis einer neuen, national geprägten Bevölkerungspolitik. Geburtenkontrolle durch Abtreibung oder den Gebrauch von Präservativen wurde weitgehend kriminalisiert. Mutterschaft war eine gesellschaftliche Verpflichtung der Frau – so wie der Kriegsdienst als Pflicht des Mannes galt. Die »Mutter« wurde ein zentrales Symbol konservativer gesellschaftlicher Strömungen. Auch in Teilen der Frauenbewegung hatte dieses Ideal noch Bestand, wo es für Frieden, Zusammenarbeit und die weibliche Nähe zur Natur stand. Auf diesen breiten gesellschaftlichen Diskurs konnte der Faschismus seine Verklärung der Frau als Mutter gründen. Die Ideologisierung der »Mütterlichkeit« implizierte zugleich eine Kritik an der Moderne.

Vor dem Hintergrund dieser gegensätzlichen Strömungen trafen Frauen in der Zwischenkriegszeit auf zwei Identifikationsmuster: die traditionelle »Mutter« und die »moderne Frau«. Die Mutter war ein Hort der Moral, sie vollbrachte unschätzbare Leistungen innerhalb der Familie und symbolisierte das Ideal einer wertkonservativen Gesellschaft. Die moderne Frau galt zugleich als Schreckbild und Verheißung eines partnerschaftlichen Verhältnisses zwischen Mann und Frau. Sie symbolisierte eine moderne, technik- und konsumorientierte Gesellschaft.

Beide Nachkriegszeiten erlebten eine Renaissance des Familienidylls und des Ideals der Frau am häuslichen Herd, während gleichzeitig bei vielen Frauen und Männern ein Gefühl unüberbrückbarer Unterschiede aufgrund der unterschiedlichen Kriegserfahrungen entstand. Dennoch zogen beide Weltkriege einen Heiratsboom nach sich. Die wenigsten Frauen träumten von einem unabhängigen Leben und der Erfüllung in eigener Erwerbstätigkeit. Doch ihr Wunschbild vom Familienleben hatte sich verändert. Die Familie sollte nicht länger bloß ein Ort des Gehorsams, sondern der Erfüllung und Freude sein. Frauen wollten sich nicht länger nur für andere aufopfern, sie beanspruchten nun auch die Genüsse und schönen Seiten des Lebens für sich. Jugend, Schönheit, Attraktivität waren Werte, die Frauen nicht durch zahlreiche Geburten und harte Arbeit verlieren wollten. Wann und wie viele Kinder sie gebären würden, wollten sie selber entscheiden. Das Ehepaar mit zwei Kindern verkörperte das moderne Familienideal. Immer mehr Frauen wünschten eine partnerschaftliche »Kameradschaftsehe«, sie nahmen an der Karriere ihres Mannes regen Anteil, standen ihm als Vertraute zur Seite und verlangten ihrerseits nach seiner Liebe und Aufmerksamkeit. Ein eigener Beruf war nicht ihr wichtigstes Ziel, sondern für viele eine bloße Notwendigkeit, eine Einkommensquelle, die größere Freiheitsgrade bot.

Das Bild der »modernen Frau« des 20. Jahrhunderts entwickelte sich aus den Widersprüchen des Krieges. Es trat an die Stelle des Ideals von der mütterlichen, arbeitsamen Frau, das so viele Frauenleben vor ihr geprägt hatte. In der politischen Rechten und besonders in der faschistischen Ideologie lebte das Ideal der erdverbundenen, mütterlichen, gehorsamen und selbstlosen Frau fort, motivierte politische Entscheidungen und gab den Rahmen vor für die Lebensmuster zahlreicher Frauen. Doch auch in den demokratisch verfaßten Staaten war die moderne, unabhängige Frau nicht bedingungslos akzeptiert.

»Doppelverdienerinnen« und »Reservearmee« – Verheiratete Frauen auf dem Arbeitsmarkt

In der Zwischenkriegszeit fokussierte sich die Debatte über die Erwerbstätigkeit von Frauen auf »die verheiratete Frau«. Frauen wurden als Arbeitskräfte in den Fabriken und Büros, in Handel und Dienstleistung gebraucht. Doch als die wirtschaftliche Lage sich verschlechterte, verschärfte sich der Widerstand gegen erwerbstätige Frauen, die durch ihre Heirat bereits als »versorgt« galten.

In zahlreichen Ländern benötigten verheiratete Frauen die Erlaubnis ihres Ehemanns, wenn sie einer Erwerbsarbeit nachgehen wollten. Viele Arbeitgeber waren der Auffassung, daß eine Frau, die sich verheiratete, ihren Arbeitsplatz aufgeben solle. Typisch war die Ansicht des Direktors des schwedischen Tabakmonopols, der 1936 verlautbaren ließ: »Meine private Auffassung ist, daß die Heirat einer zweiten Anstellung neben der Arbeitsanstellung entspricht.«[20] Eine verheiratete Frau sei mit der häuslichen Arbeit für ihren Mann vollauf beschäftigt.

Radikale Frauenorganisationen traten für die Erwerbsarbeit von Frauen ein, waren aber hinsichtlich der Erwerbstätigkeit verheirateter Frauen unterschiedlicher Auffassung. Zwar waren sie alle der Meinung, daß eine verheiratete Frau das Recht haben müsse, arbeiten zu gehen, wenn sie selbst es wünsche. Doch eine Ehefrau und Mutter solle lieber freiwillig zu Hause bleiben, wenn die materiellen Verhältnisse dies zuließen. Damit bezogen sie zugleich Stellung zur Arbeitsteilung zwischen Männern und Frauen: Frauen seien für die Kindererziehung besser geeignet; folgerichtig auch für Berufe wie Kindergärtnerin. Nur wenige Frauenorganisationen, so z.B. Open Door International, forderten gleiche Arbeitsmarktbedingungen für Männer und Frauen, Verheiratete und Unverheiratete. Viele katholische Organisationen bezogen generell gegen die Erwerbsarbeit von Frauen Position, obgleich sie kaum ein Arbeitsverbot für alle Frauen fordern konnten. Sie waren der Auffassung, daß Männer und Frauen für verschiedene Aufgaben zuständig seien und sich am Arbeitsplatz möglichst nicht begegnen sollten.

Während der wirtschaftlich instabilen 20er Jahre wurde immer häufiger gefordert, daß verheiratete Frauen aus dem Staatsdienst entlassen oder generell mit einem Erwerbsverbot belegt werden sollten. Diese Debatte ist auch als »Doppelverdiener«-Kampagne bekannt. Sie war in der historisch noch relativ jungen Vorstellung begründet, daß eine verheiratete Frau von ihrem Mann versorgt werden solle. In Deutschland, wie auch im übrigen Europa, kam diese Debatte samt ersten Verboten gegen erwerbstätige Frauen bereits in den frühen 20er Jahren auf. Doch erst in der Wirtschaftskrise der späten 20er und frühen 30er Jahre schlug die Doppelverdiener-Kampagne voll durch. In der Verfassung der Weimarer Republik war das gleiche Recht auf Erwerbsarbeit und öffentliche Anstellung für Frauen und Männer festgeschrieben worden. In Italien wurde eine vergleichbare Bestimmung 1919 eingeführt, in Schweden 1923. Die formalen Hindernisse für eine Gleichstellung auf dem Arbeitsmarkt wurden damit zwar aufgehoben oder gelokkert, doch die gesellschaftliche Praxis war und blieb eine andere.

Bereits 1920 wurde in mehreren deutschen Ministerien die Entlassung verheirateter weiblicher Angestellter diskutiert, doch 1921 beschied ein Gericht, daß es nicht verfassungskonform sei, von staatlichen Bediensteten ein Zölibat zu verlangen. Die deutsche Postbehörde versuchte, diese Vorgabe zu umgehen.

1923 übertrug der Reichstag Gustav Stresemann die Vollmacht, die deutsche Volkswirtschaft radikal zu sanieren. Zahlreichen Angestellten des öffentlichen Dienstes, darunter vielen verheirateten Frauen, wurde auf Grundlage der »Personalabbauverordnung« gekündigt. Als sich 1925 das Ende dieser zeitlich befristeten Regelung näherte, diskutierte der Reichstag eine Verlängerung unter besonderer Berücksichtigung verheirateter Frauen. Auf diese Weise wollte man die Männerarbeitslosigkeit senken. Der Vorschlag wurde angenommen und war bis 1929 in Kraft. 1932 wurde die Verordnung unter dem Eindruck der Depression als reguläres Gesetz wieder eingeführt. Das nationalsozialistische Beamtenrecht übernahm diese Bestimmung, die auch nach 1945 in der Bundesrepublik als nicht verbindliche Empfehlung weitergeführt wurde.

In England wurden Frauen bereits seit 1860 bei ihrer Verheiratung aus dem Staatsdienst entlassen. Als Entschädigungssumme wurde maximal ein Jahresgehalt ausgezahlt. Später wurden zumindest Witwen und Ehefrauen arbeitsunfähiger Männer zum öffentlichen Dienst wieder zugelassen. Gegen Ende der 30er Jahre des 20. Jahrhunderts wurden die Bestimmungen weiter gelockert; auch verheiratete Ärztinnen und Lehrerinnen wurden nun zugelassen. Die bisher niedrige Heiratsquote unter den weiblichen Berufsangehörigen stieg augenblicklich an.

Während in England die Berufstätigkeit verheirateter Frauen zunehmend akzeptiert wurde, herrschte auf dem Kontinent vielfach ein gegensätzlicher Trend. Holland setzte 1924 eine Verordnung in Kraft, wonach Frauen – mit gewissen Ausnahmen – nach ihrer Verheiratung aus dem öffentlichen Dienst zu entlassen waren. Die Bestimmung wurde 1934 verschärft und traf nun alle weiblichen Angestellten des öffentlichen Dienstes, die soweit wie möglich durch Männer ersetzt werden sollten. Die einzige Ausnahme waren Lehrerinnen, doch diese Regelung wurde später zurückgenommen.

In Österreich wurde 1933 angeordnet, keine verheirateten Frauen mehr im Staatsdienst einzustellen. Bereits beschäftigte Frauen konnten entlassen werden, sofern sie anderweitig »versorgt« waren. Je nach Bedarf wurden Ausnahmeregelungen getroffen: für Schauspielerinnen, niedere Postbedienstete auf dem Land, für Tabakarbeiterinnen und Landarbeiterinnen in staatlichen Agrarbetrieben. Auch am Wiener Konservatorium wurden einige Musiklehrerinnen weiter beschäftigt, da sie aufgrund ihrer »künstlerischen und pädagogischen Qualifikationen« als unentbehrlich galten. Trotz dieser Inkonsequenz wurden die Restriktionen 1934 auf den gesamten öffentlichen Dienst ausgeweitet. Zusätzlich wurde eine sogenannte »Konkubinatskontrolle« eingeführt. Wenn ein Paar versuchte, die Regelungen zu umgehen, indem es unverheiratet zusammenlebte, liefen beide Beteiligten Gefahr, entlassen zu werden.

Unter den demokratischen Ländern gingen die gesetzlichen Regelungen, die darauf abzielten, den Arbeitsmarkt zugunsten von Männern zu segregieren, in Belgien am weitesten. Ab 1934 wurden alle Positionen im öffentlichen Dienst für Männer reserviert. Noch im selben Jahr erhielt das Arbeitsministerium das Recht festzulegen, wie viele Frauen in den verschiedenen Industriezweigen beschäftigt werden durften. Hinter dieser Verordnung stand die Absicht, Männer bei der Arbeitsplatzvergabe zu bevorzugen. Frauen benötigten nun eine staatliche Erlaubnis, um arbeiten zu dürfen. Diese Verordnung stellte Frauen mit ausländischen Arbeitnehmern gleich, die in Belgien gleichfalls eine Arbeitserlaubnis beantragen mußten.

Frankreich war in sehr viel geringerem Ausmaß von Arbeitslosigkeit betroffen als beispielsweise Deutschland. Hier wurden zwischen den beiden Weltkriegen keine Restriktionen gegen die Erwerbsarbeit von Frauen erlassen. Einzige Ausnahme war eine Bestimmung von 1935: Wenn bei einem verheirateten Paar beide Partner im öffentlichen Dienst beschäftigt waren, so wurde nur noch für eine Person ein sogenannter Ortszuschlag gewährt. Parallel dazu wurden Frauen staatlich unterstützt, die auf eine Erwerbsarbeit verzichteten, um ihre Kinder zu Hause zu betreuen.

In den skandinavischen Ländern wurden kurz vor beziehungsweise kurz nach dem Ersten Weltkrieg Gesetze erlassen, die das Recht der Frau auf Erwerbsarbeit festschrieben. Das Erwerbsrecht verheirateter Frauen wurde dennoch in Frage gestellt: In den Parlamenten kam es vielfach zu positiven Meinungsäußerungen über ein Erwerbsverbot für verheiratete Frauen, besonders im öffentlichen Dienst. In Schweden gab es tarifliche Vereinbarungen, die es den Arbeitgebern erlaubten, Frauen nach ihrer Verheiratung zu entlassen. Vor allem in der Banken- und Versicherungsbranche, aber auch in anderen Büroberufen war dies eine übliche und legale Praxis.

Im Europa der Zwischenkriegszeit bestanden vielfältige formelle Restriktionen gegen das Erwerbsrecht verheirateter Frauen. Teils galten diese Einschränkungen nur für den öffentlichen Dienst, teils aber generell. Manche Regelungen waren lokal begrenzt oder betrafen nur bestimmte Berufsgruppen. Überdies war es auch in der Privatwirtschaft üblich (und nicht ungesetzlich), schwangere oder verheiratete Frauen zu entlassen. Der Arbeitsmarkt für Frauen war dadurch eingeschränkt und unsicherer als der für Männer. Arbeitsplatzunsicherheit war Bestandteil weiblicher Arbeitsbedingungen. Frauen, die trotz ihres ehelichen Zivilstandes einer Erwerbsarbeit nachgingen, mußten ständig mit einer Auflösung des Arbeitsverhältnisses rechnen. Bei betrieblichen Engpässen wurden sie oftmals als erste entlassen, eine neue gesetzliche Verordnung konnte jederzeit ihre Entlassung herbeiführen. Diese Einschränkungen beeinflußten die Möglichkeiten von Frauen, angemessene Löhne und akzeptable Arbeitsbedingungen einzufordern.

Als sich die wirtschaftliche Situation gegen Ende der 30er Jahre verbesserte, wurden in den demokratischen Staaten Europas die gesetzlichen Restriktionen gegenüber erwerbstätigen Ehefrauen wieder gelockert. Gleichzeitig erließen nahezu alle Länder schärfere Abtreibungsverbote. Die Sorge vor abnehmenden Bevölkerungszahlen prägte in ganz Europa eine Familienpolitik, die durch die Förderung der Hausfrauenehe eine Steigerung der Geburtenraten erzielen wollte. In den faschistischen Staaten wandelte sich die politische Praxis, als Frauen vermehrt als Arbeitskräfte benötigt wurden, doch die ideologischen Prinzipien wurden aufrechterhalten. Die Widersprüche, die sich aus der Definition von Frauen als »Reservearmee« ergaben, wurden hier deutlicher als in anderen Ländern.

Faschismus

Der Faschismus entwickelte kein originäres Frauenbild. Daß Frauen zuallererst Mütter seien und als diese ihre vornehmste Pflicht erfüllten, war ein Topos, der im Zwischenkriegseuropa in allen politischen Strömungen geteilt wurde. Das Frauenbild des Faschismus – und ich fasse hier die spanische, französische, italienische und deutsche Variante zusammen – war altmodisch und rückwärtsgewandt, griff aber auch auf den modernen biologistischen Diskurs zurück. Es zielte auf eine totale Arbeitsteilung zwischen Mann und Frau. Politik war Männersache, das Haus dagegen die Domäne der Frau.

Die faschistischen Ideologen trieben die These von der Komplementarität der Geschlechter ins Extreme. Sie teilten die Verachtung für die Kenntnisse und Fähigkeiten von Frauen, die bereits andere vor ihnen geäußert hatten. Der Unterschied bestand darin, daß der Faschismus versuchte, dieses Frauenideal innerhalb eines autoritären, diktatorischen Systems zu verwirklichen, das keine abweichenden Muster erlaubte.

Für die soziale Konstruktion der Frau als Ehefrau und Mutter wurde ein staatlicher Propagandaapparat zur Verfügung gestellt. Entworfen wurde das Bild einer Frau, die ihrem Mann gehorchte, ihn unterstützte und politische Entscheidungen niemals in Frage stellte. Die Familie wurde als Kern des Staatswesens mystifiziert, doch tatsächlich war es der Staat, der die Familie infiltrierte und ihre innere Rollenverteilung festlegte. Der faschistischen Ideologie zufolge sollte eine Frau möglichst gar nicht arbeiten, und wenn doch, dann keinesfalls in »männlichen« Berufen, in denen sie mit Männern konkurrierte. Es erwies sich jedoch als unmöglich, auf diese Ideologie einen funktionierenden Arbeitsmarkt zu gründen. Die faschistische Arbeitsmarktpolitik beeinflußte die geschlechtsspezifische Arbeitsteilung, während sie zugleich den Status wohlhabender bürgerlicher Frauen schützte, die, ob mit oder ohne Kinder, ein Hausfrauendasein ohne Erwerbstätigkeit führten.

Der deutsche Nationalsozialismus erwies sich als die rassistischste Variante des europäischen Faschismus. 10 bis 30 % der Bevölkerung wurden offiziell als für eine Elternschaft ungeeignet erklärt. Die übrigen, sogenannt »reinrassigen« Menschen wurden um so mehr angehalten, zahlreiche Kinder zu zeugen. Es ist nicht zu leugnen, daß viele deutsche Frauen für die nationalsozialistische Aufwertung der Mutter und ihrer Bedeutung für Heim und Kinder empfänglich waren. Nahezu ein Drittel aller Erwerbstätigen in Deutschland waren Frauen, die in der Regel außerdem die ganze Bürde der häuslichen und familiären Arbeit tragen mußten. Nicht wenige der erwerbstätigen Frauen waren verheiratet, in Hamburg zum Beispiel bis zu 20 %. Als Hitler jeder Frau einen Ehemann und jedem Mann einen Lohn als Familienversorger versprach, klang das in vielen Ohren verlockend. Doch die Hausfrauenehe war als Lebensmuster für alle Bevölkerungsgruppen in der Realität nicht durchzusetzen. Zu viele Frauen waren auf ihr Einkommen angewiesen. Die Zahl erwerbstätiger Frauen stieg in den 30er Jahren weiter an und machte 1939 34 % aller Erwerbstätigen aus.

Die Arbeitsmarktpolitik des frühen Nationalsozialismus war nicht nur ideologisch begründet, sondern zu einem Teil durch die extrem hohe Arbeitslosigkeit in Deutschland bedingt. Die Depression um 1930 fiel hier stärker aus als in anderen europäischen Ländern. Schon kurz nach ihrem Machtantritt begannen die Nazis, die Erwerbstätigkeit von Frauen zu beschränken und zu regulieren. Ein mehr oder minder deutlicher Zwang sollte Frauen veranlassen, sich auf »weibliche« Tätigkeiten zu beschränken. Wenn Frauen überhaupt arbeiteten, dann sollten sie dies auf einem stark segregierten Arbeitsmarkt tun.

Der Nationalsozialismus war eine männliche Bewegung. Nach Auffassung der Nazis waren Frauen für wichtigere Aufgaben nicht geeignet; in den Parteiorganisationen errangen sie kaum zentrale Positionen. Im Vergleich zu Männern wurden selbst »rassisch einwandfreie« Frauen als »anders« konstruiert, wenn auch in anderer Weise als Juden oder »Zigeuner«. »Deutsche« Frauen waren zumindest Teil der »Volksgemeinschaft«, während Juden, »Zigeuner«, andere »Nichtarier« und Homosexuelle außerhalb dieser Gemeinschaft standen. Die »echte« deutsche Frau wurde gebraucht, um deutsche Kinder zu gebären.

Bereits kurz nach der Machtübergabe an Hitler beschloß die nationalsozialistische Regierung die ersten arbeitsmarktpolitischen Restriktionen, die sich auf die Erwerbsarbeit von Frauen bezogen. Im April 1933 wurde verfügt, daß langfristig maximal 10 % Frauen an den deutschen Universitäten studieren dürften. Diese Quote wurde später gelockert, doch immer weniger Frauen wollten nach Absolvierung des obligatorischen Arbeitsdienstes noch ein Studium aufnehmen. Überdies trafen hochqualifizierte Frauen auf immer größere Schwierigkeiten, ihre Examina beruflich zu verwerten. Die Einstellungschancen für Ärztinnen und Zahnärztinnen schrumpften; die Arbeitsbedingungen von Frauen im öffentlichen Dienst verschlechterten sich. Wenn zwei Staatsbedienstete heirateten, mußte die Frau ihre Anstellung aufgeben; kommunale Verordnungen gingen diesbezüglich oft noch weiter. Ein Gesetz von 1933 erlaubte es auch der Privatwirtschaft, Frauen zu entlassen, die durch Ehemann oder Eltern versorgt werden konnten. Die Beschäftigung von Frauen in Kneipen oder Restaurants, wo alkoholische Getränke ausgeschenkt wurden, war untersagt. Andererseits profitierten erwerbstätige Frauen von der nazistischen Rassen- und Mütterlichkeitsideologie. Eine ledige Frau, die ein »arisches« Kind erwartete, durfte nicht mehr aufgrund ihrer Schwangerschaft entlassen werden. Mit der Zeit wurden die Restriktionen wieder aufgeweicht. Letztlich scheint die Praxis im faschistischen Deutschland nicht wesentlich strikter gewesen zu sein als in anderen Ländern, wo dieselbe Tendenz bestand, verheiratete Frauen aus dem Arbeitsmarkt auszugrenzen.

Gratifikationen für Frauen, die ihren Arbeitsplatz verließen, stellten zwar eine gewisse Entschädigung dar, doch konnten sie in keiner Weise die entgangenen Rentenansprüche ausgleichen. Große Bedeutung kam in diesem Zusammenhang dem sogenannten Ehestandsdarlehen zu, das aus einer Sondersteuer finanziert wurde, mit der Unverheiratete belegt wurden. Verheiratete sich eine Frau, die zuvor mindestens sechs Monate lang erwerbstätig gewesen war, konnte ihr Mann einen Vorzugskredit von maximal 1000 Reichsmark aufnehmen; allerdings nur unter der Bedingung, daß seine Frau ihren Arbeitsplatz aufgab. Die Höhe des Kreditbetrages wurde bereits 1934 deutlich abgesenkt. Der Kredit stand der nazistischen Rassenideologie gemäß nur für bestimmte Bevölkerungsgruppen zur Verfügung. Bei jeder Geburt eines Kindes wurde der Tilgungsbetrag um ein Viertel reduziert. Die Ziele, die mit dem Ehestandsdarlehen verfolgt wurden, waren einerseits arbeitsmarktpolitischer Natur – die Erwerbschancen von Männern sollten erhöht werden – und andererseits bevölkerungspolitisch motiviert. Die Kreditsumme wurde nicht bar ausgezahlt, sondern in Form von Einkaufsgutscheinen für örtliche Geschäfte in »arischem« Besitz vergeben. So sollten zusätzlich Handel und Industrie gefördert werden. Auch demokratische Länder wie Schweden vergaben langfristige, zinsgünstige Ehestandsdarlehen, die jedoch nicht an die Bedingung geknüpft wurden, daß einer der Ehepartner seinen Arbeitsplatz aufgab. Hier standen familienpolitische Erwägungen im Vordergrund; das unzureichend erscheinende Bevölkerungswachstum gab auch in demokratischen Staaten Anlaß zu Besorgnis.

Die jeweils gültigen Regelungen in Zusammenhang mit dem

Ehestandsdarlehen wurden den Arbeitsmarkterfordernissen angepaßt. Als 1937 in Deutschland die Vollbeschäftigung erreicht war, wurde die Bedingung aufgehoben, daß die Frau ihre Erwerbsarbeit aufgeben müsse. Mehr noch: Die vor der Heirat erforderliche Berufstätigkeit der Frau wurde auf neun Monate ausgeweitet, und sie wurde verpflichtet, ihre Erwerbstätigkeit auch nach der Hochzeit fortzusetzen. Der Ehekredit diente nun vor allem dazu, die Heiratsbereitschaft bestimmter Bevölkerungsgruppen zu fördern, und war insofern auch ein rassenpolitisches Instrument.

Der einjährige Frauenarbeitsdienst war ein Instrument, das die Segregation des Arbeitsmarktes verstärkte. Er wurde zunächst nur für angehende Studentinnen eingeführt. Ab 1938 war das Pflichtjahr für alle unter 25jährigen Frauen obligatorisch, die eine Berufstätigkeit in Büro, Einzelhandel oder Fabrik anstrebten. Bevor sie eine derart privilegierte und begehrte Tätigkeit ausüben durften, sollten sie ein Jahr lang die »natürlichen« Arbeiten einer Frau kennenlernen. Das Pflichtjahr umfaßte den einjährigen Dienst in der Landwirtschaft oder in einem ländlichen oder kleinstädtischen Haushalt. Alternativ konnte ein zweijähriger Dienst als Pflegehelferin, Sozialarbeiterin oder Kindergärtnerin abgeleistet werden. Langfristig sollten Frauen so zu einer Arbeit in Haushalt, Landwirtschaft oder sozialen Diensten angehalten werden.

Handel und Büro boten die Arbeitsplätze, die sich in ganz Europa zu »typisch weiblichen« Berufsbereichen entwickelten. In Abkehr von diesem Trend versuchten die Nationalsozialisten, diese Bereiche als »männliche« Arbeits- und Kompetenzbereiche zu erhalten; doch dieses Ansinnen scheiterte.

Bereits ab Mitte der 30er Jahre stieg der Bedarf an weiblichen Arbeitskräften in Industrie und in anderen Bereichen schwerer körperlicher Arbeit. Im Zuge der Kriegsvorbereitung wurden immer mehr Frauen in der Metall- und Rüstungsindustrie beschäftigt. Zwischen 1933 und 1939 stieg die Zahl weiblicher Beschäftigter in der Industrie von 1,2 auf 1,9 Millionen an. Im gleichen Zeitraum sank die Zahl weiblicher Hausangestellter von 26,5 auf etwa 18 Millionen. Die arbeitsmarktpolitischen Intentionen der Nazis schlugen damit fehl, doch die geschlechtsspezifische Segregation des Arbeitsmarktes wurde verstärkt und legitimiert. Frauen hatten nicht den gleichen Zugang zu Ausbildung und Berufschancen wie Männer. Ihre Löhne und Gehälter betrugen etwa 75 % der männlichen Bezüge.

Nach Ausbruch des Zweiten Weltkriegs stellte sich die Frage einer Zwangsmobilisierung von Frauen. Der Gedanke wurde verworfen, da Deutschland ja einen Blitzkrieg plante. Eine verheiratete Frau, deren Mann im Felde war, erhielt 85 % seines Lohns als Unterhaltszahlung. Nicht wenige Frauen gaben deshalb ihr bisher notwendiges Zusatzeinkommen auf. Obwohl die deutsche Industrie einen hohen Bedarf an weiblichen Arbeitskräften verzeichnete, waren nicht ausreichend Frauen für eine solche Tätigkeit zu gewinnen. Die NSDAP war in der Frage einer Zwangsrekrutierung von Frauen ohne Kinder oder mit erwachsenen Kindern gespalten. Hitler setzte auf ein verstärktes Anwerben Freiwilliger und die Erhöhung der täglichen Arbeitszeit. Doch nur wenige Frauen meldeten sich freiwillig zur Fabrikarbeit. Das Problem wurde in Teilen durch den Einsatz von Zwangsarbeitern und -arbeiterinnen aus den besetzten Gebieten gelöst. 1943 erging eine weitere Verordnung über das verstärkte Anwerben freiwilliger weiblicher Arbeitskräfte. Aufgrund dieser Kampagne meldeten sich innerhalb eines halben Jahres lediglich eine halbe Million Frauen freiwillig, von denen wiederum die Hälfte nur halbtags arbeiten wollte.

Die Mobilisierungskampagne warf auch Klassengegensätze auf: Die Hausfrauenideologie ersparte den Frauen der Mittel- und Oberschichten die harte Industriearbeit, während die Frauen der Arbeiterklasse um so längere Arbeitstage bewältigen mußten. Die Idee der Volksgemeinschaft scheiterte an der Auffassung von den unterschiedlichen Pflichten von Frauen – abhängig von Klassenzugehörigkeit und Einkommen.

Die italienischen Faschisten hatten ebenfalls Schwierigkeiten, die weibliche Arbeitskraft den Erfordernissen der Tagespolitik anzupassen. Auch hier wurde das Ideal der nichterwerbstätigen Hausfrau massiv gefördert, zunächst nur durch Propaganda, ab 1933 durch entsprechende Gesetze. In staatlichen Ämtern und Betrieben wurde die Zahl weiblicher Beschäftigter quotiert: Nach einigen Jahren betrug sie nur noch 20 %, in den höheren Positionen waren noch weniger Frauen zu finden. Diese Restriktion galt im übrigen für alle Frauen, nicht nur für die verheirateten, und stand insofern in Einklang mit der faschistischen Ideologie über Frauen und Erwerbsarbeit. 1934 wurden in der Privatwirtschaft Quotierungsvereinbarungen zwischen den Tarifpartnern geschlossen. In den staatlichen und kommunalen Verwaltungsapparaten wurden Männer bevorzugt eingestellt, bestimmte Arbeitsplätze blieben ihnen vorbehalten. Verheiratete Männer waren gegenüber unverheirateten privilegiert; kinderreiche Väter genossen Vorteile. Die Gebärfreudigkeit sollte durch vergleichsweise großzügige Regelungen des Mutterschutzes, durch Mutterschaftsgeld und eine sechsmonatige Arbeitsplatzgarantie angeregt werden. Dennoch arbeiteten viele verheiratete Frauen, in den 30er Jahren einer Schätzung zufolge rund 40 %. Besonders die Zahl der Hausangestellten stieg an – in italienischen Mittelschichtshaushalten war mindestens ein Dienstmädchen üblich. Auch in Italien verschärften sich im Faschismus die Klassenunterschiede zwischen Frauen.

Nach der Teilbesetzung Frankreichs durch die Deutschen wurde der restliche Landesteil durch das Vichy-Regime des Marschalls Pétain gesteuert. Das Frauenbild dieses Regimes ähnelte dem deutschen und italienischen. Scheidungen wurden erschwert, Geburten gefördert und die »Mutter« verklärt und geehrt. Das Motto der französischen »nationalen Revolution« war »Arbeit, Familie, Vaterland«. 1940 wurde es Frauen verboten, im öffentlichen Dienst zu arbeiten. Sie sollten sich der Familie widmen oder zumindest im sozialen Bereich arbeiten. Männer mit Kindern wurden bei der Arbeitsplatzvergabe vor Junggesellen bevorzugt.

Die Entwicklung der Frauenerwerbsarbeit vollzog sich in den demokratischen und faschistischen Staaten der Zwischenkriegszeit nicht völlig gegensätzlich; systematisch vergleichende Untersuchungen sind allerdings bisher nicht angestellt worden. In beiden Staatsformen existierte eine komplementäre Geschlechterideologie. Hier wie dort wurden Frauen für die monotonsten und eintönigsten Arbeiten eingesetzt, die im Zuge der technologischen und organisatorischen Rationalisierung entstanden, die sich überall in den industrialisierten Ländern vollzog.

Rationalisierungen

Bis 1950 veränderte sich der Charakter weiblicher Arbeiten nicht wesentlich im Verhältnis zum Charakter männlicher Tätigkeiten – auch wenn Arbeitsorte sich wandelten, neue Aufgaben und neue Berufe entstanden. Die Lohn- und Statusdifferenzen zwischen Männern und Frauen verringerten sich kaum. Die Segregation des Arbeitsmarktes verstärkte sich, während immer mehr Frauen eine Erwerbsarbeit aufnahmen. Bestimmte Berufe wurden »verweiblicht«, andere »vermännlicht«. Immer mehr Frauen verließen das Haus, um eine Erwerbsarbeit aufzunehmen. »Weiblichkeit« wurde nun auf dem Lohnarbeitsmarkt rekonstruiert.

Vor allem in Handel und Büro wurde eine zunehmende Anzahl von Frauen beschäftigt. Ob in Banken, Versicherungen oder Fabriken: das Büro war wesentlich vom Rationalisierungsprozeß der Arbeitswelt betroffen. Entscheidung und Planung entfernten sich zunehmend vom Ort der Produktion und Realisation, die administrativen Funktionen in öffentlicher Verwaltung und Privatwirtschaft expandierten. Frauen wurden in diesen Bereichen als preiswerte Arbeitskräfte benötigt und eingesetzt. Sie waren nun mehr und mehr in den »feinen«, sauberen Büros anzutreffen und weniger in den lauten, schmutzigen Produktionshallen. Auf Kleidung und Frisur wurde mehr Wert gelegt als bisher, ein angenehmes Äußeres spielte in der Bürowelt, in den Warenhäusern und eleganten Boutiquen eine große Rolle. Die Büros waren mit Schreibmaschinen und anderen Hilfsmitteln ausgestattet. Die große Schreibstube mit zahlreichen jungen Schreibkräften war zumindest in größeren Unternehmen ein üblicher Anblick. Die anpassungsfähige, umgängliche junge Frau, die rasch und bereitwillig arbeitete, wurde als Arbeitskraft besonders geschätzt. Sie wurde vor allem für Arbeiten eingesetzt, die ein rasches Reaktionsvermögen und flinke Hände voraussetzten. Ältere Frauen dagegen, zumal unverheiratete, stellten oft die Forderung nach beruflichem Fortkommen, besserer Bezahlung und Altersvorsorge.

Die Ungleichheit von Chancen und Arbeitsbedingungen, auf die Frauen und Männer trafen, fokussierte sich um die Mitte des Jahrhunderts in der expandierenden Industrie. Diese Entwicklung kam im humanitären Gewand daher: Durch gesetzliche Restriktionen sollten Frauen vor bestimmten Arbeitszeitregelungen und Aufgaben »geschützt« werden. Vermutlich wurden die Arbeitsbedingungen durch diese Regelungen tatsächlich verbessert, besonders in den Textilfabriken, wo Frauen die Mehrzahl der Beschäftigten stellten. Ihre Arbeitsplatzchancen wurden dadurch jedoch erneut vermindert. Die Gesetze können in ihrer Wirkung nicht eindeutig als positiv oder negativ beurteilt werden. Allerdings trugen sie durch die Sonderstellung von Frauen dazu bei, sie erneut als einen besonderen Typ von Arbeitskraft zu konstruieren.

Frauenarbeitsplätze waren in der betrieblichen Hierarchie abermals auf den unteren Ebenen angesiedelt. Die Rationalisierung der Arbeitsprozesse, die intensivere Nutzung und Kontrolle der Arbeitskraft, die Beschleunigung der Arbeitstakte ermöglichten eine neue geschlechtsspezifische Zuweisung der Arbeiten in der Fabrik. Neue Technologien, kombiniert mit der Auffassung von der besonderen psychischen Eignung von Frauen für monotone Arbeiten, eröffneten Arbeitgebern die Möglichkeit, männliche und weibliche Arbeitskraft auf jeweils unterschiedliche Weise gewinnbringend auszubeuten. Eine klar umrissene geschlechtsspezifische Arbeitsteilung wurde etabliert. Männliche und weibliche Arbeitskraft wurden unterschiedlich definiert und damit unterschiedlich bewertet.

Die Einführung des Fließbands ermöglichte es, die Produktion in erheblichem Umfang zu steigern. Ziel war es, einen »fließenden« Produktionsprozeß zu erreichen: ein Produkt oder Teilprodukt sollte im Verlauf der Herstellung nicht in Zwischenlagern deponiert, sondern sofort der weiteren Bearbeitung zugeführt werden. Durch die Einführung des Fließbands und anderer technischer Hilfsmittel konnten Arbeitsabläufe in immer kleinere Schritte zerlegt, zeitlich kontrolliert und von vielen verschiedenen Personen ausgeführt werden, die ihrerseits nur noch ein Mindestmaß an Einarbeitung benötigten und problemlos auszutauschen waren. Jeder Arbeiter und jede Arbeiterin kannte sich nur noch mit jeweils einem spezifischen, aus dem Gesamtzusammenhang der Herstellung herausgelösten Arbeitsschritt aus.

In fast allen Industriebranchen bestand die Tendenz, vorzugsweise Frauen am Fließband einzusetzen. Männer waren dagegen mit den vor- und nachbereitenden Tätigkeiten befaßt, wie zum Beispiel mit der Beschaffung der Rohmaterialien aus dem Lager, dem Disponieren der fertigen Produkte, mit Lagerhaltung und Wartung von Maschinen. Eine Ausnahme war die Automobilindustrie, wo Männer auch die Fließbandtätigkeiten ausführten. Männerarbeitsplätze waren ebenfalls von den Rationalisierungsprozessen betroffen, doch die Fließbandarbeitsplätze waren in vielen Industrien, in Konfektions-, Porzellan-, chemisch-technischen und Lebensmittelfabriken fast durchgängig von (jungen) Frauen besetzt. Die neue Technologie setzte diese geschlechtsspezifische Segregation keinesfalls voraus, sie wurde aber für diesen Zweck instrumentalisiert. Auch die Arbeitsplatzhierarchie zwischen Frauen und Männern wurde neu festgeschrieben. Die Funktion des Vorarbeiters wurde fast ausschließlich von Männern wahrgenommen. Frauen durften allenfalls die Arbeit anderer Frauen anleiten.

Die Arbeit am Fließband war außerordentlich anstrengend und belastend. Die schwedische Zeitschrift »Tidevarvet«, Organ linksliberaler Frauen, druckte 1931 eine Beilage zum Thema »Wir Frauen in der Fabrik«. Hintergrund war eine Umfrage unter 500 Fabrikarbeiterinnen in ganz Schweden. Der längste Artikel trug die Überschrift »Am Fließband« und begann mit den Worten: »Im ganzen Land stimmen Arbeiterinnen gemeinsam in den Chor ein: Der Arbeitstakt beschleunigte sich in den letzten Jahren deutlich – erheblich – beträchtlich – kolossal – enorm – man arbeitet von morgens bis abends soviel man eben schafft – die Geschäftsführung fordert soviel Leistung wie möglich in so geringer Zeit wie möglich und zu dem geringsten möglichen Lohn – wir stehen ständig unter der Aufsicht von Vorarbeitern und Ingenieuren, die behaupten, daß wir noch mehr leisten könnten …«

Die schwedische Berufsinspektorin Ida Fischer betonte dagegen nach einer Studienreise durch Deutschland 1934 in der Zeitung »Affärsekonomi« die besondere Eignung von Frauen für monotone Arbeiten: »Es hat sich gezeigt, daß sich die Frau in der Fließbandproduktion sehr gut für reine Routinearbeiten eignet, für Arbeitsschritte, die völlig mechanisch ausgeführt werden können. Die

Frau ist oft eine ›Tagträumerin‹, und wenn sie eine Arbeit erhält, die sie mechanisch ausführen kann und die ihr Zeit für ihre ›eigenen Gedanken‹ gibt, so *müssen* sich aus dieser einförmigen Arbeit *keine* psychisch nachteiligen Folgen ergeben.«[21]

Es ist kaum verwunderlich, daß Arbeitgeber Fließbandtätigkeiten als typische »Frauenarbeit« betrachteten, wenn selbst Berufsinspektorinnen, die die Interessen von Arbeiterinnen vertreten sollten, solche Auffassungen verbreiteten. Die Arbeitgeber nutzten die Lohndifferenzen gewinnbringend aus und legitimierten sie mit der höheren Ertragsfähigkeit des Betriebes.

Trotz dieser Tendenzen eröffneten die Rationalisierungen einzelnen Frauen auch eine gewisse Karriere. Diese widersprüchliche Erfahrung machten in den 30er Jahren die Arbeiterinnen bei der Konfektionsfabrik Algot Johansson AB in Borås. Hier wurde zu Beginn der 30er Jahre der deutsche Ingenieur Albert Sonntag als Fabrikleiter eingesetzt. Sonntag war Fließbandexperte. Zeitgleich mit seiner Ernennung wurden neue, komplette Fließbandanlagen angeschafft. Diese Investition war die Basis für eine Expansion, die den Betrieb in den folgenden 20 Jahren zu einem der größten Kleidungshersteller in Schweden machte. In der schwedischen Konfektionsindustrie war Algot Johansson die erste Fabrik, die Fließbänder einsetzte. Junge Berufsanfängerinnen wurden als Näherinnen neu eingestellt, während einige der älteren, erfahrenen Arbeiterinnen zur Bandleiterin avancierten. Die ehemalige Näherin Ellen Andersson war bei Algot Johansson die erste Vorarbeiterin am Band.

Bestandteil des Fließbandsystems war es, daß jede Verzögerung durch eine einzelne Arbeiterin den Akkordlohn der gesamten Gruppe gefährdete. Bisher war jede Näherin allein für ihr Ergebnis und damit für ihren Lohn verantwortlich gewesen. Nun hieß es für alle, den Bandakkord trotz Müdigkeit und Erschöpfung mitzutragen. Der Gruppendruck war groß. Niemand durfte sich vom Band entfernen. Eine fünfminutige Pause pro Stunde mußte ausreichen, um etwas zu trinken oder die Toilette aufzusuchen. Zu Anfang arbeiteten etwa 40 Frauen am Band; in den 60er Jahren war diese Zahl auf 100 Arbeiterinnen pro Band angewachsen. Die Arbeitsschritte wurden kürzer und einfacher. Das war die grundlegende

Idee des Fließbandsystems: Indem man die Arbeitsschritte verkleinerte, wurden sie einfacher, weniger qualifiziertes Personal konnte beschäftigt und die Bandgeschwindigkeit erhöht werden.

Der Übergang auf dieses neue System vollzog sich nicht ohne Schwierigkeiten, obwohl junge Frauen eingestellt wurden, die weder Vorkenntnisse noch besondere Erwartungen an ihren neuen Arbeitsplatz mitbrachten. Sonntag setzte eine straffe Arbeitsdisziplin durch und war berechtigt, fristlos zu kündigen. Die gewerkschaftlich organisierten Arbeiterinnen wurden mit Kündigung bedroht, als Springerinnen eingesetzt oder erhielten nur noch befristete Verträge. Die Bandgeschwindigkeit war so hoch, daß die »Arbeiter noch vor dem Abend völlig erschöpft« waren, wie die Lokalzeitung berichtete.

Der deutsche Fabrikleiter war jedoch nicht nur ein Chef, der die Näherinnen am Band hetzte und antrieb. Unter seiner Leitung wurden diejenigen Arbeiterinnen befördert, die sich durch besondere Leistung und Loyalität auszeichneten. Als die Anzahl der Fließbänder erhöht wurde, avancierten sie zu sogenannten Bandleiterinnen. Schließlich waren 13 Arbeiterinnen als Bandleiterinnen beschäftigt. »Er wollte Leute aus dem eigenen Unternehmen, niemanden von außerhalb«, erzählte eine der Bandleiterinnen.[22]

Die Bandvorsteherin war an ihrem Band alleinverantwortlich für Quantität und Qualität der produzierten Kleidungsstücke. Sie kontrollierte permanent, ob die Bandgeschwindigkeit eingehalten wurde, trieb Näherinnen an, die zu langsam arbeiteten, und war befugt, sie am Band umzuplazieren. Überdies nahm sie Stichproben vor und prüfte die Qualität der Kleidungsstücke. Wenn ein neues Konfektionsmodell gestartet wurde, plante sie gemeinsam mit Sonntag den Einsatz von Maschinen und Menschen, eine zeitraubende und anspruchsvolle Tätigkeit.

Gegen Ende der 30er Jahre liefen 13 Fließbänder bei Algot Johansson, jedes von einer Bandleiterin betreut. Der Übergang von der bisher üblichen Näherei, bei der jede Näherin einen bestimmten Teil des Kleidungsstückes anfertigte, zu der kontroll- und organisationsintensiven Fließbandproduktion war schwierig. Der gesamte Transformationsprozeß wurde von den weiblichen Bandleiterinnen unter der Führung von Sonntag begleitet und vorangetrieben. Insgesamt waren 529 Personen beschäftigt, davon zu 89 % Frauen. In den ersten zehn Wachstumsjahren hatte sich die Zahl der Arbeitskräfte verfünffacht. Auch das Bügeln wurde übrigens durchweg von Frauen erledigt. Männer waren hauptsächlich in der Zuschneiderei und im Lager beschäftigt.

Als Sonntag 1942 nach Deutschland zurückkehrte, waren 13 Frauen zur Vorarbeiterin aufgestiegen, während die anderen immer monotonere Arbeiten zu erledigen hatten. 1952, zehn Jahre später, waren 1145 Personen beschäftigt, von denen nur noch 58 % weiblich waren. Was war passiert? 1944 wurde ein Vorarbeiter in der Bügelabteilung eingestellt, der nur noch Männer an den Bügelpressen einsetzte. Seiner Auffassung nach gehörten die Frauen nicht hierher, sondern in die Näherei. Die Büglerinnen wurden entlassen. Innerhalb von zwei Jahren war die ehemals weiblich geprägte Abteilung von neu eingestellten Männern dominiert.

Während des Krieges war im neutralen Schweden ein Mangel an Näherinnen eingetreten, da viele Frauen in besser bezahlte Branchen abwanderten. In den letzten Kriegsjahren kamen vermehrt Flüchtlinge aus dem Baltikum und dem kontinentalen Europa nach Schweden. Da auf dem Arbeitsmarkt nicht ausreichend Näherinnen zur Verfügung standen, begannen bald männliche Flüchtlinge, als Näher am Fließband zu arbeiten. Von diesem Moment an wurde keine weitere Frau mehr zur Bandleiterin befördert. Diese Position galt nun als männlich. Zwar wurden die vorhandenen Bandleiterinnen nicht entlassen; aber keine weitere Näherin wurde mehr auf diese Position befördert. Statt dessen wurden junge schwedische Männer eingestellt, einige Zeit lang im Unternehmen ausgebildet und dann einer nach dem anderen als Bandleiter eingesetzt. Da immer mehr Personen an einem Band arbeiteten, wurde die Führungsstruktur neu organisiert und auf zwei Vorarbeiter pro Band ausgeweitet. Zudem benötigten die nicht schwedischsprachigen Arbeitskräfte zur Einarbeitung die konkrete Demonstration der Arbeitsabläufe, da eine ausschließlich mündliche Einweisung nicht ausreichte. Die Tätigkeit der ehemals alleinverantwortlichen Bandleiterinnen veränderte sich: Sie leiteten nun als Schulungspersonal die Arbeitskräfte an ihrem Band an und kontrollierten die Qualität. Die Bandleiter hingegen waren für die Arbeitsorganisation am Band und die Kontrolle der Mengenvorgaben zuständig. Die älteren Bandleiterinnen standen nun auf einer Hierarchieebene mit den jüngeren Vorarbeitern. Letztere waren ausschließlich Schweden; Flüchtlinge avancierten ebensowenig zu Bandleitern wie die jungen, schwedischen Frauen.

Im Verlauf der 40er und 50er Jahre wurde so bei Algot Johansson die Unterordnung von Frauen unter Männer wiederhergestellt. Einige Frauen, die ihre Führungsqualitäten noch unter Beweis hatten stellen können, wurden zwar zu Werkmeisterinnen befördert, die für eine ganze Fabriketage mit mehreren Bändern zuständig waren. Doch die Mentalität der geschlechtsspezifischen Arbeitsteilung, die sich in der Fabrik erneut durchgesetzt hatte, machte eine Vorgesetztenfunktion von Frauen über Männer nahezu unmöglich, selbst wenn Männer am Band in der Minderzahl waren. Zwar wurden die alten Bandleiterinnen nicht entlassen, wie es den Büglerinnen widerfahren war. Doch im Zuge der gleichzeitigen Neugestaltung der Arbeitsorganisation verloren die meisten Bandleiterinnen ihre ehemals selbständige, alleinverantwortliche Position.

Die Entwicklungen in der Konfektionsfabrik Algot Johansson verdeutlichen die relative Flexibilität der geschlechtsspezifischen Arbeitsteilung. Sie wurde geprägt vom Willen einzelner Personen, von der betrieblichen Personalpolitik, von einer Phobie gegenüber weiblichen Führungskräften sowie einer Grundhaltung, die man wohl als »Zeitgeist« bezeichnen könnte. Die wesentliche Tendenz dieses Rationalisierungsprozesses zeigte sich jedoch in dem Bestreben, Frauen wieder auf die einfachen, untergeordneten Tätigkeiten am Fließband zu verweisen. Der zünftische Ausschluß von Frauen aus beruflicher Ausbildung, die späteren Sondergesetze für weibliche Industriearbeit sowie der konsequent behinderte Zugang von Frauen zu statusträchtiger Technologie – all dies fand seine logische Fortsetzung in der Arbeitsteilung der Geschlechter am Fließband.

Doch noch etwas wird am Beispiel der Konfektionsfabrik deutlich: Die Arbeitsbedingungen von Frauen waren nicht unabhängig von denen der Männer. Leistung und Positionen von Männern definierten die Spielräume und Arbeitsbedingungen von Frauen, ihre möglichen Leistungen und Aufstiegschancen.

Ein weiteres Beispiel hierfür gibt der amerikanische Soziologe Robert Blauner in seinem 1964 in den USA erschienenen Buch »Entfremdung und Freiheit«. Er ging darin der Frage nach, aufgrund welcher Bedingungen Menschen ihre Arbeit als »frei« oder »entfremdet« empfinden. Die Studie thematisierte das Ohnmachtsgefühl von Arbeitern, das daher rührt, daß sie von Entscheidungen ausgeschlossen sind und ihre Tätigkeit nicht beeinflussen können, und untersuchte, ob dieses Gefühl in den verschiedenen Branchen unterschiedlich stark ausgeprägt sei.

In den von Blauner untersuchten Textilfabriken machten Frauen zum Teil 40 % der Angestellten aus. Der Grad der Entfremdung in diesen Fabriken erwies sich hier als niedriger als in Betrieben mit einem höheren Männeranteil. Doch bedeutete dies, daß Frauen über einen größeren Einfluß auf ihren Arbeitsplatz verfügten und diesen menschlicher gestalten konnten? Keinesfalls. Es bedeutete nichts weiter, als daß Frauen die monotonsten Arbeiten ausführten und ihre Arbeitsbedingungen besonders restriktiv waren. Deshalb waren laut Blauner die Arbeitsbedingungen weniger entfremdet als andernorts – für die dort beschäftigten Männer. Da Frauen die unattraktiven Tätigkeiten erledigten, erhielten die Männer Aufgaben, die Können und Geschicklichkeit erforderten und mehr Freiräume ermöglichten. Doch fühlten sich nicht die Frauen deshalb um so stärker entfremdet? Sie waren nach Blauners Auffassung weder entfremdet noch mit ihren Arbeitsbedingungen unzufrieden: Was ihnen am meisten bedeute, sei nicht ihre Arbeit, sondern ihre Rolle als Ehefrauen und Mütter. Deshalb könnten sie ohne Schaden Tätigkeiten ausführen, die bei Männern ein starkes Gefühl der Entfremdung hervorrufen würden. Blauner reduzierte Frauen auf die Rolle als Hausfrau und Mutter und negierte ihre Identität als Arbeiterin – obwohl sie in den Fabriken arbeiteten, die er untersuchte. Arbeiterinnen bildeten nicht den Untersuchungsgegenstand seiner Studie. Ihr Verhältnis zur Industriearbeit wurde als nicht existent betrachtet. Blauners Buch gibt dennoch unbeabsichtigt die Einsicht preis, daß die Erwerbsarbeit von Frauen eine direkte Bedeutung für die Arbeit von Männern hat. Es erwies sich als Vorteil für Männer, wenn Frauen in derselben Fabrik arbeiteten wie sie und dort auf die unattraktivsten Aufgaben verwiesen wurden.

Auch die neuen Arbeitsplätze in Büro, Handel und Pflege erlebten massive Rationalisierungen. In der Zeit zwischen 1914 und 1950 wurde eine recht stabile geschlechtsspezifische Arbeitsteilung konstruiert und durchgesetzt. Sie gründete sich einerseits auf die Annahme, daß Männer eine lebenslange Erwerbsbiographie und eventuelle Karriere anstreben, andererseits auf die Unterstellung, daß junge Frauen ihre Erwerbstätigkeit nach einigen Jahren zugunsten einer Ehe aufgeben würden. Besonders widersprüchlich war dieses Schema für ältere, unverheiratete Frauen, die keinerlei Aussicht auf eine Heirat hatten, da viele Männer in den Weltkriegen gefallen waren. In einer ähnlichen Situation befanden sich die zahlreichen Kriegswitwen. Ohne einen Ehemann als »Versorger« war es für Frauen im Zwischenkriegseuropa unerhört schwer, sich und ihre Kinder zu ernähren.

Die Arbeitslosigkeit zwischen den beiden Weltkriegen wurde verstärkt durch einschneidende Rationalisierungen, die den Arbeitskräftebedarf verminderten. Im Kampf um die raren Arbeitsplätze wurden zunächst Männer und Frauen als Gegner konstruiert. Innerhalb der Gruppe der Frauen konkurrierten wiederum verheiratete und unverheiratete, junge und alte Frauen um die wenigen Arbeitsplätze. Gehässigkeit und Groll kennzeichneten nicht selten die Haltung der einzelnen Gruppen zueinander. Die Rolle des Versorgers, von dem Frau und Kinder ökonomisch abhängig waren, wurde – quer durch alle Schichten – ein wichtiger Mosaikstein im Männlichkeitsideal der Zeit. Die meisten Männer und Frauen lehnten die sogenannten »Doppelverdienerehen« ab. Für viele Frauen war diese Einstellung ein nahezu unüberwindliches Hindernis für eine langfristige, gesicherte Erwerbstätigkeit, während gleichzeitig das Ideal der erwerbslosen Ehefrau von der gesellschaftlichen Realität konterkariert wurde. Die Konflikte zwischen verheirateten und unverheirateten Frauen auf dem Arbeitsmarkt wurden genährt von der »Hausfrauenideologie«, die die Ehefrau idealisierte, die zu Hause blieb, um nur für Mann und Kinder dazusein.

Trotz der Erwerbstätigkeit verheirateter Frauen galt der Mann als Familienversorger. Deshalb mußte seine Arbeit mit einem »Ernährerlohn« bezahlt werden. Die niedrigen Löhne von Frauen konnten damit gerechtfertigt werden, daß ihre Versorgung durch Mann und Familie gewährleistet sei. Ihr Lohn galt nur als »Zuverdienst«. Doch dieses Bild war ein Mythos, es stimmte nicht mit der Lebensrealität vieler Frauen überein. Zwar arbeiteten viele Frauen nur in Teilzeit. Der Großteil der vollzeiterwerbstätigen Frauen jedoch war unverheiratet und für die Versorgung weiterer Menschen verantwortlich. Auch verheiratete Frauen, zumal aus der Arbeiterklasse, waren in weit höherem Ausmaß erwerbstätig, als es die Statistiken ausweisen. Oftmals gingen sie Gelegenheitsarbeiten nach oder Tätigkeiten, die sich mit der Arbeit im eigenen Haushalt einigermaßen verbinden ließen. Ideologie und Realität wirkten zum Nachteil von Frauen, verstärkten die Segregation des Arbeitsmarktes und drückten die Löhne. Die Forderung nach »gleichem Lohn für gleiche Arbeit« wurde zur leeren Worthülse: Frauen und Männer verrichteten nicht die gleichen Arbeiten. Die Arbeitgeber profitierten von dieser Trennung.

Frauen wurden auf »weibliche« Arbeitsplätze verwiesen und dort gehalten – mit Hilfe einer strikten Arbeitsteilung und eines konservativen Frauenbilds. In der Zwischenkriegszeit wurde die Arbeitsteilung in den meisten europäischen Ländern durch diskriminierende Maßnahmen und Gesetze unterstützt, die sich insbesondere gegen verheiratete Frauen richteten. Abtreibungs- und Verhütungsverbote begleiteten die Restriktionen des Arbeitsmarktes und machten die Partizipation von Frauen am Erwerbsleben unberechenbar. Die Arbeitsaufgaben von Frauen waren meist besonders gleichförmig und unattraktiv, ihre Arbeitsplätze unsicher und schlecht bezahlt. Zugleich erwartete man von Frauen, daß sie ihre Erwerbsarbeit aufgaben und unbezahlte Arbeit im Haus verrichteten, wenn sie durch einen Mann »versorgt« waren. Die Unterordnung der »modernen Frau« nahm neue Formen an und wurde mehr und mehr in die Lohnarbeit integriert.

Epilog: Gegenwart und Zukunft weiblicher Erwerbstätigkeit

Ist eine Frau stärker durch ihre Biologie determiniert als ein Mann? Denken Frauen anders als Männer? Werden die Interessen von Frauen vor allem durch ihre potentielle Mutterschaft bestimmt? Sind Frauen für andere Arbeiten geeignet als Männer? All diese Fragen kann ich, nachdem ich die Geschichte weiblicher Erwerbsarbeit untersucht habe, eindeutig mit »nein« beantworten. Aus historischer Perspektive wird deutlich, daß sich die Bedeutung von Biologie und weiblichen »Interessen« in unterschiedlichen Zusammenhängen und Epochen wandelt, daß Denk- und Handlungsmuster nicht unveränderlich, sondern historisch und kulturell bestimmt sind.

Gibt es so etwas wie »gemeinsame Interessen« von Frauen? Bedeutet es etwas anderes, als Frau oder als Mann geboren zu sein? Sind Frauen in anderen Berufen zu finden als Männer? Auf diese Fragen gibt es keine eindeutigen Antworten, aber meistens lassen sie sich mit »ja« beantworten. Es ist kaum möglich, Verallgemeinerungen zu treffen; die Antwort ist abhängig von historischen, politischen und individuellen Gegebenheiten. Gemeinsame Interessen von Frauen sind entstanden, weil Frauen in ihrer Gesamtheit anders als Männer behandelt wurden. Das Verhältnis der Geschlechter drückte sich in vielfältiger Weise aus – von der Gesetzgebung bis hin zu sexueller Gewalt. Zeitweilig erlebten es Frauen als ein gemeinsames Interesse, die Bedingungen weiblicher Existenz zu verbessern. Manche haben sich individuell für die Belange aller Frauen eingesetzt; doch tatsächlich haben Frauen ihre Situation immer in vielfältiger Weise erlebt und gedeutet. Vielleicht resultiert aus der Gebärfähigkeit von Frauen ein gemeinsamer Ausgangspunkt weiblicher Interessen. Doch nicht alle Frauen gebären tatsächlich Kinder. So scheint auch dies kein gemeinsamer Bezugspunkt aller Frauen zu sein, obwohl er gesellschaftlich als solcher konstruiert wird. Gemeinsam waren Frauen die strukturellen Bedingungen, mit denen sie konfrontiert waren und umgehen mußten. Doch wie sie sie beurteilten, war sehr unterschiedlich. Einigen Frauen ist es gelungen, sich aus den Begrenzungen weiblicher Existenz zu befreien, sei es durch ihre hohe Geburt, ihre außerordentliche Intelligenz, harte Arbeit oder bloßen Zufall; manche schlüpften in eine männliche Identität und reüssierten als vermeintliche Männer. Frauen waren zu kaum einer Zeit eine homogene Gruppe mit langfristigen gemeinsamen Interessen, während zugleich die meisten Gesellschaften sehr genaue Vorstellungen vom Wesen »der Frau« entwickelten und sie durch Gesetze und Konventionen in diesen vorgegebenen Rahmen zu zwängen versuchten.

Und heute? Werden Frauen in den modernen europäischen Gesellschaften systematisch »anders« behandelt als Männer? Es fragt sich, ob wir in einer Kultur leben, die die Unterschiede zwischen Männern und Frauen stärker betont als ihre Gemeinsamkeiten als Menschen; ob die Arbeitsaufgaben von Frauen durch ihr Geschlecht oder geschlechtsneutral durch ihre Kompetenz bestimmt sind. In Europa dominiert die Auffassung, daß Männer für leitende Positionen in Wirtschaft und Politik besonders geeignet seien, Frauen dagegen aufgrund ihres Geschlechts wie geschaffen seien für Tätigkeiten im sozialen Bereich. Leider wird auch heute das Schicksal einer Frau in einem unerhört hohen Ausmaß durch das Geschlecht bestimmt, mit dem sie geboren wird – mindestens ebensosehr wie durch andere Charakteristika wie Neigung, Fähigkeiten und Erfahrungen.

Einer Lohnarbeit nachzugehen bedeutete für Frauen in den vergangenen 200 Jahren, sich durch einen Dschungel einschränkender und hinderlicher Regeln zu bewegen, die auf das sinnreichste mit sozialen und wissenschaftlichen Vorurteilen verwoben waren. Dennoch haben immer mehr Frauen eine Erwerbsarbeit ausgeübt, die für die Verteilung materieller Ressourcen immer stärker an Bedeutung gewann. Frauen haben zu keiner Zeit die vielbeschworene »freie Wahl« gehabt zwischen eigener Erwerbsarbeit und einer versorgten Existenz als Hausfrau und Mutter. Zumeist waren sie auf eigene Einkünfte angewiesen und wurden zugleich auf die schlechtesten und geringst bezahlten Arbeiten verwiesen. Die Arbeitsteilung der Geschlechter bevorteilte Männer und benachteiligte

Frauen. Wenn sie sich veränderte, so geschah dies aus verschiedenen Gründen: Frauen forderten, ihre Fähigkeiten und Kenntnisse zu den gleichen Bedingungen wie Männer einsetzen zu können. Oder die Arbeitsteilung wandelte sich, weil Frauen die billigeren Arbeitskräfte waren und unattraktive Aufgaben ohne Murren übernahmen. Oder es wurden mehr Arbeitskräfte benötigt und nur Frauen standen zur Verfügung. Die Gründe für weibliche Erwerbsarbeit waren vielfältig. Doch auch als Arbeiterinnen wurden Frauen immer als »Frauen« behandelt. Frauen begnügten sich mit schlechteren Arbeitsbedingungen als Männer, nicht weil sie von Natur aus geduldiger oder fingerfertiger sind, sondern weil sie weniger Wahlmöglichkeiten besaßen. Sie waren gezwungen, die Arbeiten anzunehmen, die ihnen als »Frauen« angeboten wurden. Auf der Suche nach Lebensunterhalt und Selbständigkeit haben Frauen sich entweder in diese Arbeitsteilung gefügt oder dagegen opponiert. Die Kraft ist bewundernswert, mit der viele Frauen es auch gegen zähen Widerstand geschafft haben, Regeln und Gesetze zu überwinden, Muster aufzubrechen und neue Arbeitsfelder zu erobern, um größere ökonomische Autonomie zu erlangen.

In diesem Buch habe ich zu zeigen versucht, wie bis in die 50er Jahre unseres Jahrhunderts hinein die zähen Strukturen der Geschlechterhierarchie immer wieder neu hergestellt und konstruiert wurden. Doch dieser Prozeß endete nicht in den 50er Jahren des 20. Jahrhunderts, er setzt sich bis in die heutige Zeit fort – obwohl die Situation von Frauen in mancher Hinsicht verbessert wurde. Doch noch immer hat es heute ein Bruder einfacher auf dem Arbeitsmarkt als seine Schwester. Natürlich haben sich die Arbeiten von Frauen zwischen 1790 und 1990 enorm verändert. Aber dies gilt ebenso für die Bedingungen männlicher Erwerbsarbeit. Lebensstandard und Bildungsniveau aller Bevölkerungsschichten haben sich deutlich erhöht. Doch der Arbeitsmarkt ist weiterhin nach dem biologischen Geschlecht aufgeteilt – zum Nachteil von Frauen. In der Arbeitsteilung mit ihren Konsequenzen für Einkommensverteilung und Selbstbestimmung wird die Unterordnung der Frau unter den Mann wiederhergestellt.

Frauen arbeiten mindestens ebensoviel wie Männer. Wenn wir den Anteil unbezahlter Arbeit voll berücksichtigen, der sich ja nur schwer bemessen läßt, arbeiten sie wahrscheinlich sogar mehr als Männer. Doch trotz dieser Leistungen verfügen Frauen über geringere Einkommen und Vermögen als Männer, erhalten bedeutend geringere Renten und haben, wenn sie allein leben, in der Regel einen niedrigeren Lebensstandard. Frauen als Gruppe sind strukturell von Männern ökonomisch abhängig. Das schließt nicht aus, daß bestimmte Frauen heute individuell über große Möglichkeiten verfügen, sich von dieser Mehrheit abzuheben.

Frauen waren in einem sich verändernden Produktionsprozeß mit Widersprüchen konfrontiert, die um die Jahrhundertwende besonders deutlich zutage traten. Sie erklären, warum in den westlichen Gesellschaften keine geschlechtsneutralen ökonomischen Demokratien entstanden. Viele dieser Widersprüche bestehen bis heute; die Definitionen »männlicher« und »weiblicher« Tätigkeiten setzen sich fort, obgleich Frauen bestimmte »männliche« Bereiche übernommen haben oder aus anderen Arbeitsfeldern verdrängt wurden. Die Kontoristen wurden durch weibliche Bürokräfte ersetzt, während der Meier die Meierin aus der Milchwirtschaft verdrängte. Bewertungen von Arbeit und Lohnniveaus veränderten sich, wenn Frauen in bestimmte Bereiche eindrangen oder aus ihnen verschwanden. Unsere Auffassung von Arbeitsteilung ist von der Kategorie Geschlecht gleichsam hypnotisiert. An sie knüpfen sich soziale Verhältnisse und Wertmaßstäbe.

Nach dem Zweiten Weltkrieg erlebte das Ideal der glücklichen Familie mit der Mutter in ihrer Mitte eine Renaissance. Männer wie Frauen verspürten ein Bedürfnis nach Sicherheit und Geborgenheit, das sich in dieser Lebensform erfüllen sollte. Doch für zahlreiche Frauen war dies kaum zu verwirklichen; der Krieg hatte nicht wenige von ihnen zu Witwen gemacht, und viele junge Männer hatten ihr Leben verloren. Dennoch erlebte Europa einen Heiratsboom; die geschlechtshierarchische, aber stabile Kernfamilie setzte sich als Lebensmodell durch. Die Botschaft an verheiratete Frauen war widersprüchlich, denn auf ihren Arbeitseinsatz war kaum zu verzichten. Die Lösung dieses Dilemmas lag in der doppelten Verantwortung von Frauen für Familie und Beruf – allerdings mit einer anderen Prioritätensetzung, als sie von Männern erwartet wurde. Frauen sollten den Spagat zwischen bezahlter und unbezahlter Arbeit bewerkstelligen, während Männer sich ausschließlich in der Sphäre bezahlter Arbeit bewegten. Die Schwedin Alva Myrdal und die Engländerin Viola Klein schrieben gemeinsam das Buch »Die zwei Rollen der Frau«, das 1952 erschien und folgende Empfehlung an die Frauen richtete: zunächst eine Ausbildung, in der Folge Berufstätigkeit bis zur Heirat (eventuell bis zur Geburt des ersten Kindes), dann eine lange häusliche Phase (mindestens bis zur Einschulung des jüngsten Kindes) und schließlich die Rückkehr ins Arbeitsleben. Doch auf welche Arbeitsmöglichkeiten trafen Frauen nach einer zehn- bis zwanzigjährigen »Pause«? Wie sollten sie ihre Qualifikation laufend aktualisieren? Das sogenannte Drei-Phasen-Modell von Myrdal und Klein beinhaltete die unausgesprochene Annahme, daß Frauen sich mit den geringer qualifizierten Arbeiten begnügen und sich flexibel auf die jeweils angebotenen Arbeiten einstellen sollten. Die sogenannte berufstätige Hausfrau war und ist eine andere Kategorie auf dem Arbeitsmarkt als die unverheiratete oder verheiratete Frau, die ihre Erwerbsarbeit zu keiner Zeit unterbrochen hatte. Nicht selten blieb die verheiratete Hausfrau ihr Leben lang zu Hause, wenn ihr Mann sie »versorgen« konnte.

Doch dieses Lebens- und Familienmodell ist heute im Schwinden begriffen. Die Erwerbsquote von Frauen ist in ganz Europa seit den 50er und 60er Jahren gestiegen, wenn auch unter verschiedenen Bedingungen und in unterschiedlichem Ausmaß. Ich möchte hier vor allem die Gemeinsamkeiten dieser Entwicklung herausstellen. Ebenso wichtig scheint mir der Hinweis, daß die Arbeitsintensität von Männern in den letzten Jahrzehnten spürbar abgenommen hat. Dies beruht auf verlängerten Ausbildungszeiten, einem gesenkten Rentenalter und der gestiegenen Arbeitslosigkeit. Aber keine dieser Veränderungen scheint die geschlechtliche Arbeitsteilung ernsthaft in Frage zu stellen. Die Gründe dafür liegen einerseits in der staatlichen Politik, in Steuer-, Bildungs- und Wohlfahrtspolitik, wie zum Beispiel öffentlicher Kinderbetreuung und Altenpflege; andererseits in den Anforderungen des freien Arbeitsmarktes, der zunehmend nach teilzeitarbeitenden, flexiblen Arbeitskräften verlangt, die geringe Löhne akzeptieren können oder müssen.

Die geschlechtsspezifische Arbeitsteilung erwies sich für die Arbeitgeber zu jeder Zeit als vorteilhaft. Sie führte dem Arbeitsmarkt zwei Gruppen von Frauen zu: einerseits eine große Zahl junger, leistungsfähiger Frauen, die sich rasch in die monotonsten und schwersten Aufgaben einarbeiteten, andererseits geduldige, belastbare ältere Frauen, die dankbar waren, wenn sie noch einen Arbeitsplatz finden konnten. Die Arbeitsteilung fußt auf zwei Arten von Arbeit: einerseits Tätigkeiten, die auf eine lebenslange Erwerbsbiographie abzielen, andererseits Arbeiten, in der der Arbeiter oder besser gesagt: die Arbeiterin intensiv ausgebeutet wird und diese Beanspruchung nicht ein Leben lang oder acht Stunden täglich aushalten kann. Im heutigen Europa besteht ein hierarchisch konstruierter Arbeitsmarkt, auf dem die ethnische Zugehörigkeit ein weiteres Auswahlkriterum darstellt, das in die geschlechtsspezifische Arbeitsteilung integriert ist. Die schlechtest bezahlten, unsichersten und schmutzigsten Arbeiten werden von Migranten ausgeführt. Migrantinnen wiederum müssen ihren Lebensunterhalt unter den allerschlechtesten Bedingungen erwirtschaften.

Zwar waren Frauen schon immer gezwungen, einer Lohnarbeit nachzugehen. Die Frauen der Nachkriegsgeneration erhielten jedoch eine bessere Ausbildung als ihre Mütter und verfügten damit über eine bessere Startposition auf dem Arbeitsmarkt. Sie forderten nun ein Recht auf Ausübung eines Berufs, auf eigenes Einkommen, berufliche Erfüllung und Erfolg auch neben ihren familiären Pflichten. Sie wuchsen zu der rebellischen Generation heran, die in den 60er und 70er Jahren den weiblichen Widerstand gegen die »Diskriminierung von Frauen in der patriarchalen Gesellschaft« organisierte. Die Zahl derjenigen Frauen, die einen Platz im Arbeitsleben zu den gleichen Bedingungen wie Männer forderten, wuchs zu einer kritischen Größe heran. Sie veränderten in den meisten europäischen Ländern die staatliche Frauenpolitik, während gleichzeitig die ökonomische Konjunktur immer mehr arbeitende Hände und Köpfe benötigte.

In den 70er Jahren erließen die europäischen Gesellschaften eine Fülle von Gesetzen und Regelungen, die die Rechte von Frauen auf Erwerbsarbeit und körperliche Selbstbestimmung schützten und festschrieben. Als erstes Land führte Schweden 1971 ein Steuersystem ein, das nicht länger die Einkommen eines Ehepaares gemeinsam veranlagte, sondern beide Partner als Individuen behandelte. Aufgrund des progressiven Besteuerungssystems gab diese Regelung Frauen einen wesentlichen Anreiz, eigenes Geld zu verdienen. Mehrere andere Länder haben später ebenfalls eine getrennte Steuerveranlagung eingeführt oder Wahlmöglichkeiten zwischen gemeinsamer und getrennter Veranlagung geschaffen. Andere Länder, zum Beispiel Deutschland, schufen ein System, das scheinbar steuerlich neutral zwischen dem alten, hausfrauenorientierten System und einem moderneren, individuellen System angelegt ist, aber letztlich das alte Familienmodell mit dem Versorger begünstigt.

In zahlreichen Ländern konnte der Mann bis weit in die zweite Hälfte des 20. Jahrhunderts hinein seiner Ehefrau die Ausübung einer Erwerbsarbeit untersagen. Dieses Recht des Ehemanns wurde erst 1976 in Westdeutschland, 1980 in Spanien und 1988 in der Schweiz abgeschafft. Nun verfügten auch verheiratete Frauen über das Recht auf Erwerbsarbeit. Doch nach wie vor gelten die häuslichen Tätigkeiten als traditionell weibliche Pflicht, ebenso wie die Pflege und Erziehung der Kinder. Ohne öffentliche Kinderbetreuung bleibt das Recht auf Erwerbsarbeit letztlich eine bloß papierene Reform. Frauen, die Kinder bekommen und trotzdem ökonomisch unabhängig bleiben wollen, stehen vor großen Schwierigkeiten. Den wenigsten gelingt dieser Spagat. Heute gibt es nur in drei Ländern Europas, Schweden, Dänemark und Finnland, einen bezahlten Elternurlaub mit Lohnausgleich in einer Höhe, von der man existieren kann. Hier erhalten Frauen, die zuvor einer Erwerbsarbeit nachgegangen sind, ein Erziehungsgeld, das sich an der Höhe des bisherigen Einkommens bemißt. Diese Möglichkeit besteht auch für Männer, wird jedoch nur zu etwa 10 % von diesen genutzt. Dennoch zielt dieses System in die richtige Richtung, denn es stärkt die Position von Frauen auf dem Arbeitsmarkt ebenso wie als Mütter. Es trägt zu einem langfristigen Emanzipationsprozeß bei, der sich nur sehr allmählich vollzieht. Schweden wies 1990 eine im europäischen Vergleich außergewöhnlich hohe Geburtenrate auf mit mehr als zwei Kindern pro erwachsener Frau. Zu diesem Zeitpunkt betrug das Erziehungsgeld 100 % des bisherigen Einkommens. Als die Höhe des Erziehungsgeldes in den 90er Jahren reduziert wurde, nahm die Geburtenrate wieder spürbar ab.

Trotz der allenthalben beklagten niedrigen Geburtenraten scheinen die übrigen europäischen Länder dem skandinavischen Beispiel nicht folgen zu wollen. Alle anderen europäischen Frauen sind als Mütter im Erziehungsurlaub auf einen »Versorger«, bedarfsorientiertes Erziehungsgeld oder Sozialhilfe angewiesen. Noch nicht einmal das Recht auf Erziehungsurlaub ist europaweiter Standard. Die jeweiligen Regelungen variieren stark von Land zu Land: In England und Irland besteht keinerlei Recht auf Erziehungsurlaub, in Schweden wird ein Jahr bezahlter Elternurlaub gewährt, in Frankreich zwei Jahre unbezahlt. Zudem ist das Netz öffentlicher Kinderbetreuung unterschiedlich weit ausgebaut. In Frankreich sind 20 % der Kinder bis zu zwei Jahren und 95 % der älteren Kinder tagsüber öffentlich betreut. Ab einem Alter von vier Jahren gehen alle französischen Kinder in eine Vorschule. Am schlechtesten ist die Situation in Großbritannien mit nur 35 % der Kinder über drei Jahren in öffentlicher Betreuung. Die Betreuungsdichte von Schulkindern zu vergleichen ist allerdings schwierig: Von Land zu Land variiert das Einschulungsalter für die Grundschule oder gar eine obligatorische Vorschule. In einigen Ländern werden Schulkinder ganztags in der Schule betreut, wenn die Eltern erwerbstätig sind, während in anderen Staaten die Kinder bereits mittags wieder zu Hause sind oder während der Woche über einen schulfreien Nachmittag verfügen. Für die Erwerbsmöglichkeiten von Frauen ist es entscheidend, in welcher Weise der Staat tagsüber die Betreuung von Kindern übernimmt – und zwar vom Kleinkindalter an bis weit in die Schulzeit hinein. Die derzeitigen Systeme ermöglichen Frauen mit Kindern kaum eine gleichberechtigte Partizipation am Erwerbsleben. Die meisten bleiben daher auf das Drei-Phasen-Modell verwiesen, das Alva Myrdal empfahl. Zugleich gehen immer mehr Mütter von Kleinkindern arbeiten.

Abtreibung war in der ersten Hälfte des 20. Jahrhunderts in allen Ländern nahezu völlig verboten. Seit der späten Nachkriegszeit wurde sie unter bestimmten Bedingungen erlaubt und innerhalb der ersten Schwangerschaftswochen teilweise sogar gänzlich freigegeben. In allen europäischen Staaten werden Abtreibungen von Ärzten vorgenommen, die vielfach eine gewisse Kontrolle über die Rechtmäßigkeit der Abtreibung ausüben. Im heutigen Europa ist das Recht auf Abtreibung erneut bedroht, zum einen durch den religiös motivierten Widerstand vor allem der katholischen Kirche, zum anderen durch den fehlgeleiteten Versuch, die nationalen Geburtenraten zu steigern. Die Ereignisse im wiedervereinigten Deutschland waren ein Rückschlag für das Selbstbestimmungsrecht der deutschen Frauen: Hier setzte sich das restriktivere westdeutsche Abtreibungsrecht gegenüber dem ostdeutschen Modell durch, das ein freies Recht auf Abtreibung festgeschrieben hatte. Als einziges europäisches Land hält Irland bis heute ein totales Abtreibungsverbot aufrecht.

Der Arbeitsmarkt ist weiterhin geschlechtsspezifisch strukturiert. Der soziale Sektor expandierte besonders in Nordeuropa und weist durchgängig einen hohen Frauenanteil auf. In diesem Bereich finden sich zahlreiche Teilzeitarbeitsplätze, ebenso wie in der Hotel- und Gastronomiebranche, im Reinigungsgewerbe und in der expandierenden Freizeitbranche. Teilzeitbeschäftigungen nehmen ebenso zu wie Saisonarbeiten und befristete Anstellungen. Vor allem Frauenarbeitsplätze sind von dieser Entwicklung betroffen. Diese Arbeiten sind häufig nur gering entlohnt und fallen meist aus dem Netz der Sozialversicherungspflicht heraus. Die Expansion der genannten Branchen zeigt, daß die zunehmende Frauenerwerbsarbeit zumindest teilweise aus der Tatsache resultiert, daß Tätigkeiten, die Frauen ehemals unbezahlt oder als gering entlohnte Mägde im Haushalt verrichteten, sich in den Lohnarbeitsmarkt verlagerten. Die unbezahlten Arbeiten von Frauen im Haus müssen vom Lohn des Mannes abgedeckt werden – keine Arbeit wird tatsächlich »gratis« verrichtet. Verheiratete Frauen partizipieren an den materiellen Ressourcen nicht durch direkte Bezahlung, sondern indirekt durch den männlichen Familienlohn.

Die Zubereitung von Nahrungsmitteln hat sich vereinfacht und wird heute teils von der Industrie, teils von Dienstleistungsunternehmen übernommen. Auch andere Dienstleistungsbranchen expandieren, zum Beispiel Tourismus, Verkehr, Medien und Informationstechnologie. In diesen Bereichen haben sich Frauen einen festen Platz erobert. Teils stellen sie die große Mehrheit der Beschäftigten, teils sind sie neben Männern akzeptiert – dann allerdings meist für spezielle Aufgaben.

Die Arbeitsformen haben sich verändert, die geschlechtliche Arbeitsteilung besteht fort. Die Löhne von Frauen sind gestiegen, doch werden sie immer noch für die »gleiche« Arbeit geringer entlohnt als Männer. Dennoch gibt es in zahlreichen Ländern ein gesetzliches Recht auf gleiche Entlohnung für gleiche oder gleichwertige Arbeit. Dieser Anspruch ist seit langer Zeit in der »International Labour Organisation« als internationale Konvention anerkannt. Bis Mitte der 80er Jahre bestand die Tendenz, Männer- und Frauenlöhne anzugleichen, doch in den 90er Jahren nahmen die Lohndifferenzen wieder zu. Die Frauenlöhne in der Industrie lagen zu Beginn der 90er Jahre überall in Europa unter denen der Männer, die Differenzen waren jedoch unterschiedlich groß. So verdienten Industriearbeiterinnen in Frankreich durchschnittlich 81 % des männlichen Lohns, in Dänemark 85 %, in Schweden 89 %, in den Niederlanden 75 %, in Deutschland 74 %, in Spanien 72 % und in England sogar nur 69 %. Eine gute öffentliche Kinderbetreuung scheint zu einer besseren Stellung von Frauen als Arbeitskraft und damit zu höheren Frauenlöhnen beizutragen.

Die Zahl alleinerziehender Mütter nahm seit der Nachkriegszeit spürbar zu. Zum Teil mag dieser Befund eine statistische Fehldeutung sein: In den nordischen Ländern, aber auch andernorts, ist es zunehmend üblicher geworden, daß Mütter und Väter unverheiratet oder mit einem neuen Partner zusammenleben. Viele Kinder »Alleinerziehender« wachsen daher sehr wohl mit zwei Elternteilen auf. Die europäischen Staaten betrieben in Hinblick auf alleinerziehende Mütter unterschiedliche Politiken. In den skandinavischen Ländern und in der früheren DDR wurde die sogenannte »Arbeitslinie« verfolgt. Mütter wurden bei der Suche nach Arbeit und bei der Ausübung einer Berufstätigkeit unterstützt, indem sie zum Beispiel bei der Vergabe öffentlicher Kinderbetreuungsplätze bevorzugt wurden. Sie wurden ermuntert, ihren Platz auf dem Arbeitsmarkt zu behaupten. Nicht selten war es alleinerziehenden Frauen so möglich, ökonomisch unabhängig zu bleiben oder die staatliche Unterstützung auf ein Mindestmaß zu reduzieren. Sie blieben in den Arbeitsmarkt integriert; wenn sie auch eine schwierigere Stellung hatten als andere Gruppen. Andere Staaten, wie Irland und Großbritannien, beschritten einen anderen Weg. Hier erhalten Alleinerziehende eine staatliche Beihilfe, die es ihnen ermöglicht, zu Hause zu bleiben und ihre Kinder selbst zu betreuen. Diese Lösung vermindert nicht zuletzt den Bedarf an öffentlichen Betreuungsplätzen. Zugleich werden diese Frauen für ein Leben in den häuslichen vier Wänden sozialisiert und haben kaum die Chance, Arbeitserfahrungen zu sammeln. Gehen die Frauen eine Beziehung mit einem neuen Partner ein, so wird von ihm erwartet, daß er den Staat als Versorger der Frau und ihres Kindes ersetzt. Diese Politik führt langfristig zur sozialen Isolation alleinerziehender Frauen – sowohl im Arbeitsleben als auch hinsichtlich neuer persönlicher Bindungen. Solche Folgen zeitigt die oft als sehr belastend aufgefaßte »Arbeitslinie«, die Mutter und Kind tagsüber voneinander trennt, zumindest nicht.

Die Rolle des Staates hat sich verändert. Nicht selten hat er die Frauenemanzipation gefördert, doch er ist kein zuverlässiger Partner: Arbeitsmarkterfordernisse standen oft im Zentrum staatlicher Politik. Es fragt sich, welche Folgen die gegenwärtigen Strukturveränderungen haben werden, die immer mehr Arbeitsplätze in der Produktion zerstören, während die Dienstleistungsbranche wächst. Wie wird sich die entstehende Kommunikations- und Informationsgesellschaft auf die geschlechtliche Arbeitsteilung auswirken? Werden Männer die ehemals »weiblichen« Arbeiten übernehmen, während immer mehr Frauen ohne eigenes Einkommen zu Hause bleiben? Wird sich in den neuen Wachstumsbranchen eine Hierarchie etablieren, in der wieder Männer die übergeordneten Positionen übernehmen? All diese Tendenzen sind bereits zu erkennen und erweisen sich als erneuter Rückschlag in bezug auf die Chancengleichheit von Männern und Frauen.

Auch die Familie hat sich verändert. Die zunehmenden Scheidungsraten weisen darauf hin, daß Frauen ökonomisch unabhängiger geworden sind und ohne männliche Unterstützung existieren können – wenn auch oft um den Preis eines niedrigen Lebensstandards. Väter engagieren sich mehr für die Erziehung ihrer Kinder, haben ihren Einsatz in der unbezahlten Hausarbeit allerdings kaum gesteigert. Letztere hat sich vereinfacht, wird aber immer noch zum allergrößten Teil von Frauen geleistet. Reinlichkeitsstandards sind ebenso wie die Anforderungen an eine aktive und engagierte Elternschaft gestiegen, während andererseits immer mehr Kinder tagsüber von bezahltem Personal betreut werden. Sind die Kinder die Verlierer dieser Entwicklung? Eine schwedische Untersuchung hat gezeigt, daß in den 30er Jahren nichterwerbstätige Mütter ihren Kindern nicht mehr Aufmerksamkeit widmeten als vollzeitbeschäftigte Mütter in den 90er Jahren. Hinzugefügt sei, daß die heutigen Väter stärker an der Erziehung ihrer Kinder partizipieren als ihre eigenen Väter, wenngleich sie die sonstigen häuslichen Arbeiten gerne ihren Lebensgefährtinnen überlassen.

Als sich in den 60er, 70er und 80er Jahren der große Durchbruch der Frauenerwerbsarbeit vollzog, waren die Aufgabenbereiche von Frauen bereits definiert und abgesteckt. Arbeitsmarkt und Arbeitsteilung waren in einem kontinuierlichen, jahrhundertelangen Prozeß immer und immer wieder nach dem biologischen Geschlecht strukturiert und segregiert worden. Die Rationalisierungen der Arbeitswelt waren beeinflußt von einem Frauen- und Männerbild, das die Geschlechter als ungleich und für unterschiedliche Aufgaben geeignet definierte.

Wie geht es weiter? Möglicherweise werden Massenarbeitslosigkeit und Strukturwandel Frauen wieder verstärkt auf die unbezahlte Arbeit im Haus verweisen. Vielleicht werden die großen Einkommensunterschiede zurückkehren, die es den Wohlhabenden ermöglichen, sich privates Personal für die alltägliche Bequemlichkeit zu leisten. Einige europäische Länder haben bereits Steuererleichterungen für die Beschäftigung persönlichen Dienstpersonals eingeführt; in anderen werden solche Maßnahmen in den letzten Jahren unseres Jahrtausends ernsthaft diskutiert. Im 20. Jahrhundert haben sich die Unterschiede zwischen Frauen verschiedener Schichten angenähert; doch die wachsenden Einkommensdifferenzen in Europa werden auch zwischen Frauen wieder größere soziale Unterschiede erzeugen. Zukünftig werden Frauen die alltäglichen Verrichtungen erledigen, die es anderen Frauen ermöglichen, Karriere zu machen und unter ähnlichen Bedingungen wie

Männer zu arbeiten. Freilich werden Frauen, die sich in der Arbeitswelt mit Erfolg behaupten, nach wie vor auf ihre »Weiblichkeit« verwiesen bleiben – gleich, wie diese »Weiblichkeit« in Zukunft definiert werden mag.

Anmerkungen

1 Karin Hausen (Hg.), Frauen suchen ihre Geschichte. Historische Studien zum 19. und 20. Jahrhundert, München 1987[2], S. 16f.
2 Jacques Le Rider, Crises de l'identité masculine, in: Modernité Viennoise et Crises de l'identité, Paris 1990; Caroll Smith-Rosenberg, The New Woman as Androgyne: Social Disorder and Gender Crisis, 1870–1936, in: dies., Disorderly Conduct. Visions of Gender in Victorian America, New York 1985.
3 Ellen Key, Missbrukad kvinnokraft och Naturenliga arbetsområden för kvinnan, Stockholm 1896.
4 In: Der Internationale Kongreß für Arbeiterschutz in Zürich vom 23. bis 28. August 1897. Amtlicher Bericht des Organisationskomitees, Zürich 1898, S. 207.
5 Zitiert nach Ingrid Andersgaard, Settersker og typografer – splittelse mellom menn og kvinner, in: Ida Blom, Gro Hagemann, Kvinner selv ... Sju bidrag till norsk kvinnehistorie, Oslo 1982, S. 22–46.
6 Actes du Congrès Féministe International de Bruxelles, Brüssel 1898, S. 58.
7 In: The International Congress of Women, London, July 1899, edited by the Countess of Aberdeen, Bd. 2: Women in Industrial Life, London 1900, S. 44f.
8 Zitiert nach: Charles Sowerwine, »Workers and Women in France before 1914: The Debate over the Couriau Affair, in: Journal of Modern History 55 (1983), S. 411–441.
9 Zitiert nach: Christina Florin, Kampen om katedern. Feminiserings- och professionaliseringsprocessen inom den svenska folkskolans lärarkår 1860–1906, Stockholm 1987, S. 168.
10 Zitiert nach: Gerda Meyerson, Arbeterskornas värld, Stockholm 1917, S. 19f.
11 Yrkesinspektör Beckmanssons remissvar till yrkesfarekommittén 1905, Komm. nr. 10, Riksarkivet, Stockholm.
12 Zitiert nach: Meta Zimmeck, »The Mysteries of the Typewriter«: Technology and Gender in the British Civil Service, 1870–1914, in: Gertjan de Groot / Marlou Schrover, Women Workers and Technological Change in Europe in the Nineteenth and Twentieth Centuries, London 1995, S. 82.
13 Key, Missbrukad [wie Anm. 3], S. 58.
14 Hier und im folgenden zitiert nach: 4th quinquennial meeting, Toronto,

Canada, June 1909, edited by the Countess of Aberdeen, London 1910, S. 212–213.

15 Actes du Congrès Féministe International de Bruxelles, Brüssel 1898, S. 70.

16 Ebd., S. 71.

17 Carl Gustav Jung, Die Frau in Europa, Zürich 1929, S. 15 ff.

18 Hier und im folgenden zitiert nach Mary Nash, Defying Male Civilization: Women in the Spanish Civil War, Denver 1995.

19 Zitiert nach Brigitte Kassel, Das Geschlecht der Qualifikation ist männlich. Ausbildung und Qualifikation in der Metallindustrie vor 1930, in: Karin Hausen (Hg.), Geschlechterhierarchie und Arbeitsteilung. Zur Geschichte ungleicher Erwerbschancen von Männern und Frauen, Göttingen 1993, S. 134.

20 In: Betänkande angående gift kvinnas förvärvsarbete mm, Kerstin Hesselgren Archiv, Königliche Bibliothek, Stockholm 1938.

21 In: Affärsekonomi Nr. 4, 1934.

22 Interview der Verfasserin mit der Bandleiterin Margareta Persson vom 26. 02. 1982.

Auswahlbibliographie

Politisches Denken und geschlechtsspezifische Arbeitsteilung im Wandel 1789–1869

Bladh, Christine, Månglerskor. Att sälja från korg och bod i Stockholm 1819–1846, Stockholm 1991.

Bridenthal, Renate / Koonz, Claudia / Stuard, Susan (Hg.), Becoming visible. Women in European History, Boston 1987[2].

Duby, Georges / Perrot, Michelle (Hg.), Geschichte der Frauen, Bd. 4: 19. Jahrhundert, hg. von G. Fraisse u. M. Perrot, Frankfurt a. M. 1994.

Hausen, Karin (Hg.), Frauen suchen ihre Geschichte, München 1987[2].

Landes, Joan B., Women and the Public Sphere in the Age of the French Revolution, Ithaca 1988.

Lejeune-Resnick, Evelyne, Femmes et associations (1830–1880). Vraies démocrates ou dames patronesses?, Paris 1991.

Poovey, Mary, Uneven developments. The Ideological Work of Gender in Mid-Victorian England, London 1989.

Rendall, Jane, The Origins of Modern Feminism: Women in Britain, France and the United States, 1780–1860, London 1985.

Stephan, Inge/Weigel, Sigrid (Hg.), Die Marseillaise der Weiber. Frauen, die Französische Revolution und ihre Rezeption, Berlin 1989.

Taylor, Barbara, Eve and the New Jerusalem. Socialism and Feminism in the Nineteenth Century, New York 1983.

Ulvros, Eva Helen, Fruar och mamseller. Kvinnor inom sydsvensk borgerlighet 1790–1870, Lund 1996.

Wollstonecraft, Mary, A Vindication of the Rights of Woman [1792], Reprint London 1986.

Aufbruch und Ungewißheit – Weibliche Unterordnung zwischen Wandel und Rekonstruktion 1870–1914

Anderson, Bonnie S. / Zinsser, Judith P., A History of their Own. Women in Europe from Prehistory to the Present, Bd. II, London 1990.

Blom, Ida / Hagmann, Gro (Hg.), Kvinner selv ... Sju bidrag til norsk kvinnehistorie, Oslo 1982.

Blunden, Katherine, Le travail et la vertu. Femme au foyer: une mystification de la révolution industrielle, Paris 1982.
Bordeaux, Michèle, u. a., Madame ou Mademoiselle? Itinéraires de la solitude féminine XVIIIe-XXe siècle, Paris 1984.
Davidoff, Leonore, Worlds Between. Historical Perspectives on Gender and Class, London 1995.
Davis, Tracy C., Actresses as Working Women. Their Social Identity in Victorian Culture, London 1991.
Florin, Christina, Kampen om katedern. Feminiserings- och professionaliseringsprocessen inom den svenska folkskolans lärarkår, 1860–1906, Stockholm 1987.
Fraisse, Geneviève, Femmes toutes mains. Essai sur le service domestique, Paris 1979.
Dies., Muse de la raison. La démocratie exclusive et la différence des sexes, Paris 1989.
Dies./Royer, Clémence, Philosophe et femme de sciences, Paris 1985.
Frevert, Ute, Frauen-Geschichte zwischen Bürgerlicher Verbesserung und Neuer Weiblichkeit, Frankfurt a. M. 1986.
Gerhard, Ute, Gleichheit ohne Angleichung. Frauen im Recht, München 1990.
Good, David F. / Grandner, Margarete / Maynes, Mary Jo (Hg.), Frauen in Österreich. Beiträge zu ihrer Situation im 20. Jahrhundert, Wien 1994.
Green, Andy, Education & State Formation. The Rise of Education Systems in England, France and the USA, London 1990.
Hausen, Karin (Hg.), Geschlechterhierarchie und Arbeitsteilung. Zur Geschichte ungleicher Erwerbschancen von Männern und Frauen, Göttingen 1993.
Hall, Catherine, White, Male and Middle Class. Explorations in Feminism and History, London 1992.
Hamilton, Cicely, Marriage as a Trade [1909], Reprint London 1981.
Harrison, Barbara, Not only the »Dangerous Trades«. Women's work and health in Britain, 1880–1914, London 1996.
Joeres, Ruth-Ellen B. / Maynes, Mary Jo, German Women in the Eighteenth and Nineteenth Centuries. A Social and Literary History, Bloomington 1986.
John, Angela V., By the Sweat of Their Brow. Women Workers at Victorian Coal Mines, London 1980.
Johannisson, Karin, Den mörka kontinenten. Kvinnan, medicinen och fin-de-siècle, Stockholm 1994.
Knibiehler, Yvonne / Fouquet, Catherine, La femme et les médecins. Analyse historique, Paris 1983.
Lewis, Jane, Women in England 1870–1950. Sexual Divisions and Social Change, Sussex 1984.
Dies., Women and Social Action in Victorian and Edwardian England, London 1991.

Malcolmson, Patricia E., English Laundresses. A social history 1850–1930, Urbana 1986.
Öberg, Lisa, Barnmorskan och läkaren. Kompetens och konflikt i svensk förlossningsvård 1870–1920, Stockholm 1996.
Russett, Cynthia Eagle, Sexual Science. The Victorian Construction of Womanhood, Cambridge 1991².
Smith, Bonnie, Ladies of the Leisure Class. The Bourgeoises of Northern France in the Nineteenth Century, Princeton 1981.
Schmitt, Sabine, Der Arbeiterinnenschutz im deutschen Kaiserreich. Zur Konstruktion der schutzbedürftigen Arbeiterin, Stuttgart 1995.
Sommestad, Lena, Från mejerska till mejerist. En studie av mejeriyrkets maskuliniseringsprocess, Lund 1992.
Vammen, Tinne, Rent og urent. Hovedstadens piger og fruer 1880–1920, Kopenhagen 1986.
Wierling, Dorothee, Mädchen für alles. Arbeitsalltag und Lebensgeschichte städtischer Dienstmädchen um die Jahrhundertwende, Berlin 1987.
Wikander, Ulla (Hg.), Det evigt kvinnliga. En historia om förändring, Stockholm 1994.
Dies. / Kessler-Harris, Alice / Lewis, Jane (Hg.), Protecting Women. Labor Legislation in Europa, the United States and Australia, 1880–1920, Urbana 1995.

Weltkriege, Faschismus und Rationalisierungen – Stabilisierung der geschlechtsspezifischen Arbeitsteilung 1914–1950

Abrams, Lynn / Harvey, Elizabeth (Hg.), Gender Relations in German History, London 1996.
Bridenthal, Renate / Grossman, Atina / Kaplan, Marion (Hg.), When Biology Became Destiny. Women in Weimar and Nazi Germany, New York 1984.
Duby, Georges / Perrot, Michelle (Hg.), Geschichte der Frauen, Bd. 5: 20. Jahrhundert, hg. von F. Thébaud, Frankfurt a. M. 1995.
Geertsen, Kirsten, Dannet ung Pige søges. Kvinder paa kontor, 1900–1940, Kopenhagen 1990.
Grazia, Victoria de, How Fascism Ruled Women. Italy 1922–1945, Berkeley 1992.
Groot, Gertjan de / Schrover, Marlou (Hg.), Women Workers and Technological Change in Europe in the 19th and 20th Centuries, London 1995.
Glucksmann, Miriam, Women Assemble. Women Workers and the New Industries in Inter-War Britain, London 1990.
Good, David F. / Grandner, Margarete / Maynes, Mary Jo (Hg.), Frauen in Österreich. Beiträge zu ihrer Situation im 20. Jahrhundert, Wien 1994.

Hagemann, Karen (Hg.), Eine Frauensache. Alltagsleben und Geburtenpolitik 1919–1933, Pfaffenweiler 1991.
Hausen, Karin (Hg.), Geschlechterhierarchie und Arbeitsteilung. Zur Geschichte ungleicher Erwerbschancen von Männern und Frauen, Göttingen 1993.
Higonnet, Margaret Randolph / Jenson, Jane u. a. (Hg.), Behind the Lines. Gender and the two World Wars, New Haven 1987.
Knibiehler, Yvonne / Fouquet, Catherine, Histoire des Mères, Paris 1980.
Dies., La femme et les médecins. Analyse historique, Paris 1983.
Koonz, Claudia, Mothers in the Fatherland. Women, the Family and Nazi Politics, London 1987.
Kuhn, Annette / Rothe, Valentine, Frauen im deutschen Faschismus, 2 Bde., Düsseldorf 1982 u. 1983.
Lewis, Jane, Women in England 1870–1950. Sexual Divisions and Social Change, Sussex 1984.
Muel-Dreyfus, Francine, Vichy et l'éternel féminin. Contribution à une sociologie politique de l'ordre des corps, Paris 1996.
Nash, Mary, Defying Male Civilization: Women in the Spanish Civil War, Denver 1995.
Nienhaus, Ursula, Vater Staat und seine Gehilfinnen. Die Politik mit der Frauenarbeit bei der deutschen Post (1864–1945), Frankfurt a. M. 1995.
Östberg, Kjell, Efter rösträtten. Kvinnors utrymme efter det demokratiska genombrottet, Stockholm 1997.
Roberts, Mary Louise, Civilization without Sexes. Reconstructing Gender in Postwar France, 1917–1927, Chicago 1994.
Rupp, Leila, Mobilizing Women for War. German and American Propaganda 1939–1945, Princeton 1978.
Thalmann, Rita (Hg.), Femmes et Fascismes, Paris 1986.
Winkler, Dörte, Frauenarbeit im Dritten Reich, Hamburg 1977.
Wikander, Ulla, Kvinnors och mäns arbeten: Gustavsberg 1880–1980. Genusarbetsdelning och arbetets degradering vid en porslinsfabrik, Lund 1988.

Epilog

Anttalainen, Marja-Liisa, Kvinnans förändrade ställning i samhället. De tudelade arbetsmarknaderna, Göteborg 1985.
Åström, Gertrud, Föräldraförsäkring och vårdnadsbidrag – om förhållandet mellan ideologi och verklighet, in: Kvinnovetenskaplig Tidskrift 2 (1990), S. 37–48.
Bulletin on Women and Employment in the EU, hg. von der Commission of the European Communities Directorate-General for Employment, Industrial Relations and Social Affairs, No 8 (April 1996), No 9 (October 1996).

Cordero, Christiane, Le Travail des Femmes, Paris 1994.
Hedlund, Ewa, Kvinnornas Europa, Stockholm 1993.
Meulders, Danièle / Plasman, Robert / Vander Stricht, Valérie, Position of Women on the Labour Market in the European Community, Aldershot 1993.
Nyberg, Anita, Tekniken – kvinnornas befriare? Hushållsteknik, köpevaror, gifta kvinnors hushållsarbetstid och förvärvsdeltagande 1930-talet – 1980-talet, Linköping 1989.
Dies., »In i självtjänstesamhället – eller på väg ut?, in: Sundin, Elisabeth / Berner, Boel (Hg.), Från symaskin till cyborg. Genus, teknik och social förändring, Stockholm 1996, S. 269–291.
Sainsbury, Diane, (Hg.), Gendering Welfare States, London 1996².
Women and Employment. Policies for Equal Opportunities (OECD), Paris 1980.
Women and Men in Europe and North America 1995. The material gathered and drafted by Statistics Sweden, Birgitta Hedman, United Nations Publications, Genf 1995.

Personenregister

Adlersparre, Sophie 60, 63
Andersson, Ellen 175
Andreas-Salomé, Lou 63

Bäumer, Gertrud 147
Balachowsky-Petit, Sophie 99
Bebel, August 65 f.
Bélilon, Camille 87 f.
Berg, Fridtjuv 93
Blauner, Robert 179
Bonnevial, Marie 65, 67
Braun, Lily 65 f.
Brittain, Vera 147
Butler, Josephine 71 f.

Caballero, Largo 151
Chappellsmith, Margaret 46
Chauvin, Jeanne 99
Couriau, Emma 88 ff.
Couriau, Louis 88 f.

Darwin, Charles 55 f.
Deroin, Jeanne 50
Dohm, Hedwig 61 ff.
Drucker, Wilhelmine 134 f.

Engels, Friedrich 48

Fischer, Ida 174
Fourier, Charles 45, 47
Franco y Bahamonde, Francisco 149
Freud, Sigmund 57, 63
Fries, Ellen 97 f.
Fröbel, Friedrich 41

Germar, Antonie von 121
Goldman, Emma 134
Gouges, Olympe de 23 ff.
Gripenberg, Alexandra 125

Hamilton, Cicely 72
Hippel, Theodor von 25

Ibáñez, Martí 151

Johansson, Algot 175 f., 178
Jung, Carl Gustav 57, 143 f.

Kafka, Franz 55
Kergomard, Pauline 96
Key, Ellen 61 ff., 75, 103, 135
Klein, Viola 186
Kowalewsky, Sonia 98 f.

Lange, Helene 94
Lehmus, Emilie 99
Linden, Marie von 98
Lloyd George, David 153
Lombroso, Cesare 71

Macaulay, Eliza 46
Mantoz-le-Gad, Madame 96
Margueritte, Victor 158
Martin, Emma 47
Martin, Maria 86
Marx, Karl 48
Mayreder, Rosa 62
Mittag-Leffler, Gösta 98
Montseny, Federica 150
Morrison, Frances 46 f.

Mountbatten, Louise 147
Myrdal, Alva 186

Nietzsche, Friedrich 63

Otto, Louise 49
Otto-Peters, Louise 54
Owen, Robert 45 f.

Pankhurst, Emmeline 153
Pasionaria 150
Pétain, Henri Philippe 171
Proudhon, Pierre-Joseph 50

Roland, Pauline 50
Rousseau, Jean-Jacques 43, 75 f.
Royer, Clémence 59 f., 63

Saint-Simon, Claude Henri de 47, 52
Salomon, Alice 65, 100, 132 f.
Schwerin, Jeanette 65
Simon, Jules 96
Sonntag, Albert 175 ff.
Spencer, Herbert 56, 59
Stöcker, Helene 62, 75
Stresemann, Gustav 162
Strindberg, August 55

Tiburtius, Franziska 99
Tristan, Flora 48, 51

Wahlström, Lydia 128 f.
Webb, Beatrice 59 f., 63
Weininger, Otto 55, 76
Wiart, Carton de 65
Wollstonecraft, Mary 25, 41, 43 f.

Zetkin, Clara 65 ff., 119

Sachregister

Antisemitismus 55
Arbeiterbewegung
s. Sozialismus
Arbeitsmarkt, Bedingungen 38
Abtreibung 189f.
alleinerziehende Frauen 191
Arbeitszeitverkürzung 120
Entfremdung (in d. Fabriken) 179
Frauenarbeitsdienst 169
Konkurrenz 78, 80
ledige Frauen 137, 139
Lohngleichheit 85
Migranten 11, 187
Mindestlöhne 120
Mobilität d. Arbeitsplatzes 153
Teilzeitarbeit 190
»Schmutzkonkurrenz« 78
verheiratete Frauen 137–140
Arbeitsschutz, Frauen 66f.
Basler Konvention (1906) 87
Bestimmungen/Gesetze/Regelungen 38, 65f., 119, 155
Mutterschutz 12, 120
Nachtarbeitsverbot, Frauen 65, 67f., 86f., 120, 155
Arbeitsteilung
geschlechtsspezifische 9–14, 26ff., 30ff., 37, 50, 53f., 79, 90, 101, 108f., 121, 138–141, 146, 165, 173, 178, 180, 187, 191
Aufklärung 43
Ausbildung/Berufsausbildung 40, 91, 95f.
Bildungsvereine 127
Klosterschule 42
Mädchenschule 41
Privatschule 42
Schule allg. 42
Schulpflicht 91
Universität(en) 80, 97f., 100
Volksschule 42

Berufe
Ärztin 80, 98f., 112
Arbeiterin/Industriearbeiterin/Lohnarbeiterin 38f., 46, 54
Arbeiterin in d. Heimindustrie 40
Ausbilderin 177
Bandleiterin 175–178
Dienstmädchen 14, 30, 39, 113–116
Dienstmagd (auf d. Land) 29f., 38, 115f.
Dienstmagd (in d. Stadt) s. Dienstmädchen
Druckerin 81
Erzieherin 91
Gouvernante 41
Graveurin 101
Handschuhnäherin 46
Hebamme 110ff.
Heimnäherin 105f.
Heizerin 154
Hökerin 16, 38f.
Inspekteurin 96
Kernmacherin 154
Kindergärtnerin 41
Klempnerin 154
Knopfmacherin 46
Krankenschwester 112f., 147

»Kriegsarbeiterin« 152 f., 155
Ladenbetreiberin 38
Lehrerin 41 f., 80, 91 f., 95, 98
Marktfrau 22
Maschinenwärterin 154
Meierin 30, 34 f.
Milchmagd 30, 34
Monteurin 154
Näherin 106, 175 ff.
Privatschulleiterin 41
Prostituierte 71
Rektorin 98
Saisonarbeiterin 16
Schleiferin 154
Schriftstellerin 44
Schweißerin 154
Setzerin/Typografin 81, 90
Soldatin 151
Sozialarbeiterin 80
Telefonistin/Telegrafin 80, 121 f., 148
Verkäuferin 80
Werkmeisterin 178
Wirtin 38
Zuschneiderin 107

cottage industry
s. Industrie, Heimindustrie

Darwinismus/Darwinisten 56
Sozialdarwinismus 56–59, 79
Demokratisierung 140
Prozeß d. 52 f., 141
Dienstleistungsbranche 190
Freizeit 190
Hotel/Gastronomie 190
Pflege 180, 190
Reinigungsgewerbe 190
Wäscherei 80, 110
Druckereibranche/-gewerbe 80–86, 88 ff.
Arbeiter 85
Buchdruck allg. 81
Interessengegensätze zw. weibl. u. männl. Typografen 81
Mechanisierung 82, 90

Ehe 72, 76
Ehestandsdarlehen 168
Sexualität 76 f.
Scheidung 73, 76
Schwangerschaft 77
Emanzipation
s. Frauenbewegung
Erwerbsarbeit, weibliche 10–13, 38 f., 66, 137 f., 161
»Doppelverdiener«-Kampagne 162
Restriktionen 167, 170, 173, 181
Verbot 162

Faschismus 159, 165
Antisemitismus 55
Ehestandsdarlehen 168
Frauenarbeitsdienst 169
italienischer 170
Nationalsozialismus 166 f.
Propaganda(apparat) 166, 170
Rassismus 166
»Volksgemeinschaft« 167
Feminismus/Feministin (Begriff) 59
Antifeminismus 55
Französische Revolution 22–26, 43
Frauen
moderne (Begriff) 158 ff., 181
Pathologisierung 57
Frauenbewegung 55 f., 58 f., 75, 99 f., 125 f., 130–133, 135
bürgerliche 68
europäische 126
frühe 49, 63
internationale 147
Oweniten/owenitische Bewegung 45–48
schwedische 60
sozialistische 68
westeuropäische 76

»Frauenfrage« 53 f., 125
Frauenverbände 142

Geschlecht/er- (Begriff) 24
Gleichstellung/Gleichberechtigung d. 10, 24 ff., 32, 59, 134, 142, 151, 162
vertrag 14 ff., 45
Gewerbe, grafisches s. Druckereibranche
Gewerkschaften/Gewerkschaftsbewegung 46, 83, 127, 137
europäische 64
Frauenverbände 142
katholische 65
sozialistische 65

Handel 78, 169, 172, 180
Kontor 116 f.
Warenhaus 117

Industrie/Industrialisierung 51 f., 101, 107, 116, 169, 173 f., 179
Brauerei 109
chemisch-technische Industrie 174
Heimindustrie 33
Konfektions- 33, 78, 106 f., 174 f.
Konsumartikel 152
Lebensmittel 174
Metall 35, 169
Mode 152
Porzellan 101–105, 174
Prozeß d. 34
Rationalisierung 153 f., 156, 171 ff., 175, 178, 180
Rüstungs- 153 f., 169
Schneiderei/Schneiderhandwerk 40, 106 f.
Textil- 33, 38, 87, 173
Weberei 33

Jahrhundertwende (hier 1870–1914) 52 f.

Krieg allg. 147 f., 155, 157
Administration 148
Bewegungsfreiheit in d. Öffentlichkeit 157
Erster Weltkrieg 145, 156 f.
Zweiter Weltkrieg 156, 170
»Heimatfront« 145, 151
»Kanonenweiber« 145 f.
ledige Frauen 153
milicias/milicianas 150
Mobilisierung von Frauen 149
»Reservearmee« 165
Spanischer Bürgerkrieg 149
verheiratete Frauen 153
Kompetenzbereiche, weibliche 36, 109
gesetzl. Festlegung 34
Verlust 37, 51

Landflucht 116
Lex Otto 49

maisons de tolérance 69
Maschinen 103, 105, 108
Dampfmaschine 107
Fließband 173–178
Nähmaschine 105 f., 117
Schreibmaschine 117, 124
Tätigkeit an 103, 105, 108
Milchwirtschaft
Meierei/Molkerei 34 f.
Mütter/Mütterlichkeit/Mutterschaft 55, 64, 68, 92, 130 f., 135, 150, 158 f.
Diskurs 146
»erweiterte Mütterlichkeit« 61
»Gesellschaftsmütterlichkeit« 61, 131 f., 136
ledige 74

Nationalismus 147
Frauen 130

Politik, staatliche 118 f.
sozialgesetzliche Regelungen 118
Privatwirtschaft 123, 164, 171
Prostitution 68 f.
Abschaffung 71
Gesundheitskontrollen 70
illegale 69
offizielle 69
Reglementierung 69 ff.

Rezession, wirtschaftliche 77
Romantik 43 ff.

Sexualität 68, 72, 74 f.
Sozialismus 45
Frühsozialismus 43, 45, 49 f.
internationale Arbeiterbewegung 119
wissenschaftlicher 50
Stimmrecht
s. Wahlrecht

Unterordnung, weibliche 36 f., 51, 54, 114
innerhalb der Familie 47

Verkehrswesen 152
Verlagssystem s. Industrie, Heimindustrie
Verwaltung/öffentlicher Dienst 121, 124, 164, 171
Bürotätigkeit 123
Fernmeldewesen 122
Postwesen 121
»Volksgemeinschaft« 167

Wahlrecht 53
Frauen 55 f., 123, 126–133, 135, 139, 141, 155
Suffragetten 129
Wettbewerb
s. Arbeitsmarkt, Konkurrenz

Zölle 118
Zwischenkriegszeit 137, 139, 144, 159, 161, 164, 171, 180 f.

Europäische Geschichte

Herausgegeben von Wolfgang Benz

Gerold Ambrosius
Wirtschaftsraum Europa
Vom Ende der Nationalökonomien
Band 60148

Jerzy W. Borejsza
Schulen des Hasses
Faschistische Systeme in Europa
Band 60160

Claude Carozzi
Weltuntergang und Seelenheil
Apokalyptische Visionen im Mittelalter
Band 60113

Christophe Charle
Vordenker der Moderne
Die Intellektuellen im 19. Jahrhundert
Band 60151

Werner Dahlheim
An der Wiege Europas
Städtische Freiheit im antiken Rom
Band 60105

Richard van Dülmen
Die Entdeckung des Individuums
1500-1800
Band 60122

Jerzy Holzer
Der Kommunismus in Europa
Politische Bewegung und Herrschaftssystem
Band 60161

Victor Karady
Gewalterfahrung und Utopie
Juden in der europäischen Moderne
Band 60159

Ulrich Linse
Geisterseher und Wunderwirker
Heilssuche im Industriezeitalter
Band 60164

Fischer Taschenbuch Verlag

fi 1701 / 7 b